KB066176

더 룰

리치 편

이 도서의 국립중앙도서관 출판예정도서목록(CIP)은 서지정보유통지원시스템 홈페이지(http://seoji.nl.go.kr)와 국가자료공동목록시스템(http://www.nl.go.kr/kolisnet)에서 이용하실 수 있습니다. (CIP제어번호: CIP2020027383)

일러두기

• 본문에서 저자가 강조한 부분은 고딕으로 처리했습니다.
• 책과 잡지 등 정기간행물은 《 》, 신문, 영화와 음반, 예술 작품, 개별 문학 작품, 논문은 〈 〉, 노래와 시는 ' '로 표기하였습니다.
• 본문에 나오는 인명, 지명을 비롯한 고유명사의 표기는 국립국어원 외래어 표기법 규정을 따랐습니다. 이미 굳어진 외래어, 통념적으로 널리 사용하는 외래어는 관용대로 표기하였습니다.

더 룰

THE RULE

리치Rich 편

닥터 매직 지음

은행나무

CONTENTS

제1부

당신은 축복받았다

'용연향龍涎香'을 아십니까?

만약 당신이 해변을 걷다가 특이한 돌을 발견했는데 그게 용연향이라면 당신은 엄청난 횡재를 한 겁니다. 단단한 돌처럼 생겼는데 돌보다는 가벼워서 물에 뜨고 소똥 같은 냄새가 난다면 용연향일 가능성이 큽니다. 용연향은 향유고래가 뱉은 토사물이 굳은 것으로, '고래 똥'으로도 불립니다. 사람으로 치면 오바이트한 게 굳은 건데, 향수의 귀한 재료로 쓰이기 때문에 엄청난 고가에 팔립니다. 2017년에 발견된 60킬로그램의 용연향 가격이 28억 4천만 원으로 매겨졌다고 하니, 1킬로그램당 4천만 원을 훌쩍 뛰어넘는 고가입니다. 이걸 줍게 되면 그야말로 바다의 로또, 횡재라 할 수 있습니다.

그렇다면 이제부터 당신은 부자가 되기 위해서, 시간이 날 때마다 해변을 돌아다녀야 할까요? 현실적으로는 이걸 주울 확률이 로또에 당첨될 확률보다 훨씬 어렵고 드뭅니다. 평생 당신이 바닷가만 돌아다녀도 헛수고만 할 가능성이 99.99퍼센트이니까요.

사실 당신이 부자가 될 가능성은 따로 있습니다.

세상에 용연향을 발견해 부자 된 사람들은 몇 명 안 되지만, 세상의 어떤 원리를 이용해 부자가 된 사람들은 수없이 많습니다. 자신이 알고 행했든 모르고 행했든, 성공 원리의 길을 걸었던 사람들은 저마다 큰 성공을 거뒀습니다. 그러니 이것이 고래 똥을 찾는 것보다 현실적입니다.

이처럼 세상에 성공하는 비법이 정말로 존재한다면, 알고 싶지 않습니까?

게다가 당신은 운 좋게도, 용연향보다 더 가치 있는 비법을 알 기회를 지금 손에 쥐었습니다.

어떤 사람들은 성공 비법 같은 게 있을 리 없다 여기고, 어떤 사람들은 별의별 말도 안 되는 미신까지 다 비법으로 믿습니다. 엄밀히 말해, 우주에 성공하는 법칙이 따로 존재하는 것이 아니라, 우주가 흘러가는 법칙의 원리를 이해하며 당신의 성공에 마음껏 이용하면 되는 겁니다.

　책을 읽다 보면 뚜렷하게 알게 되겠지만, 땅으로 떨어지는 물체의 움직임 이면에 중력의 법칙이 있듯이 성공하고 실패하는 사람들의 변화의 이면에는 특별한 뭔가가 있습니다. 오로지 저만 그렇게 말하는 것이 아니라 동서고금의 지혜의 책과 현자들이 공통적으로 말하고 있습니다.

　이 책에서는 세계적으로 최고 부자의 대열에 있는 워런 버핏이나 빌 게이츠가 어떤 성공 비법을 실천하는지, 한국에서 자신의 힘으로 부를 이룬 최고의 주식 부자들과 부동산 재벌들이 어떤 성공 비법을 지녔는지, 그 중요한 핵심을 세세히 설명합니다. 그뿐 아니라 전 세계의 노숙자들이 어떻게 인생 역전을 이뤄 큰 부자가 되었는지 그 사례마다 숨은 원리들을 모두 밝혀놓았습니다. 단순히 당신이 원하기만 해도 다 이뤄진다는 식으로, 환상만 심어주는 방법이 아니라, 철저히 실생활에 적용되는 노하우까지 단계적으로 알려드립니다. 예를 들어 주식을 매매할 때 가장 중요한 룰을 제공하여 실제적으로 자산을 불릴 수 있도록 도와드립니다.

　물론 이것으로 당신이 무조건 성공한다는 보장은 없습니다. 이 책 내용 구석구석에 숨겨진 원리를 당신이 무시하면 별것 아닌 한 권의 책에 불과할 뿐입니다. 하지만 당신이 반짝이는 눈으로 그 원리를 탐독하다 보면 이 책은 금은보화가 숨겨진 보물 지도로 변할 것입니다.

이미 시중에는 성공 원리를 다룬 책들이 많이 나와 있습니다. 하지만 안타깝게도 성공 원리의 초급 단계만 말하거나, 성공 원리에 대한 환상을 갖게 쓰인 책들이 대부분입니다. 그러니 실천해도 안 되는 이유를 독자들은 모릅니다.

왜 기존의 성공 원리 책을 읽어도 특별한 효과가 없었을까요? 금방 부자가 되지는 않더라도 생활이 나아지는 것이 있어야 할 것 아닙니까? 어찌 보면 성공의 원리는 매우 간단합니다. 그러나 당신에게 적용될 때는 당신에게 맞게 정확히 적용이 되어야 합니다.

문제는 아무도 그것을 체계적으로 떠먹여주지 않는다는 겁니다. 1 대 1 개인 레슨처럼 당신의 이해도에 맞게 그걸 풀이해주는 사람도 없고, 당신에게 이 방법은 왜 안 맞고 저 방법을 택해야 하는지 알려주는 이도 없습니다.

사람들은 자기 경험에 비춰 사물을 이해합니다.

인간은 세상을 컬러로 보기 때문에 다른 동물, 존재들도 컬러로 볼 거라 여기는 사람이 많습니다. 그러나 포유류의 대부분은 거의 흑백의 시각을 지니고 있습니다. 당신이 키우는 개도 흑백에 가까운 세상을 보고 있습니다. 어쩌면 외계 생명체 역시 이럴지도 모릅니다. 만약 다른 행성의 외계인이 지구를 방문했는데, 그 외계인은 우리 지구의 포유류처럼 흑백으로 세상을 본다고 합시다. 당신이 외계인에게 빨간색을 가르쳐준다면 그는 어떻게 받아들일까요?

우리가 흑백텔레비전에서 빨간 사과를 보면 적당한 회색으로 나옵니다. 그러니 외계인은 적당한 회색 톤을 당신이 빨간색이라고 따로 부른다고 생각할 겁니다. 외계인은 절대로 빨간색의 진짜 의미를 알지 못합니다. 상상 속 외계인이 아니더라도 우리 주위의 동물들 모두 세상을 다르게 보고 있습니다.

사람도 마찬가지입니다. 색맹을 가진 사람과 당신이 느끼는 세상은 다를 수 있습니다.

책이 설명하고자 하는 성공 원리가 건물 100층에서 본 풍경이라면 99층 사람들은 거의 비슷하게 이해를 합니다. 50층 사람들은 자기가 보는 풍경을 책이 표현만 조금 다르게 했다고 생각합니다. 새로운 지식을 깨닫기보다 '이미 내가 알고 있는 거잖아'라고 착각합니다. 심지어 1층 사람들은 아예 책이 엉터리라고 여깁니다.

1층에서는 앞 건물에 가려서 저 먼 풍경이 보이지 않는데 100층의 풍경을 어떻게 알겠습니까?

비유하자면, 수많은 성공 원리 책들의 경우 1층과 100층만 언급하고, 그 중간에 연결 고리가 끊어진 경우가 많았습니다. 그 과정에 연결 고리가 있고 없고의 차이에 따라서 목표한 곳에 도달할 가능성은 달라집니다.

예를 들어 야구에서 투수가 공을 어떻게 쥐고 던지는가에 대한 요령을 알려줬을 때, 야구를 모르는 일반인들이 접하면 이런 반응을 보입니다. '뭐 다른 책에도 흔히 있는 공 던지는 방법이겠지.' 그러나 전문으로 훈련을 받은 투수는 자신이 벽에 부딪혔을 때 그 요령을 읽고 새로운 단계로 접어들 수 있는 귀중한 지식임을 깨닫습니다.

정말 해보고 벽이 무엇인지 아는 사람만이 그 진가를 제대로 깨닫는 법입니다.

저는 한의사입니다. 처음 한의대에 입학했을 때에 제일 궁금했던 것이 조선시대 궁중의 의사들이 왕비를 진맥하는 기술이었습니다.

사실 현대 의사들이 손목을 잡아서 병을 알아맞히는 것도 쉽지 않은 기술입니다. 손목의 맥박은 강하고 약하고, 빠르고 늦고 정도의 차이만 보여주는데 그걸 잡아보고 어떻게 무슨 병이 걸렸는지 일일이 알아맞히겠습니까? 하물며 옛날 조선시대 때, 왕비의 진맥을 손으로 직접 짚어보지도 않고 비단실로 알아냈다고 하니 정말로 믿어지지 않는 희한한 의술입니다.

비단실 진맥은 왕비의 몸을 비단실로 묶어서 방문 바깥에서 실을 잡고 그 사람의 병을 알아내는 의술인데, 현대 의학이나 현대 과학의 관점에서 보면 완전히 불가능한 방법입니다.

그렇다면 조선 시대에 이런 기술은 완전히 허구일까요?

필자의 의문은 여기에서부터 시작되었습니다. 사실 한의사가 놓는 침의 치료 원리도 현대 의학으로 보면 불가사의한 것입니다. 금속 바늘로 몸을 자극한다고 해서 약도 먹지 않고 병이 왜 낫는지 현대 의학은 결과를 보고도 이해하지 못합니다.

한의학에서 침은 인체의 기운을 조절한다고 합니다. 그런데 '기氣'라는 것 자체가 실체가 밝혀지지 않은 에너지이기에 현대 과학도 그냥 심리적인 영역이라고 치부할 정도입니다.

어쨌든 조선 시대에는 의술을 다루는 이들이 명상, 단전호흡 같은 것을 많이 했습니다. 그래서 기를 좀 더 민감하게 느꼈기 때문에 비단실 진맥도 가능했을 것이라는 이야기를 듣고 저도 대학교 1학년 때부터 명상과 단전호흡 등을 시작하게 되었습니다.

그러나 한국에서 접할 수 있는 방법은 다 해봤지만 항상 벽에 부딪혀서 별다른 성과를 보지 못했습니다. 비단실 진맥은 고사하고 기라는 실체도 불분명하게 느껴졌습니다.

그래서 포기할 즈음, 중국에서 최고로 유명한 기공 수련사의 직계 제자 한 분이 한국에 들어왔다는 뉴스를 접하게 되었습니다. 그분을 찾아가 배웠더니, 그동안 제가 왜 벽을 못 넘었는지 핵심 원인을 알게 되었습니다.

중요한 연결 고리가 빠져 있는 것들을 메우니 많은 발전을 이뤘습니다. 또한 우리가 알지 못하는 신비한 힘과 기에 대해, 보다 명확하게 깨달을 수가 있었습니다. 비록 비단실 진맥 단계까지는 못 갔지만, 손을 직접 짚는 진맥에서는 일가를 이룰 수 있었습니다.

그 뒤로 살펴보니 요가, 단전호흡, 각종 명상법들은 모두 '보이지 않는 힘'에 대해서 말하고 있었습니다. 저는 참으로 운이 좋게도 진맥으로 유명세를 얻은 덕분에, 각계의 최고로 성공한 스타들과 재력가들을 많이 진료하게 되었습니다. 그러는 동안 그들을 관찰하면 할수록 일반인과 남다른 점이 있으며, 어떤 원리가 작용한다는 것을 확인했습니다.

이 책을 손에 잡은 당신은 두 가지 축복을 받았습니다.

첫째 축복.

당신이 사람으로 태어난 것은 엄청난 행운이 있어야 가능합니다. 사람이 탄생하려면, 정자가 한번에 1~3억 정도가 수정을 위해 출발을 합니다. 그중 목표를 이루는 정자는 오직 하나.

그것이 당신이 얻은 행운의 확률입니다.

최소 1억분의 1.

한국 로또에 당첨될 확률이 대략 8백만분의 1이니, 당신은 대략 로또에 당첨되는 것보다 열두 배나 힘든 행운을 단숨에 거머쥐고 태어났다는 얘기입니다.

그러나 남자가 일생에 한 번만 정자를 내보내는 것이 아닙니다. 적게 잡아도 남자가 1년에 열 번만 사정하고, 20년 동안만 성생활을 한다고 쳐도 무려 2백 번을 분출합니다. 그중에 자녀를 평균적으로 둘을 낳는다고 봅시다.

즉 2백 번×1억 정자＝2백억 정자, 그중 단둘만 사람이 되는 목표를 달성합니다. 그 행운의 확률은 1백억 분의 1입니다. 현재 전 세계 인구수가 77억 명 정도입니다.

예를 들어, 행성이 지구와 충돌하는 위기가 와서 지구가 멸망 직전입니다. UN의 지구 탈출 우주선에다 딱 한 명을 태우는데, 그 대상이 전 세계 인구 중에 한 명을 뽑습니다. 그에 미국, 중국, 인도의 수많은 국민들도 탈락하고 당신이 당첨될 행운의 확률이 77억분의 1입니다.

그렇게 힘든 일이 당신 평생에 벌어질 수 있을까요? 8백만분의 1이라는 로또 당첨도 평생 이루기 힘든데요? 그런데 당신은 그보다 힘든 1백억분의 1. 경쟁률을 뚫고 행운을 거머쥐고 사람으로 태어난 축복받은 존재입니다.

둘째 축복은 이 책으로 인해 당신은 성공의 원리에 대해 좀 더 진지하게 생각할 기회를 잡았다는 겁니다.

창조주가 당신을 창조할 때, "너는 이것을 위해 태어났어. 네가 행복하려면 이렇게 하면 돼" 하고 친절하게 '인생 사용 설명서'를 첨부해줬다면 얼마나 좋을까요?

그렇다면 당신은 고민도 없이 시키는 대로 살면 될 텐데요. 하지만 당신과 저는 그러한 설명서는 구경도 못 해보고 태어났습니다. 인생이 끝날 때까지 왜 태어났는지, 어떻게 살아야 행복할 수 있는지도 모르는 상태로 지내는 경우가 거의 대부분일 것입니다. 그렇다면 창조주는 당신에게 그러한 방법을 전혀 가르쳐주지도 않을 셈일까요?

아닙니다. 창조주나 우주는 친절하게 가르쳐주지 않았다 뿐이지, 사실은 여러분에게 늘 보여주고 있습니다. 자연의 법칙으로요. 만약 우주를 창조한 창조주가 있다면 그의 뜻은 자연법칙으로 나타나 있습니다.

그러니 당신이 뭔가 원하는 바를 이루려면, 하늘의 뜻대로, 자연법칙대로 행해야 합니다. 하늘의 뜻이나 자연의 법칙을 거슬러서 이루고자 하면 실패하기 마련입니다.

이것이 기존의 '끌어당김의 법칙'이나 '성공학'을 이야기하는 책들이 간과하고 있던 핵심입니다. 바란다고 다 이뤄지는 것은 결코 아닙니다.

비유를 하자면, 당신은 지하 1백 미터의 갱도 안에 있습니다. 그런데 지진이 나서 갱도 입구가 무너졌습니다. 혼자 작은 공간에 갇혀 있는 신세가 되었습니다. 다행히 신神은 당신에게 엄청난 위력의 핸드 굴착기 하나를 주며 사용법을 알려줍니다. 이 굴착기는 1분당 1미터를 팔 수 있습니다. 당신은 이 굴착기로 바닥을 뚫겠습니까? 사선으로 천장을 뚫겠습니까?

상식적으로 당신은 사선으로 천장을 뚫을 겁니다.

하지만 이번엔 당신이 아니라, 석기시대 원시인이 똑같은 상황에 처했습니다. 원시인은 당신처럼 과학 상식이 없습니다. 그래서 그는 핸드 굴착기가 무거우니, 들고 천장을 뚫는 것보다 본능적으로 편하게 바닥을 뚫습니다. 과연 살아서 나갈 수 있을까요?

위로 뚫으면 1백 미터면 끝날 일인데, 아래로 뚫으면 지구의 지름을 다 통과해서 지구 반대쪽으로 나와야 합니다. 지구 지름이 대략 1만 3천 킬로미터 정도입니다.

분당 1미터를 뚫어도 1천3백만 시간이 걸립니다. 와우!

단 1분도 쉬지 않고 뚫어도 9천 일이 걸린다는 얘기입니다. 대략 24년. 밥도 안 먹고 잠도 안 자고 뚫어도 이렇게 걸리니 처음부터 잘못되었습니다.

원시인이 원하던 목표도 당신처럼 탈출이었습니다. 그러나 아무리 좋은 도구를 지녔다 한들, 잘못된 방향을 선택하면 영원히 목표를 달성할 수 없습니다.

　이제 인생에다 적용해봅시다. 당신이 원하는 목표는 큰 부를 이루는 것.

　창조주가 당신에게 성공의 좋은 도구로 당대 최고의 작곡 재능을 부여합니다. 하지만 당신은 재능을 알지 못하고 치킨집으로 큰돈을 벌려고 합니다. 레시피와 소스를 독자 개발해서 프랜차이즈로 만들려 합니다. 성공하면 몇십억도 벌 수 있다며 밤낮으로 영업하고 연구합니다. 그러나 본인의 요리 재능은 평범한 데 반해, 기존의 치킨 프랜차이즈들은 많은 전문 연구진들이 새 상품을 계속 내놓습니다. 게다가 막대한 돈으로 대규모 마케팅까지 합니다. 어떻게 이기겠습니까? 현실은 그들을 뛰어넘기 쉽지 않습니다. 어느새 노년까지 고생만 하며 빚에 허덕이게 됩니다.

　만약 처음부터 당신의 작곡 재능을 알아차리고 노래를 만들었다면 어떨까요? 저작권료로 1백억대 부흫를 이루고 살았을지도 모릅니다.

　다시 '갱도'의 비유로 돌아갑시다. 흔히 그런 말이 있습니다. "긍정적으로 생각하라." "된다고 믿으면 된다." 그러나 안 될 일은 안 됩니다. 원시인이 굴착기를 아래쪽, 지구 중심 방향으로 뚫으면서 "된다! 된다!" 하고 아무리 외쳐봐야 9천 일을 뚫어야 할 것이 하루 만에 뚫어질 리가 없습니다. 인생에서, 아무리 "된다, 된다"를 외치며 긍정적으로 살아도 안 되는 것은 안 되는 겁니다. 불가능한 일을 붙잡고 긍정적으로 살지 마십시오. 방법이나 방향이 잘못된 것은 인생을 허비할 뿐입니다.

무너진 갱도의 비유를 바꿔보겠습니다. 신神이 당신에게 도구로 핸드 굴착기가 아니라 쇠젓가락 하나만 달랑 줬다면 어떨까요? 참으로 미칠 노릇입니다. 암석을 뚫는데 이걸론 너무 힘들어서 하루에 1미터를 겨우 팝니다. 정확한 방향인 천장을 선택해서 파더라도 1백 미터를 파려면 1백 일이나 소요되니 그 전에 목말라, 배고파 죽고 말 것입니다.

즉, 방향을 정확하게 선택해도 도구가 너무 좋지 않다면 이 역시 목표를 이루지 못합니다.

아무리 "된다, 된다"로 자신을 세뇌하더라도 소용없습니다.

이처럼 방법이 너무 비효율적인데 방법을 바꿀 생각을 하지 않고, 그대로 밀고 나가는 것은 무모합니다. 결국 실패로 가는 지름길이 되고 맙니다.

다시 말하지만, 불가능한 목표는 긍정적으로 밀어붙여봐야, 불가능합니다. 방법이나 방향이 잘못된 것을 고치지 않으면 인생을 허비할 뿐입니다.

그래서 인생을 살아갈 때, 당신이 원하는 목표를 무작정 쫓아갈 게 아니라 지혜로운 선택과 효율적인 방법이 필요합니다.

이 책은 당신에게 보다 나은 선택을 할 수 있는 지혜와 방법에 대해 조언을 할 것입니다.

창조주가 있다면 하늘의 신이 있다면, 당신이 혼신의 힘으로 최선을 다하는 데에도 버려둘 리 없습니다. 다만 그 방법을 모르고 잘못된 방향과 방법으로 나아가는 것을 고치지 않았기 때문에 바뀌지 않았던 겁니다. 즉 방향과 방법을 보다 나은 것으로 바꾼다면 하늘이 당신을 버리지 않았음을 알게 되실 겁니다.

창조주나 우주의 법칙은 따로 떨어져 있는 것이 아닙니다. 늘 당신과 함께하고 있으니 깨닫게 되면 당신의 행운이 또 다른 모습을 하고 찾아올 것입니다. 마치 당신이 1백억분의 1의 행운을 거머쥐고 사람으로 태어난 것처럼 말입니다.

1백억분의 1. 그 확률을 뚫고 태어난 당신이 고래 똥보다 귀한 책을 만났습니다.

이제 당신의 행운의 여정을 시작해보실까요?

제2부

당신의 소원이
이루어지지 않는 이유

원인 깨닫기

"행복하게 살고 싶죠?"

이 질문에, 열이면 열, 모두 당연하다는 표정을 지을 겁니다.

이 책을 읽는 이유는 각자 다를 겁니다. 하지만 본질을 파악해보면 결국 당신이 행복하게 살고 싶다는 열망으로 귀결됩니다.

행복! 어떻게 하면 당신은 행복을 느낄까요? 소원을 말씀해보세요.

"어마어마한 크기의 수영장 딸린 저택이요." "저는 돈 1백억만 주세요." "저는 만병통치약이 필요합니다." "저는 대기업에 취업하고 싶습니다." "예쁘고 착한 여자 친구가 생기게 해주세요." "저는 나라를 구하는 능력을 지닌 아이언 맨 갑옷이랑,"
……그만!

욕심은 끝도 없습니다. 이 정도 소원을 들어주려면, 소박하
게 금도끼 은도끼나 주는 동네 뒷산의 산신령급으로는 어림도
없습니다. 월드 와이드급으로 유명한 알라딘 램프의 요정 정
도를 만나야 할 겁니다. 동화 속 이야기를 보면, 램프의 요정
지니는 어떠한 소원도 들어줄 수 있는 엄청난 마법의 힘을 지
닌 존재로 묘사되어 있습니다. 하지만 그러한 능력자 지니조
차 소원은 딱 세 개만 들어준다고 설정되어 있습니다.

이건 참 현명한 설정입니다. 어떠한 마법의 소유자도 사람
의 욕심을 끝까지 만족시킬 수 없기 때문입니다.

오늘은 "나 지금 식사할 테니 프랑스 파리로 순간 이동시켜
줘." "내 계좌에 1조만 넣어봐." 이런 소원만 해도 수십 개가 시
작될 수도 있습니다. 그러다가 모레는…….

"우리나라 축구팀이 월드컵 우승하게 해." "역사를 바꿔서
우리나라가 세계를 지배하게 해봐." "영화 〈어벤져스〉에 나오
는 캐릭터들이 실제로 존재해서 내 친구가 되게 해." "이 세상
에 남자는 나 하나에다 황제가 되고, 나머지는 모두 여자만 있
어서 나를 떠받들게 해봐."

이런 말도 안 되는 소원까지 빌지도 모릅니다.

거짓말 같습니까? 진짜로 당신에게 어떤 소원이든 무한정 들어주는 마법 반지가 있다면 당신은 딱 몇 가지 소원만 빌고 그만두실 것 같습니까? 처음에는 적당한 소원만 빌다가 나중에는 진짜 말도 안 되는 소원까지 다 빌 수 있는 것이 인간의 본성입니다.

아마 이 소원을 비는 사람이 남성분이라면 하루에도 몇 번씩 아내가 바뀔지 모르고, 멀쩡한 직장 상사가 하루에도 몇 번이나 죽었다가 살아났다가를 반복하게 될지 모릅니다. 여기에서 당신의 소원이 열렬한 기도만으로 왜 쉽게 이뤄지지 않는지, 그 이유에 대한 철학적, 종교적 본질이 드러납니다. 신은 왜 침묵할까요? 왜 당신의 간절한 기원을 들어주지 않을까요?

1장
변덕

이 책은 종교를 떠나서, 이야기하는 책이므로 신이 있는지 없는지를 확정해서 말하지 않겠습니다. 가능성은 둘 중 하나 겠지요.

신이 정말 존재한다면 신은 왜 당신의 기도나 마음속 바라는 바를 들어주지 않을까요? 인간에게 무관심해서? 아니면 특정인만 사랑하고 당신을 사랑하지 않아서? 신이 마치 알라딘 램프의 요정같이 당신의 사소한 소원이나 기도 하나하나까지 다 들어줄 능력이 있더라도, 요청을 들어주지 않는 첫 번째 이유는 인간의 변덕입니다.

변덕? 그게 왜요?

하루에도 수십 번 바뀌는 것이 여자의 마음이라고 했지만, 여자뿐 아니라 남자도 똑같습니다. 쇼핑할 때를 떠올려보십시오. 이걸 살까? 저걸 살까? 고민을 하다가 어렵게 결정해서 하나를 골라서 샀습니다. 그 뒤에 샀던 것을 무르고 다시 선택하고 싶은 적이 없으십니까?

소원이라고 다를 것 같습니까? 전혀 아닙니다.

예를 들어보겠습니다.

'나는 저 남자랑 결혼하면 정말 행복할 것 같다.'

이런 생각을 품은 여자가 그 남자를 바라볼 때에는 반짝반짝 빛나는 좋은 점만 보입니다. 정말 하늘이 이 소원만 들어주면 세상에서 가장 행복한 여자가 될 것만 같습니다.

그런데 막상 결혼을 해보니, 결혼 전에는 안 보이던 단점이 점차 보이기 시작합니다. 이것저것 부딪히지만 '그래도 장점이 있으니까……'라며 참습니다. 그러다 시간이 지나며 사랑의 열정이 식기 시작하면 상황은 달라집니다. 이젠 장점보다 단점이 더 크게 느껴집니다. 세상에 신이 있다면 부탁해서, 죄다 무르고 인생을 새로 시작하고 싶은 심정입니다. 그러나 지나간 시간은 결코 되돌릴 수 없습니다.

'제법 시간이 지나면 사람 마음이 바뀔 수 있는 건 당연한 것 아닌가요?'

이렇게 생각하실 수도 있습니다. 그러나 긴 세월이 아니라,

짧은 시간에도 당신의 마음은 몇 번이고 바뀔 수 있습니다. 오죽하면 화장실 들어가기 전 마음 다르고, 나올 때 마음 다르다는 말이 생겼겠습니까?

'수능 시험에서 이 문제의 답을 1번으로 찍을까? 2번으로 찍을까?' '약속에 맞추려면 빨리 가야 하는데, 지하철을 탈까? 택시를 탈까?' '오늘 소개받은 그녀와의 저녁은 비싼 이탈리안 레스토랑에서 먹을까? 맛집으로 소문난 중식점에서 먹을까?'

순간순간에도 수많은 선택을 하고 후회하는 것은 현실에서 비일비재합니다.

신은 당신의 이야기에 귀를 기울이고 싶어 합니다. 하지만 문제가 있습니다.

다섯 살 아이가 장난감 Z를 사달라고 합니다. 사주니 금방 싫증이 나 던지고 또 A를 사달라고 합니다. A를 주니, 금세 처박아버리고 B를 요구합니다. 이렇게 끊임없이 변덕을 부린다면, 부모는 얼마나 아이의 요구를 진지하고 중요하게 여길까요?

신이 바라보는 관점에선 당신도 다섯 살 아이와 같을 수도 있습니다.

이쯤에서 당신은, 크고 중요한 사안이 아니라 작고 사소한 것 정도는 마음이 항상 자주 바뀔 수 있다고 말할지 모릅니다. 마치 오늘 점심으로 햄버거랑 짜장면 중에 무엇으로 먹을까 고민하는 것과 누구와 결혼을 할까 고민하는 것의 비중이 같은 것이냐고 반론할 수도 있습니다.

그렇다면 사안의 중요한 기준을 누가 정할까요? 당신이? 아니면 하늘의 신이?

예를 들어보겠습니다.

개미가 어떤 지푸라기를 열심히 옮기고 있습니다. 아마 집의 재료인 모양입니다. 당신은 그 사안이 더 중요한지, 개미가 아까 옮겼던 과자 부스러기가 더 중요한지, 어제 옮긴 개미 사체가 더 중요한지 어떻게 아시겠습니까?

이처럼, 신의 기준에서 보면 어쩌면 당신의 모든 고민이 전부 고만고만한 일일 수도 있습니다. 물론 신이 당신의 마음속에 있고 또 무엇이 더 중요한지를 속속들이 알고 있다고 하더라도 사안이 더 중요한 것만 들어줄 수 없습니다. 아까 말한 것처럼 사안이 중요한 것도 나중에 생각이 바뀌는 경우가 비일비재하기 때문입니다.

가령, 자살하는 사람이 생각합니다.

'이제 그만 죽고 싶다.'

그러나 막상 물에 뛰어들어 숨이 막히는 순간, 너무 괴롭습니다. 다급히 생각합니다.

'살려주세요! 제발!'

불과 1분도 안 되어서 생각이 극과 극으로 바뀌었습니다. 삶과 죽음만큼 중요한 것이 또 어디 있겠습니까? 그런데 이것조차도 매 순간마다 바뀝니다.

창조주와 당신의 생각 사이에 직통 채널이 있다고 칩시다. 그래서 당신이 생각하는 족족, 신이 그것을 들어준다면 어떨까요? 정말 행복하겠죠? 그러나 그 행복은 오래갈 수 없습니다. 세상과 당신의 인생은 어느 한순간에 엉망이 될 거니까요.

"캬! 이 음식 너무 맛있어서, 둘이 먹다가 하나가 죽어도 모르겠어."

'아. 오늘 기분 더럽네. 그냥 죽고 싶어.'

이런 말, 생각 하나에 당신의 인생은 바로 끝날 겁니다.

생각은 이처럼 종잡을 수 없는 것입니다. 어느 범위 내에서만 노는 것이 아니라, 때때로 제멋대로 나쁜 생각도 튀어나오기 때문입니다.

그래서 이 모든 생각은 물질 세상에 특별한 영향력을 끼치지 못하고, 그냥 당신의 머릿속에서 머물게 억제되어 있습니다. 그것은 신이 당신에게 마련한 안전장치이기도 합니다.

　평범한 '생각의 영역'.

　이 안전 박스 내에서 당신의 일상 생각 거의 전부가 이뤄집니다. 안전 박스 내의 어떤 생각에도 신은 민감하게 반응하지 않습니다. 순간적으로 신을 원망하고 저주해도 그에 따른 벌을 주지도 않습니다. 마찬가지로 신에 대한 경배나 절실한 부탁에도 똑같은 반응을 보입니다.

　희망이든 절망이든, 기도든 저주든 모든 당신의 생각이 그냥 평범한 '생각의 영역'에서 맴돈다면 우주와 신은 당신에게 거의 무관심하게 반응할 겁니다. 엄밀히 말하면, 생각의 에너지가 '저 레벨'에 있어서 외부 반응도 미약합니다.

　이것이 우주의 법칙입니다.

　(더 깊이 이야기하면 신학神學으로 넘어가는데, 인간의 자유의지와 관계있습니다.)

　지혜를 다룬 어떤 책들은 말합니다.

　'꿈은 이루어진다.' '간절히 원하면 이루어진다.'

　'당신이 좋은 생각, 긍정적인 생각만 해도 끌어당김의 원리로 좋은 일이 끌려올 것이다.'

글쎄요. 일부는 이뤄지기도 합니다. 하지만 대부분 안 이루어집니다.

당신이 아무리 긍정적으로 생각하고, 희망을 갖고 소원을 빌어도 현실은 별 차이가 없었다는 것을 잘 아실 겁니다. 왜 그럴까요?

그 첫 번째 이유는 안전 박스 내에 있는, 낮은 레벨을 가진 생각들이기 때문입니다.

이유를 알았으면 해결 방법의 단서가 나옵니다.

법칙에 따라, 안전 박스 내에서 벌어지는 생각들이 외부의 영향을 못 미친다면, 안전 박스 바깥으로 나오게 만들면 됩니다. 어떻게요?

안전 박스 안의 모든 평범한 생각을 우리는 '일상의 마음'이라고 칭합니다. 이걸 현대 과학으로 분석하면 분명한 차이점이 있습니다.

일상의 마음의 뇌파는 주로 베타파 영역에서 이뤄지고 있습니다. 일반적으로 뇌파는 델타, 세타, 알파, 베타, 감마, 이렇게 5가지 파형으로 나눌 수 있습니다.

즉, 당신의 뇌파가 베타파를 벗어나는 유형일 때 당신 주위에는 뭔가 평범하지 않는 변화가 일어납니다. 어쨌든 일상의 마음을 뛰어넘는 강력한 뇌파가 아니면 소원을 이루기가 쉽지 않습니다. 임계점을 뛰어넘는 강력한 힘을 지닌 생각만이 그 목적한 바에 다가갈 확률을 높여줍니다.

여기서 우리가 기억할 것은 '강력한 뇌파(고레벨 에너지의 생각)', '임계점'을 뛰어넘는 힘을 지닌 생각. 이 두 가지입니다.

2장
중복

하지만 앞서 말한 내용에도 불구하고, 많은 분들이 동의하지 않으실 겁니다.

"저는 결코 변덕스럽지 않습니다. 평생에 소원 하나만 이뤄도 됩니다. 부자 되는 것."

"저는 제발 이 불치병만 나으면 좋겠습니다."

이처럼 신과 소통이 가능하다면, 변덕을 부리지 않고 정중하게 소원을 빌 사람도 많겠지요.

알라딘 램프의 지니처럼 소원이 세 개가 아니라, 일생에 딱 한 번 소원을 들어줘도 좋겠다는 사람도 많을 겁니다. 어떤 이는 신이 전지전능하니 소원 중에 알아서 이득이 되는 것만 들어줘도 되는 것 아닌가 하고 의문을 품을 수도 있습니다.

그런데도 신이 침묵하는 두 번째 이유는 '중복'입니다.

사실 이것이 '변덕'보다 더 강력한 이유입니다.

중복? 이게 뭡니까? 예를 들겠습니다.

숲에 너무 배고픈 여우가 토끼를 발견하고 필사적으로 쫓고 있습니다. 당연히 토끼는 죽지 않으려고 필사적으로 도망갑니다.

"너무 배고파서 굶어 죽을 것 같습니다. 신이시여. 저 토끼를 잡아먹게 해주소서."

"신이시여. 너무 무섭습니다. 저 간악한 여우로부터 부디 무사히 도망칠 수 있게 해주소서."

여우와 토끼. 양쪽 다 신에게 간절하게 빕니다. 신은 어떻게 해야 할까요?

신에 대한 요청이 이렇게 중복이 되면, 아무리 전지전능한 신이라도 둘 다 만족시킬 수 없습니다. SF 영화라면 새로운 우주를 하나 더 창조해서 이쪽 토끼는 살고, 다른 우주에서 이쪽 여우가 잡아먹는 방법이 있겠습니다. 하지만 그 각각의 우주에서 상대적으로 저쪽 여우는 실패하고 저쪽 토끼가 죽기는 마찬가지입니다.

우주의 원리상, 절대로 둘 다 만족시킬 수 없습니다.

이것이 중복입니다.

이제 사람의 세계를 봅시다.

"제가 반에서 1등이 되게 해주세요."

이렇게 반원 40명 모두가 빕니다. 그중에 누구를 1등으로 할까요? 공동으로 1등? 물론 시험이 너무 쉽든지 너무 어려워 40명 모두 100점이나 0점으로 공동 1등이 될 수 있습니다.

이렇게 모두가 공동 1등이면 이 1등이 무슨 의미가 있겠습니까? 같은 예로 만약 전국에 수능 시험 대상자가 모두 만점을 받는다면, 입학시험으로 어떤 변별력이 있겠습니까?

"제가 대통령에 당선되게 해주세요."

대통령 후보 12명이 모두 동일한 소원을 빕니다. 모두 대통령을 만들까요?

"제가 아이유와 결혼하게 해주세요."

뛰어난 미모의 아이돌 여자 스타를 보고 전국에서 10만 명의 남학생이 이렇게 빌었습니다. 신이 모든 남학생의 기도를 들어준다면, 이 여자 스타 '아이유'는 10만 명과 결혼해야 할까요?

결국 신은 이 모두를 만족시킬 수 없습니다. 사람들이 원하는 대부분의 소원들은 '중복'의 원리와 관계가 있습니다.

합격? 경쟁자 없는 합격 시험은 거의 없습니다. 누군가는 올라가고 누군가는 떨어져야 합니다.

승리? 전쟁이든 스포츠 경기든 상대방이 없는 경우가 거의 없습니다.

승진? 이 역시 경쟁자 없는 것은 별로 없습니다.

사랑? 상대방을 원하는 어떤 인연이 또 있을지 모릅니다. 그 역시 경쟁입니다.

부자? 세상의 재물은 유한하며, 업종의 경쟁자 누군가를 제치고 올라가야 당신이 부유해집니다.

병이 낫는 것? 이것은 경쟁이 없을 것 같죠? 이에 대해서는 뒤에서 말씀드리겠습니다.

어떠세요? 당신이 간절히 원하는 것 중에 중복이 적용 안 되는 것이 드뭅니다.

그런데도 만약 당신이 어떤 걸 원하든지 신이 다 이뤄준다면?

다른 의미로는 남에게 가야 할 것을 빼돌려 무조건 당신에게만 주는 편애를 하고 있다는 의미이기도 합니다.

'와우! 감사합니다. 역시 저는 신이 사랑해주시는 존재였군요.' 당신은 이렇게 생각하실지도 모릅니다. 신이 다른 사람보다 나를 훨씬 더 사랑해서 나 위주로 소원을 해결하고 계신다면 정말로 좋긴 할 겁니다.

그러나 역으로 생각해보세요. 신이 다른 사람만 편애하고 유독 당신은 소외된다면 그건 어떨까요? 어떤 노력을 해도 당신은 실패하게 되어 있고 운마저 안 따른다면? 그것도 우주에서 최고 능력을 가진 창조주가 그런다면 당신은 어디에 가서 하소연할까요? 동네 '잡신'에게 도와달라고 할 겁니까?

게다가 살아서도 죽어서도, 영원히 소외된다면? 가령 윤회가 있어서 환생을 거듭해도 계속 재수가 없다면, 정말 얼마나 억울하겠습니까?

그러나 다행스럽게도 신은 그렇게 하지 않습니다. 왜냐?

'우주의 조화' 때문입니다.

신에게 있어서 아마 가장 큰 명제가 있다면, 창조한 우주가 망가지지 않는 것일 겁니다. 물리학과 천문학을 공부해보신 분은 알겠지만 지금의 우주는 기적의 산물입니다. 우주는 한 치의 오차도 없이 맞물려 돌아가야 유지가 되기 때문입니다.

예를 들어, 지구는 당신이 책을 읽고 있는 이 순간도 쉬지 않고 태양 주위를 돕니다. 그 속도가 어느 정도인가 하면, 눈 깜빡 할 사이인 1초 만에 무려 30킬로미터를 날아갑니다.

소리가 1초에 340미터를 가는데 지구는 30킬로미터를 갑니다. 소리보다 지구가 거의 1백 배나 빠르게 쏜살같이 날아가고 있는 겁니다(정확히는 1백 배가 아니라 90배 정도).

흔히들 엄청 빠른 것을 총알 같은 속도라고 합니다. 총알이 느리면 음속에서부터, 빠른 것은 음속의 3~4배 정도에 이릅니다. 한국군의 주력 총기인 M16 총의 총알 속도는 초속 950미터로 소리 속도보다 세 배가 조금 못 됩니다. 즉, 먼 거리에 있는 군인이 M16 총을 팍 맞고 나면 몇 초 뒤에 저쪽에서 쏜 총소리가 들려오게 되어 있습니다. 탕~!

총알 속도 > 소리 속도

그런데 이 총알보다 거의 30배가 빠른 것이 지구의 속도입니다.

상상해보세요. 아주 먼 거리에서 총을 쏩니다. 그 총알이 10분의 1도 못 날아올 때쯤이면 이미 지구는 당신을 훨씬 지나쳐갔다는 얘기이지요. 쌩~!

지구 속도 >>> 총알 속도 > 소리 속도

1초에 무려 30킬로미터의 속도. 그런데 만약 1년에 1밀리미터라도 느려진다면 어떻게 될까요?

생각해보세요. 30킬로미터면 마라톤을 하는 거리에 가까운데 그중에 눈곱만큼 작은 거리인 1밀리미터가 표라도 날까요? 그것도 1초에 30킬로미터를 가는데 1년에 딱 1밀리미터만 느려지는데요? 그런데도 이런 변화가 생기면 지구는 얼마 지나지 않아 태양으로 끌려들어 집어삼켜집니다.

태양의 온도는 표면이 5천 도. 안쪽은 1만 도가 넘습니다. 그 불구덩이 속으로 지구가 삼켜지면, 엄청난 불기둥 속에서 모든 생명체는 재가 됩니다.

만약 반대로 지구가 도는 속도가 1밀리미터라도 빨라지면? 점차 태양으로부터 멀어지기 시작합니다. 지구는 영하 100도 이하로 얼어버리고 지구의 모든 생명체는 멸망하고 죽음의 별이 됩니다.

생각해보세요. 이렇게 작은 차이로도 지구가 멸망할 수 있습니다. 그런데 어떻게 지구는 45억 년 이상을 티끌만큼도 느려지지 않고 계속 태양 주위를 돌 수 있었을까요?

아무리 마찰이 없는 진공 공간이라고 하지만, 1초에 거의 30킬로미터를 가는 엄청난 속도가 1밀리미터라도 오차가 생기기 시작했다면 우리 지구는 벌써 오래전에 흔적도 없이 사라졌을 것이라 생각하니 끔찍하지 않습니까?

다들 아시겠지만, 이건 관성의 법칙 덕분입니다.

물체에 한번 힘이 주어지면 다른 변수를 주지 않는 한, 그대로 일정하게 운동이 유지되는 법칙이죠.

이렇듯 우주가 빈틈없이 조화를 유지하며 나아가려면 항상 일정하게 작용하는 법칙이 필요하고 그 법칙대로 모든 만물이 연결되어 작용합니다.

그래서 신은 누구 하나를 위해서 매번 따로따로 우주를 움직이는 것보다 전체에게 공통적으로 적용되는 자연법칙을 통해 그 뜻을 표현합니다.

모두에게 공정하게 적용되는 룰. 그것이 바로 '자연법칙'입니다.

두 개의 자석이 있습니다. 그 사이를 향해 쇠구슬을 수십 번 굴립니다. 쇠구슬이 어느 자석 쪽으로 끌려갈지는 신이 매번 정하는 것일까요? 당연히 자석 힘의 세기와 쇠구슬이 어느 자석에 가까운지, 그 힘의 우열에 따라 정해집니다.

이번에는 양쪽 자석 끝을 사람이 쥐고 있도록 합니다. 두 사람이 마주 보고, 서로 자기가 쥔 자석으로 쇠구슬이 끌려오게 기도를 합니다. 그렇다면 구슬이 어디로 끌려가는지는 누가 기도를 더 열심히 하는가에 좌우될까요? 아니면 힘의 우열에 따라 정해질까요?

현실에서는 당연히 힘의 우열입니다. 기도와 상관없이.

중복일 때 힘의 선택의 기준에 대해서 자연은 이렇게 아주 잘 보여주고 있습니다.

만물에 차별 없이 적용되는 힘은 인간에게도 차별 없이 적용이 됩니다. 이것은 물리적인 힘뿐만 아니라 보이지 않는 신의 손길도 차별 없이 주어집니다.

다시 인간의 이야기로 돌아오겠습니다.

"저 여자와 결혼하고 싶습니다. 신이시여. 저의 소원을 허락하소서."

한 여자를 두고 A, B 두 사람이 밤마다 절실하게 기도한다고 칩시다. 신께서 둘 다 들어줄 수는 없습니다.

신은 그들에게 "내가 만든 룰대로 하라"고 합니다.

A는 신을 더 설득하기 위해, 밤에만 하던 기도를 낮에도 쉬지 않고 합니다. 24시간 중에 깨어 있는 시간 모두를 신에게 기도하는 데 할애합니다. 이에 대해 어떤 종교인들은 바람직하다고 말할지도 모릅니다.

B는 여자를 더 설득하기 위해, 깨어 있는 내내 여자를 따라다니며 그녀의 마음을 얻는 데만 집중합니다. 과연 이 둘 중 누가 현명할까요?

솔직히 이 여자가 어떤 남자를 선택할지는, 두 사람의 행동과 관계가 없을 수도 있습니다. 전적으로 이 여자의 취향이자, 자유의지에 달린 것이니까요.

그렇다면 문제를 바꿔보겠습니다. 대기업에 이사 자리를 놓고 두 명의 직원이 후보자가 되었습니다. 반년 뒤에 결정이 난다고 칩시다.

A는 집에서나 회사에서나 신께 기도를 하는 데에 모든 시간을 할애합니다.

B는 집에서나 회사에서나, 회사의 실적에 기여하는 데에 모든 시간을 할애합니다.

둘 중 누가 현명한 것 같습니까?

아마 A는 반년 뒤에 이사가 되기는커녕 회사에서 쫓겨날 겁니다. 이렇듯 중복일 때 신의 선택은 현실에서의 인과관계 룰을 따르게 합니다.

정상적인 상식을 지닌 당신이라면 당연한 이야기를 왜 하느냐고 저에게 물어볼지도 모릅니다. 의외로 많은 사람들이 이런 어리석은 방식으로 목표에 접근하기 때문입니다.

정상적인 인과관계보다 뭔가 더 쉽고 빠른 방법. 일종의 반칙이나 지름길 같은 방법. 많은 사람들이 그런 방법에 솔깃합니다.

예를 들어 영험한 사람이 써준 '부적'. 큰돈을 들여서 한 '굿'.

이런 것들이 당신의 삶을 크게 바꿔줄까요? (드물게는 있지만 그런 것은 다음에 다른 관점에서 말씀드리겠습니다.)

부적이나 굿뿐만 아니라 명상, 기도, 불공 등등 종교적인 모든 것들이 다 마찬가지입니다.

'나는 교회에 다니니까 지옥에 안 간다?' '나는 기도를 열심히 하니까 무조건 성공한다?'

'나는 불공을 열심히 드리니 사고를 안 당한다?'

천만의 말씀! 그런 것이 당신의 성공이나 소원 성취에 크게 영향을 주지 못합니다. 또한 사고 방지나 불행을 막는 것에도 크게 영향을 주지 못합니다.

"어이, 당신! 무슨 신성모독 하는 소리를 하고 있나요? 우리 신앙이 우습게 보이나요?"

저한테 많은 분들이 항의할지도 모릅니다. 그러나 이야기를 끝까지 들으시면 이해가 갈 겁니다.

교통사고가 나서 어떤 불교 모임의 사람들이 불행을 당했다는 기사에 어떤 분이 "교회를 다니지 않아서 그렇다"고 댓글을 단 것을 본 적이 있습니다. 과연 그럴까요?

신자가 많은 대형 교회에 다니는 분들은 주위를 잘 살펴보세요. 교회에 열심히 다니시는 분들 중에서도 불치병에 걸리고, 교통사고로 죽고, 사업에 실패하고 그런 분들이 없습니까? 그분들이 신앙심이 없어서 기도가 부족해서 그럴까요? 그렇다면 정말 신앙심이 두터운 목사님은 왜 암에 걸리고, 사고로 죽고 그럴까요? 이는 불교의 스님이나 천주교의 신부님도 마찬가지입니다. 신앙심이 강력하다 해도 사고가 날 수 있고, 병도 걸릴 수 있습니다.

아무리 신앙심 깊은 종교인이라고 해도 불구덩이 화재 속에서 맨몸으로 버틸 수가 없으며, 100층 고층 빌딩에서 맨몸으로 추락하면 죽을 수밖에 없습니다.

이렇게 극단적인 경우는 대부분 수긍하지만, 좀 더 일상적인 경우에는 자연법칙보다 행운과 보이지 않는 손길을 크게 믿는 경우가 많습니다. 그러나 기대하지 마세요.

신은 당신을 정말 사랑하지만, 그의 룰인 자연의 인과관계와 조화를 더 우선합니다.

중복의 원리 때문에, 우주의 조화를 위해서 자연법칙을 깨지 않는 것이 더 중요한 룰이기 때문입니다.

결론은 신이 계셔서 당신이 원하는 바를 도움받고자 한다면, 무작정 기도만 하는 것은 별로 의미가 없다는 뜻입니다.

정상적으로 나올 결과보다 플러스알파의 결과를 얻고자 한다면, 기도나 명상이든 자연법칙의 원리를 응용해서 한 차원 더 강력한 힘을 발휘하게 해야 합니다.

3장
나비효과

'나비효과'라고 아십니까?

사전적 의미로는 '작은 변수가 큰 변수로 발전할 수 있다'라는 뜻입니다.

브라질에 있는 나비 한 마리가 날갯짓을 합니다. 그 날갯짓에 아주 미세한 바람이 붑니다. 이게 또 주변 공기 흐름에 작은 영향을 끼치는데 그러다 점차 옆으로, 옆으로 영향을 주며 증폭되다 보면 더욱 커져서, 저 멀리 바다 건너 미국에 강력한 토네이도를 불러일으킬 수도 있다는 이론입니다.

이 이론은 미국의 기상학자 에드워드 로렌즈가 1961년 기상관측을 하다가 생각해낸 것으로 현대 과학에서 양자역학의 '카오스 이론(혼돈 이론)'과도 이어집니다.

당신이 길을 가다가 기분 나쁘다고 화풀이로 작은 돌멩이를 발로 찹니다. 그게 도로로 굴러갑니다. 마침 도로를 달리던 사이클 바퀴에 돌멩이가 걸리자, 사이클이 넘어집니다. 뒤따라 오던 차가 사이클을 치고 가며 넘어진 사이클 운전자가 죽습니다. 사이클을 타던 사람은 대기업의 연구 프로젝트 핵심 인력입니다. 이 사람이 죽자 그 대기업은 외국의 경쟁 대기업보다 상품 개발이 늦어집니다. 대기업의 사활을 걸었던 프로젝트가 좌초되고 라이벌 기업과 경쟁에 점차 뒤처집니다. 결국 대기업과 하청기업들이 줄줄이 도산하고 해고된 사람들의 데모가 이어집니다. 당신은 데모하는 하청기업의 해고자들 중 한 명입니다.

이건 제가 즉흥적으로 지은 이야기지만, 현실에서도 수많은 나비효과가 일어납니다.

1986년에 스위스의 한 제약 회사의 창고에 불이 났습니다. 이 불을 끄기 위해 소방차들이 엄청 물을 뿌려 결국 불이 잘 꺼졌습니다. 그런데 문제는 이 창고에 독극물들이 엄청 많았는데 그게 전부 불을 끄는 물에 휩쓸렸습니다. 그 뒤 이 물이 흘러든 라인강이 모두 독극물에 오염되었습니다.

그 라인강이 지나가는 독일, 프랑스, 네덜란드, 벨기에의 물고기와 동물들이 떼죽음을 당했을 뿐만 아니라, 그 주변의 수

많은 사람들이 독극물과 질병으로 죽어나갔습니다.

차라리 창고의 불을 끄지 않았더라면 그 창고의 피해로만 끝났을지도 모르는 일이 유럽 전역의 엄청난 대재앙으로 번진 겁니다.

이처럼 작은 사건 하나가 나중에는 엄청난 일을 만들 수도 있습니다.

자연의 법칙대로 굴러가는 데도 이렇게 작은 일로 큰 변수가 발생하여 예측 불허가 됩니다. 그런데 만약 신이 사람 한 명 한 명의 편의를 위해 여기저기에 개입하다 보면 나중에는 우주가 정말로 엉망진창 상태에 빠질 수도 있습니다.

"어떤 사람 A의 행복을 위해서 이걸 고쳤는데, 중복되는 사람 B을 위해서 저것도 손대고 다시 그것이 A에게 미치는 안 좋은 영향을 보정하고, 그러니 이번엔 새로운 C에게 문제가 생겨서 다시 손대고…… 그러다가 그 영향들이 나비효과로 인해 점점 더 커져서 손쓸 수가 없게 되어…… 어어…… 우주가 완전 엉망이네…… 미안하다. 피조물들아. 천지창조부터 다시 시작하자."

비극이죠. 전지전능한 창조주라면 절대로 이렇게 우왕좌왕할 리가 없습니다.

그래서 신의 의도는 명확하게 자연법칙으로 고정되어 우주에 널리 퍼져 있습니다.

이번에도 결론은 신의 의도가 자연법칙으로 나와 있다는 것입니다. 그러니 당신의 소원을 돕는 보이지 않는 손길 역시 자연법칙에 '변수를 높이는 지름길' 형태로 존재한다는 겁니다. 당신에게 응답해서 지금 문제가 해결되면 오히려 나중에 더 큰 문제가 올 수도 있어서 신이 침묵할 수도 있다는 이야기입니다.

무슨 뜻인지 잘 모르시는 분은 이것 하나만 기억하세요.

당신의 지름길은 자연법칙 내에서 당신을 도울까 망설이고 있습니다.

4장
자유의지

마지막으로, 당신의 소원이 잘 안 이뤄지는 것의 제일 중요한 원인을 이야기하겠습니다.

당신이 포춘 쿠키를 뽑았습니다. 쿠키에 동봉된 쪽지엔 다음과 같이 적혀 있습니다.

"당신은 오늘 복권 1등에 당첨될 운입니다."

와! 일단 기분은 엄청 좋습니다. 그런데 당신은 진짜로 복권을 사야 할까요? 쿠키 쪽지가 우연히 나온 것이라면 사지 말고, 하늘의 뜻이라면 당연히 사야죠.

이렇듯 살다 보면 가끔 "이건 하늘의 뜻이다"라는 말을 합니다. 하늘 즉, 신의 뜻이라는 말입니다. 다시 말하면, 어떤 일에 대해 신이 당신의 운명을 정해주었다는 말입니다.

과연 신이 정말로 계시다면, 미래에 대해 얼마나 관여할까요? 과학에서 오랫동안 고민해왔던 주제가 미래는 '확정'이냐 '불확정'이냐 하는 것입니다.

이를테면, '미래는 확정(정해짐)이다'라는 주장. 이 주장은 이미 우주가 시작된 순간부터 어떻게 흘러갈지 흐름이 미리 정해졌다는 겁니다.

이걸 조금 전문적인 용어로, '결정론적 세계관'이라고 합니다.

예를 들어, 당구공을 봅시다.

어떤 사람이 공을 당구 막대로 칠 때, 방향, 힘과 회전이 주어지는 순간, 공이 당구대에서 어떻게 움직일지가 정해집니다.

당구 묘기를 부리는 고수들도 그걸 이용해서 본인이 원하는 방향으로 공을 보내는 것이죠. 당구공이 점프해서 장애물을 요리조리 피하고 원하는 막대를 오르는 묘기도 선보입니다.

이렇게 공의 움직임을 1백 퍼센트 예측할 수 있다는 말은 공의 미래가 1백 퍼센트 정해졌다는 말이기도 합니다.

그렇다면 전지전능한 신은 당신의 미래를 1백 퍼센트 알고 계실까요? 또는 우주 전체가 앞으로 어떻게 될지 1백 퍼센트 알고 계실까요? 전지전능하니까 당연히 알고 계실 거라고 어떤 이는 답할 겁니다.

하지만 신이 만든 우주의 원리를 살펴보면, 전지전능한 창조주라 할지라도 모든 미래를 알 수 없도록 설계되어 있습니다. 왜냐하면 우리 같은 피조물들에게 '자유의지'를 줬기 때문입니다. 우주를 창조한 신은 당신이나 저 같은 미세한 존재 하나하나의 행동을 일일이 직접 지정하거나 상황에 관여하는 것이 아닙니다.

자유의지(스스로 선택을 결정할 수 있는 능력).
우리가 뭘 선택하든 우리 의지에 달려 있고, 그에 따라 미래는 얼마든지 변합니다.

신은 전체 룰을 정하고 개인에게 자유의지를 줘서 그 변화를 지켜보는 겁니다.
만약 인생을 축구 경기라고 합시다. 신은 축구의 룰을 정하고 그 흐름을 지켜봅니다. 신이 선수들의 동작 하나하나까지 관여해서 신이 정한 각본대로 결과가 나오게 하진 않습니다. 신은 축구 대회의 주최자이며 관전자이지, 축구 선수가 아니기 때문입니다.
축구 선수는 바로 당신 자신입니다. 당신은 열심히 뛰거나 결승골의 주인공이 될 수도 있고, 자살골을 넣어서 실망에 빠질 수도 있습니다.
그러니 당신은 당신이 할 수 있는 최선을 다해서 인생을 만

들어나가고 즐기면 됩니다.

신은 당신을 괴롭히기 위해 당신을 창조하지 않았습니다.

당신이 세상에 태어나는 엄청난 행운과 자유의지를 준 이유
는 오직 하나.

당신을 발전시키기 위해서입니다.

당신은 당신의 인생을 통해 당신 영혼이 발전하여야 합니
다. 발전하라고 인간에게 자유의지를 줬는데 걸핏하면 나 힘
드니 당신이 해결해달라, 이렇게 매달리면 신은 어떨까요?

가령 어떤 이가 수영을 배워야 합니다. 막상 물에 뛰어드니,
물에서 헤엄치는 것이 무섭다고 계속 배 위로 꺼내 올려달라
고 요구합니다. 그때마다 꺼내주면 그는 평생 수영을 배울 수
나 있을까요?

인생에서 당신이 발전하는 방향으로 갈 때, 흥미롭게도 가산
점이 붙습니다.

인생은 컴퓨터 게임과 너무나도 흡사합니다. 당신이 영혼을
레벨 업 할 때 가산점이 붙어서 더 좋은 능력을 지니고, 그 능
력으로 원하는 아이템을 얻고 또 원하는 장소를 갈 수 있습니
다. 당신이 고난의 구역에서 충분히 깨달아, 영혼을 레벨 업 하
게 되면 그 고난의 구역을 클리어 할 길이 생기기 시작합니다.

마치 게임의 어느 층에서 보스를 물리치면 보상을 얻고 다음 층으로 올라갈 수 있는 것과 흡사합니다.

그러니 당신은 인생을 통해 반드시 발전해야만 합니다.

이것이 당신의 소원에 신이 침묵하는 가장 큰 원인입니다.

결론적으로, 현실에 닥친 고난을 피하게 해달라고 무작정 매달리지 마십시오. 안 될 가능성이 훨씬 많습니다. 기도를 하든 명상을 하든, 그 목적이 고난만 없애달라는 단순한 부탁의 반복이라면 거의 이뤄지지 않습니다.

인생을 통한 발전. 그것도 영혼의 발전.

그래서 이 책에는 어떻게 당신이 발전을 해서 행운을 거머쥘 수 있는지 그 방법을 상세히 말씀드릴 겁니다.

아직 무슨 말인지 그 의미를 잘 모르는 분도 많을 겁니다. 뒤에 다시 설명하겠지만 간단히 예를 하나 들겠습니다.

몸이 아픈 암 환자가 있습니다. 췌장암이라서 치료율이 매우 안 좋은 편입니다. 그러나 이 사람은 쉼 없이 기도를 하며 좋아질 거라고 말합니다.

그의 속내를 들여다보겠습니다. 아무리 주위에다 긍정적인 말을 하고, 스스로도 긍정적으로 될 것이라 생각해도 대부분은 자신을 속이고 있는 겁니다. 긍정적으로 생각하는 듯해도, 실제 속마음을 분석해보면 병에서 못 벗어날 것에 대한 두려움이 훨씬 더 강함을 발견할 수 있습니다.

'나는 병이 나을 것이다. 이제 나의 병은 없어질 것이다. 진짜. 진짜……'

많은 환자들이 스스로 이렇게 암시를 합니다. 그러나 꾸준히 '긍정의 암시를 하는 환자'와 '비관적으로 생각하는 환자'와의 치료율은 놀랍게도 거의 차이가 없다고 합니다. 이건 미국의 의사 협회의 임상 조사에서 증명된 사실입니다. 왜일까요?

얼핏 생각해도 긍정적으로 생각하는 사람이 몸의 면역력이나 회복력도 더 활성화되어서 비관적으로 생각하는 사람보다 더 좋아져야 하는 것 아닙니까? 그런데도 치료율이 차이가 없다니, 임상 조사가 잘못된 것이 아닐까요?

하지만 이유는 다른 곳에 있습니다. 이렇게 열심히 병이 나을 거라고 암시한다는 것은 그 이면에 병에 대한 두려움과 공포가 그만큼 강하기 때문입니다. 정말 병이 나을 것이라는 확신이 있는 사람은 걱정도 되지 않아서, 그런 암시조차 할 이유가 없습니다. 생각해보세요. 당신이 어디 부딪혀서 다리에 멍이 들었다고 합시다. 이게 나을 거다, 나을 거다. 암시를 합니까? 전혀 걱정도 안 되고 신경도 쓰지 않는 게 일반적인 반응입니다. 그러니 열심히 기도하거나, 암시를 하는 사람들의 마음속에는…….

'혹시 내가 안 나으면 안 되는데. 이 병이 더 진행되면 큰일 나는데…….'

이런 형태의 마음이 무의식 속에 꼭 숨어 있습니다. 정말로 간절하게 기도하는 사람의 속마음은 두렵기 때문에 반대로 병이 낫길 더 간절히 기도하고 있는 겁니다. 즉 밖으로 드러나는 것은 긍정적이지만 속마음에는 부정적인 것이 더 강력하게 자리 잡고 있다는 얘깁니다. 그걸 깨닫고 부정적인 것을 줄인다면 모를까, 그렇지 않은 상태에서 병으로부터 벗어나게 해달라고 기도하는 것은 별로 힘을 가지지 못합니다.

'하늘은 스스로 돕는 자를 돕는다'는 말이 있습니다.

스스로 변화하지 않고 의지만 하면, 강력한 도움의 손길을 결코 얻을 수가 없습니다. 즉, 마음에 달라지는 점 없이, 오직 병 치유의 결과만 요구하는 것에 불과한 셈입니다.

물론 일반적인 사람이라면, 고난으로부터 벗어나길 원하는 것은 매우 당연합니다. 다만 그 본질을 이해하고 좀 더 나은 방법을 깨닫게 된다면 당신은 지금보다 훨씬 높은 확률로 고난으로부터 해방될 수 있습니다.

만약 고난의 괴로움으로부터 도피하거나 해방되는 것에만 우선 관심을 가질 뿐, 고난을 통해서 뭘 깨닫고 발전해야 하는

가에 대한 관심이 부족하다면, 당신의 인생은 계속해서 실패할 확률이 높다는 것을 염두에 두시길 바랍니다.

만약 신이 없다면?

앞에서는 신이 존재한다는 전제하에 그 이치를 설명했습니다. 그런데 신이 존재하지 않는다면 어떻게 달라질까요?

물론 우주에 신이 존재하지 않는다면 너무 끔찍합니다. 우주는 단지 우연히 생겼고 당신도 우연히 생겼다는 의미니까요. 이렇다면 당신의 인생 역시 어떠한 목적도 없을지도 모릅니다. 그저 무의미하게 왔다가 무의미하게 가는 그런 여정일 수도 있습니다.

하지만 이렇다고 해도 달라지지 않는 것은 있습니다. 현실의 우주는 자연법칙에 의해 돌아가고 당신은 그 안에 놓여 있습니다. 당신이 행복해지기 위해서 알아야 할 것은, 자연법칙을 이용해서 당신이 원하는 변화를 갖는 것입니다. 앞서 신이 존재한다고 봤을 때에도, 결국 자연법칙은 신의 의지이므로 그 법칙을 이용해서 당신의 뜻을 실현해야 한다고 했습니다.

마찬가지로 신이 존재하지 않는다고 해도, 결국 자연법칙을 영리하게 이용하여 당신이 원하는 바를 이루면 됩니다. 그러나 우주와 자연의 법칙을 이해하면 이해할수록, 신이 존재하지 않을 확률보다 존재할 확률이 압도적으로 높다고 저는 봅니다.

제3부

소원 해결하기

부와 명예, 성공을 이루는 법칙

앞 장에서 원인을 밝혔으니, 해결 방법을 알 차례입니다.

만약 이 책을 통해, 세 가지 소원을 이룰 수 있다면 당신은 무엇을 빌겠습니까?

'자산 1백억', '좋은 직장 취업', '병이 낫고 싶어요', '짝사랑하는 사람과 결혼' 등등 사람들의 소원은 각양각색일 겁니다. 그중 공통적인 소원 세 가지를 뽑는다면 어김없이 다음과 같을 겁니다.

'성공', '건강', '사랑'.

누구나 이걸 원합니다. 이 책은 동서고금의 현자들이 알던 비결과 강력한 룰로 당신이 이 소원들을 이룰 수 있도록 도와드리고자 합니다. 다만 건강, 사랑의 비결은 다음번 책에서 다

루고 이번엔 부와 명예를 얻는 성공의 룰만 집중적으로 말씀
드리겠습니다.

'성공의 법칙'.

인류 역사에 남을 정도로 크게 성공한 사람들은 어떻게 성
공할 수 있었을까요? 보통은 본인의 타고난 능력이 뛰어나서,
노력으로, 배경이 좋아서 등등이라 생각합니다. 그래서 우리
사회는 어릴 때부터 자녀들을, 성공을 위한 교육에 올인시킵
니다. 공부를 잘해서 좋은 대학에 가거나, 특정 기술을 연마해
서 그 분야에 뛰어나거나 해야 나중에 잘 산다고 합니다.

마찬가지로 당신도 큰 성공을 하려면, 능력을 활용하고 열
심히 일해야 한다고 여길 겁니다. 돈을 모으기 위해 밤잠을 줄
여가며 일하거나, 자격증 공부를 해서 자격증을 따면 급여가
많아지는 것도 사실이긴 합니다.

하지만 이것만으로 당신 인생의 큰 성공을 얻을 수 있을까
요? 누구나 비슷한 능력에 비슷한 방법으로 비슷한 노력을 한
다면, 유독 당신만 크게 성공할 이유가 있겠습니까?

크게 성공한 사람들을 분석해보면 오직 능력과 노력만으로
성공한 것이 아닙니다. 성공한 사람들이 알고 했든 모르고 했
든, 그들이 이용한 성공 법칙들이 따로 있습니다.

만약 그 법칙을 모르고 평범한 사람들과 똑같은 방식으로 노력한다면 당신은 지금의 한계를 벗어나기 힘듭니다.

왜냐하면 부와 성공은 당신이 이루는 것이 아니라, 세상이 주는 것이기 때문입니다.

당신은 세상으로부터 선물받을 자격을 갖추고 나서, 세상에다 부와 성공을 달라고 요청해야 합니다. 노력이 필요 없다는 건 결코 아닙니다. 선물받을 자격이라는 말처럼 본인의 치열한 노력은 기본 중에 기본입니다. 잘 알다시피, 노력만으로도 판검사, 의사 같은 좋은 직업을 갖거나, 연예인으로 명성을 얻거나, 좋은 기술을 지니고 부를 이루는 경우도 많습니다.

하지만 의사들 중에서도 신용 불량자가 생기고, 스포츠 스타가 갑자기 사고로 다쳐 몰락하는 경우도 있습니다. 흔히 불운하다, 재수가 없다고 말하지만, 그 이면에는 중요한 비밀이 숨어 있음을 간과하고 있습니다.

다시 말해, 당신의 능력과 노력은, 세상으로부터 선물을 받을 자격 중 하나에 불과할 뿐입니다. 생각해보십시오. 어떤 사람은 능력과 노력이 없어도 운이 좋아서 잘 먹고 잘 사는 사람도 있습니다.

자신의 능력만으로 부를 이루겠다는 자만에서 벗어나십시오. 만약 마음 자세가 세상에 겸손하지 않고 스스로의 능력을 믿고 자만하면, 자기가 받을 수 있는 복을 다 챙기지 못합니다.

1장
보이지 않는 손길을 이용하라

어떤 사람 A는 간단한 번역 일로 그날 벌어 그날 먹고삽니다. 그 수입으로 저축할 돈은 전혀 없습니다. 만약 매일 변화 없이 이 일만 계속하며 세월을 보낸다면, A는 부자가 될 수 있을까요?

상황이 바뀌지 않는다면, 죽을 때까지 A가 부자가 될 확률은 없습니다. 자신의 상황이나 환경이 바뀌지 않고, 부자가 되기는 정말 힘듭니다.

그런데 보이지 않는 손길이 다가와 변화를 줍니다. A에게 오래전 친구에게서 연락이 옵니다. 친구가 식당을 하는데 바빠서 A보고 좀 도와달라고 합니다. 그 보수가 번역 일보다 낫습니다. 그래서 도우러 갔더니 점점 받는 보수가 늘어, 생활이 나아지게 됩니다. 그 뒤 여윳돈으로 복권을 샀다가 당첨되는 행운까지 생겨, 큰 부자까지 되었습니다.

당신에게 필요한 것도 이처럼 보이지 않는 손길로 인한 좋은 변화입니다.

그렇다면 어떻게 하면 이 보이지 않는 손길을 원하는 방향으로 움직일 수 있을까요?

2장

채널을 돌려라

보이지 않는 손길을 하늘의 힘, 우주의 섭리, 또는 운이라고 표현할 수 있습니다.

이런 것이 진짜로 존재하는지, 아닌지는 사람마다 생각이 다를 겁니다. 다만 그런 것들을 믿는 사람들은 분명히 플러스 알파의 힘을 이용하고 있다는 것은 엄연한 사실입니다.

당신이 만약 이걸 부정해서 이용하지 않고, 순전히 당신의 노력으로 모든 것을 이루고 싶다고 해도 어쩔 수 없습니다.

하지만 이런 힘이 있을 확률이 조금이라도 있다면, 이왕이면 이용할 수 있는 방법을 한번 실천해보는 것도 나쁘지 않을 겁니다. 그리고 나서 효과가 있다면 당신의 성공 확률은 확연히 높아질 것이기 때문입니다.

시중의 성공 원리의 책에서 '당신의 생각이 원하면 끌려온다'라는 이야기를 들어보신 적이 있습니까? '끌어당김의 법칙'이라는 겁니다.

'끌어당김의 법칙'을 정확히 말하면, '당신이 절실하게 원하면, 그 생각이 사방으로 퍼져, 필요한 것들이 세상 어딘가에서 당신에게로 자석처럼 끌려온다'라는 주장입니다.

얼핏 보면 비과학적이고 미신 같지만, 진짜로 된다고만 하면 얼마나 매력적인 주장입니까? 그래서 많은 분들이 이걸 믿고 실천해봤지만 안 되는 경우가, 되는 경우보다 훨씬 많습니다.

결국 모두 엉터리였을까요?

그게 안 되는 이유는 중요한 자연법칙을 빼먹고 적용하려고 했기 때문입니다. 가령 낚싯대를 주면서 낚싯바늘과 미끼를 주지 않은 것과 같습니다. 당신이 빈 낚싯대만 물에 담근다고 고기가 잡히겠습니까? 낚싯바늘과 미끼 같은 필수 조합처럼 나머지 법칙을 갖춰야 성공적인 결과가 나옵니다.

이 책을 읽다 보면, 끌어당김의 법칙이 안 되는 이유도 알게 되고, 그것이 되게 하는 비결도 알게 될 겁니다.

나머지 중요한 자연법칙은 '확률'과 '교감'입니다.

그중 '교감'에 대해 말씀드리겠습니다.

저는 어찌 보면 미신처럼 들리는 '끌어당김의 법칙'이라는 표현보다 '교감의 법칙'이라는 것이 더 정확한 표현이라고 생각합니다.

교감의 법칙은 이미 과학에서 다 밝혀진 내용이기 때문입니다.

혹시 소리굽쇠를 아십니까?

소리굽쇠는 두 갈래의 긴 쇠막대가 U 자 모양으로 붙어 있습니다. 이쪽 소리굽쇠 A를 때리면 '땅~' 소리가 나면서 진동하는데, 떨어져 있는 다른 소리굽쇠 B가 반응해서 진동하며 소리를 냅니다.

신기하지 않습니까? 건드리지도 않은 소리굽쇠 B가 떨어져 있는데 반응을 해서 움직이니까요.

여기에서 중요한 것은 '같은 파장(진동수)을 가진 소리굽쇠'라는 점입니다. 만약 다른 진동수를 가진 소리굽쇠 C를 갖다 대면, 훨씬 가깝게 붙여도 꿈쩍하지 않습니다.

여기에서 자연의 법칙을 볼 수 있습니다.

유유상종. 같은 파장끼리 서로 교감하는 법칙입니다.

세상에 유독 소리굽쇠만 그런 것이 아닙니다. 같은 예로, TV가 있습니다. 어떻게 그것이 저 멀리서 보낸 화면을 보여주고 있는지 생각해보신 적이 있습니까?

TV는 방송국에서 전기신호를 보낸 걸 받아, 화면으로 보여줍니다. 그런데 전기신호를 받는다는 게 말은 쉬워 보입니다. 하지만 허공에는 그 신호만 있는 것이 아닙니다. 라디오, TV, 핸드폰 신호 등등 수만 가지의 전기신호가 온통 얽혀서 떠다니는데, 어떻게 원하는 그것 한 가지만 골라잡아서 똑같이 표현해낼 수 있을까요?

이걸 쉽게 비유해 보겠습니다.

당신이 축구 경기장 중앙에 서 있습니다. 관중석에 수만 명이 서서 당신을 향해 노래를 부릅니다. 게다가 각자 다른 노래를 부릅니다. 경기장에 수만 곡의 노래가 울려 퍼지는 셈입니다. 사방이 웅웅 울리기만 할 뿐, 대체 무슨 소리인지 알 수가 없습니다.

이때 당신이 상단 스탠드 구석에 있는 한 명의 노래만 골라서 정확히 따라할 수 있겠습니까? 얼굴이 점처럼 작게 보일 만큼 멀리 있는 사람인데요? 불가능합니다.

그러나 TV는 그 수만 가지 잡음의 전파들 중에서 한 가지만 잡아서 정확히 표현해냅니다.

어떻게요? 아까 소리굽쇠와 같은 원리입니다. 주파수가 같은 것끼리 교감(공명)하는 자연의 법칙을 이용해서 필요한 신호만 받습니다.

당신이 손으로 TV 주파수를 조금씩 바꿉니다. 69, 70, 71, 72……. 그러다가 딱 77이 되면, 조용하던 TV의 장치가 움직이기 시작합니다. 당신이 원하는 방송국의 주파수가 77이었던 겁니다. 방송국에서 '8, 3, 5, 0, 5 고고' 신호하면, TV도 '8, 3, 5, 0, 5 고고'를 표현합니다.

주파수를 조금씩 바꾸는 것. 이것이 당신이 평소에 하는 '채널을 바꾸는 행동'의 의미입니다. 우리가 생활에 사용하는 여러 전자 기계들, 무전기, 라디오, TV, 핸드폰, 무선 와이파이, 인공위성……. 전부 파장의 공명을 이용하여 신호를 주고받는 기계입니다.

그런데 이런 전자 기계들만 그런 현상을 보이는 것이 아닙니다. 우주 전체의 모든 물질과 존재는 파장이 같은 진동수(주파수)에 반응하게 되어 있습니다. 왜냐하면 물질은 모두 파장으로 이루어져 있기 때문입니다. (이 주장에 대해서는 현대 과학의 양자물리학에 대해서 책을 읽어보시기 바랍니다.)

유독 소리굽쇠나 전자 기계만 예외적으로 같은 파장에 교감하는 성질이 있는 것은 결코 아닙니다. 우리 몸에도 전자기장이 존재하고 지금도 당신의 몸은 끊임없이 전자기장을 발산하고 있습니다. 뇌파 역시 파장을 발산하고 있습니다. 파장이 같은 진동수에 공명하는 것은 예외가 없는 우주의 법칙입니다.

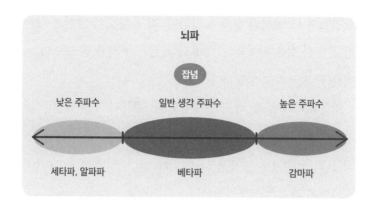

여기에서 중요한 비결은 주파수 채널을 맞추는 것입니다. 앞 장에서 당신이 평소 바라는 마음, 명상, 기도가 이뤄지지 않는 이유를 말씀드렸습니다. 생각이 안전 박스 바깥을 벗어나도록 해야 한다고 했습니다.

안전 박스는 흔히 '잡념의 영역'에 있습니다. 당신이 잡념을 가질 때의 뇌파로 다른 소원을 빌거나 기도해봐야 별 소용이 없다는 말입니다. 주파수를 바꿔야 합니다.

위의 그림에서처럼 우리의 뇌파는 낮은 주파수 뇌파, 일반 뇌파, 높은 주파수 뇌파로 이뤄졌습니다.

아래의 낮은 주파수는 고요함이며, 일반 뇌파는 잡념입니다. 위의 높은 주파수는 흥분입니다.

이렇게 3단계의 뇌파 주파수 중에 당신이 평소에 생각하는 느낌보다 더 차분한 상태에 있거나, 더 흥분해야 당신의 생각이 특별한 힘을 가집니다. 인류의 지혜가 누적된 종교는 이 원리를 잘 활용하고 있습니다.

기독교의 기도를 봐도 그렇습니다. 졸듯이 조용히 기도를 하든지 아니면 방언과 함께 아주 시끄럽게 기도를 합니다. 이것은 낮은 주파수 영역대로 내려가든지, 아니면 높은 주파수 영역대로 올라가는 행위입니다.

그러니 명상을 하려면, 자신을 비워서 아주 고요에 빠져야 합니다. 아니면 몸을 이리저리 흔들며 뭔가 소리를 지르면서 무아의 경지(무아지경)에 빠지는 것도 한 방법입니다.

일반적으로 명상이나 신과의 소통이라는 기도는 경건하기 때문에 조용히 한다고 생각하는 사람이 많습니다. 하지만 극단적인 흥분 역시도 일상생활의 생각과 다른 채널로 바뀌면서 무아지경에 빠지게 만듭니다.

이런 원리는 비단 기독교의 방언이나 과격한 찬양 행위뿐만 아니라 각종 종교에서도 유사하게 나타납니다. 아프리카 부족이 집단적으로 춤을 추며 무아지경에 빠져 불 위를 걷는다든지, 한국 무속 신앙에서 무당이 격렬하게 춤을 추다가 칼 위를 걷는 것도 비슷한 행위입니다.

집단적으로 춤을 추는 공연장에서 관객이 카타르시스를 느끼는 것도 유사한 원리입니다.

기도를 하든, 명상을 하든, 소원을 빌든, 평소 생각하던 상태 그대로 해서는 잡념과 다를 바 없습니다.

조금 더 마음이 고요하거나, 흥분해서 자신을 잊는 단계까지 갔을 때 비로소 위력을 가지기 시작합니다. 대부분의 사람들이 '끌어당김의 법칙'을 평소 잡념의 영역에서 시도했기 때문에 효과가 없었던 겁니다.

'교감의 법칙'은 주파수 채널을 일상적인 느낌의 생각에서 벗어나게 바꾸는 것. 그것이 기본 비결입니다. 이는 제가 만들어낸 이론이 아닙니다. 원래 동서고금을 막론하고 현자들이 몰래 실천하던 비법들은 모두 이러한 방식으로 귀결되어 있습니다.

왜 요가나 동양의 단전호흡, 종교의 명상 등등이 이렇게 채널을 바꿔 내면의 소리를 듣는 방법으로 발전했는지 아십니까? 단지 마음을 편안하게 만들기 위해서요? 아니면 근심 걱정을 없애기 위해서요?

아닙니다. 이런 방식으로 명상을 하게 되면 큰 깨달음이나 강력한 마음의 힘을 얻을 수 있기 때문입니다.

어떤 책에서는 채널을 부정적인 생각에서 긍정적인 생각으로 바꾸라고 하는데, 이는 똑같이 잡념의 영역에서 일어나는 것이기 때문에 큰 위력을 지니지 못합니다.

채널은 뇌파와 연관되는 진동수 개념을 가지고 접근하는 것이 더 근본적입니다. 어떤 책의 주장처럼 단지 '기분 좋은 생각을 자주 한다', '보이지 않는 힘이 나를 도와줄 거라고 생각한다' 등등 생각의 방향 변화만으로는 미미한 효과를 일으키는 것에 불과합니다. 그래서 이 주장을 열심히 실천하던 분들이 끝내 실망하여, 생각의 힘을 믿지 않는 방향으로 갑니다.

그렇다면 이제 당신이 채널을 바꿔, 생각의 느낌을 더 고요하게 갖거나 흥분 상태로 바꾼다면, 소원이 쉽게 이뤄질까요?

죄송하지만 여기에는 아직 절대적인 문제점이 남아 있습니다.

3장
주문을 반드시 미리 하라

명상이나 기도나 할 것 없이 마음이 극도로 고요해지면 대부분은 졸게 됩니다.

문제점은 이겁니다. 당신이 멀쩡히 깨어서 생각하면, 잡념의 영역이라 별 효과가 없습니다. 채널을 바꿔 고요함의 영역으로 들어가면, 졸아서 의식이 없기에 아무것도 못 합니다.

안타깝지만 모순과도 같은 상황이지 않습니까? 그런데 왜 이렇게 될까요?

고요한 상태는 뇌파 중에 알파파, 세타파의 영역입니다. 이 뇌파는 우리가 잠들 때 나오는 뇌파입니다. 알파파는 잠드는 순간(졸고 있을 때)에 나오며, 세타파는 잠든 뒤에 나오는 뇌파입니다. 그러니 당연히 졸거나 자겠죠?

이렇게 잠들면, 애초에 원하는 것을 비는 기도나 명상이 제대로 이뤄질 리가 없습니다.

'늘 깨어 있어라.'

어디 종교에서 많이 보던 문구 아닙니까?

명상이나 기도의 효과를 제대로 보려면, 졸지만 늘 깨어 있어야 합니다.

과연 이게 가능할까요? 비결이 있습니다. 당신의 무의식을 도우미로 쓰는 겁니다.

당신의 무의식은 놀라운 능력을 지니고 있습니다.

당신이 걸어가면서 누구와 대화한다고 합시다. 이때 발걸음을 신경 씁니까? 무의식이 알아서 대신해주고 있습니다.

최면술에서는 오늘 당신이 길을 걸으면서 거리에 어떤 간판이 있었는지 당신이 기억하지 못해도 최면을 걸면 알 수 있다고 합니다. 당신에게 생각나는 간판은 얼마 없을 겁니다. 하지만 무의식은 다 알고 있습니다. 최면을 걸어보면 많은 수의 간판을 얘기합니다. 우리가 다른 생각을 하면서 걸을 때도 무의식은 이것저것 다 보고 정보를 저장해놓았다는 말입니다.

이렇게 재주 많은 무의식은 당신이 미리 입력한 주문에 항상 충실합니다.

평소에 양말을 왼발, 오른발 중에 어느 쪽을 먼저 신는 것을 당신이 입력해놓았으면 매번 주문하지 않아도 무의식은 그 순서대로 행동에 옮깁니다.

키보드를 두드리는 사무직 직장인은 생각만 떠올리면 손이 움직여서 그 글자를 찍어냅니다. 'ㄱ'은 왼손 검지, 'ㅏ'는 오른손 중지. 이런 식으로 일일이 생각하지 않아도 무의식이 알아서 해주는 겁니다. 흔히 습관이라고 말하는 동작들은 다 무의식이 주관해줍니다.

그래서 명상이나 기도할 때 이 무의식의 능력을 동원하는 겁니다. 무의식에 목적하는 바를 미리 정확히 주문하는 게 그 비결입니다.

예를 들어, 당신이 부자가 되는 소원을 비는 명상을 한다면 시작할 때 이렇게 하는 겁니다.

"나는 이번 명상으로 부자가 된다. 무의식은 나를 도와, 내가 의식이 없더라도 이 부자 되는 명상을 계속 진행시켜 나를 변화시킨다."

이렇게 무의식이 당신을 철저히 돕도록 명령하십시오. 그러면 무의식은 입력된 주문을 따라 당신을 돕게 됩니다.

종교에서는 이러한 과정을 무의식 대신에 신이나 성령, 또는 다른 존재에게 부탁하기도 합니다. 아무튼 원리는 동일합

니다. 당신 의식이 조는 상태에 들어가더라도 알아서 원래의
방향으로 계속 가게 만드는 겁니다.

원래 무의식은 영리하지 않습니다. 당신이 명상을 하다가
졸더라도 방관하며 지켜봅니다. 당신이 원하는 바를 안다 할
지라도 미리 주문하지 않으면 대신 나서지 않습니다. 하지만
당신이 주문하면 그대로 행동에 옮깁니다. 주문을 정확하고
상세하게 할수록 효과가 있습니다. 무의식은 당신이 신경 쓰
지 않더라도 업무 볼 때 정확하게 키보드로 타자를 쳤듯이, 이
제부터는 명상에서 졸더라도 당신의 명령을 그대로 수행해냅
니다.

무의식에 미리 명령하는 원리를 모르면, 끌어당김의 법칙은 신
기루에 불과합니다.

4장
주문을 반복할수록 힘은 강해진다,
그러나 정말 강력해지려면?

그럼 이제 제일 중요한 단계로 나아가겠습니다.

솔직히 명상을 제대로 딱 한 번 했을 때, 그 힘이 얼마나 효과가 있을까요? 명상, 기도, 소원을 상상하는 행위가 끌어당김의 법칙의 효과를 보려면 한번으로는 턱없이 부족합니다.

하지만 아무리 부자가 되고 싶다 한들 하루 종일 이런 명상만 하고 살 수는 없지 않습니까? 만약 어떤 신비한 요정이 있어서 당신을 대신해서 당신이 부자 되는 파장을 계속 발산해준다면 더할 나위 없이 좋을 겁니다.

그런데 당신은 이미 그 요정을 소유하고 있습니다. 당신의 무의식입니다.

키보드를 칠 때도 당신이 'ㄱ' 자판을 치기 위해 따로·생각하지 않아도 무의식이 손가락을 움직인다고 했습니다. 당신이 숨 쉬는 것도 마찬가지입니다. 당신이 일일이 들이쉬고 내쉬고 생 각하지 않아도 24시간 늘 작동합니다. 이렇게 무의식이 당신 대신 24시간 작동하게 만들면, 그 효과는 천양지차입니다.

당신이 하루 5분 명상에서 발산되는 파장과 24시간 내내 발산 되는 파장이 미치는 영향은 얼마나 다르겠습니까? 그러니 무의 식이 당신 대신 늘 끌어당김 파장을 발산하게 만들어야 합니다.

이렇게 작동하게 만드는 비결을 밝힙니다.

다들 아시겠지만, 키보드 타자도 거듭된 훈련으로 생긴 결 과물입니다. 계속 엉뚱한 키도 누르게 되고, 속도도 느리지만 그렇게 계속 반복하다 보니 시스템처럼 탄생합니다.

자동차 운전도 마찬가지입니다. 처음에는 기어도 신경 쓰고 밖의 상황에 따라 브레이크와 액셀을 바꿔 밟습니다. 그러나 반복되면 알아서 저절로 손이 가고 발이 갑니다.

모두 거듭되는 반복으로 '프로그램화'된 겁니다.

성공과 부의 가장 중요한 비결은 무의식에 프로그램을 만드는 것입니다.

마치 스마트폰에 어플을 다운받아 당신이 원하는 기능을 수 행하는 것과 비유됩니다. 당신의 무의식에는 언제든지 당신이 원하는 기능을 프로그램처럼 만들 수 있다는 것은 공감하실 겁니다. 키보드 타자, 자동차 운전은 당신이 살면서 필요에 의해 무의식에 새로 첨가한 기능 프로그램입니다.

이런 것들은 되는데 명상 프로그램이 안 될 일이 없습니다. 당신이 그 요령만 안다면 그것은 효과적으로 작동하여 끌어당김의 효과를 몇십 배나 더할 수 있습니다.

그러나 이것을 단순히 명상을 반복하면 성공한다고 의미로 오해하시면 안 됩니다. 그렇다면 제가 굳이 '프로그램화'라는 표현을 쓰지 않았을 겁니다.

단순한 반복이 1+1이라면 프로그램화가 되면 명상 한 번을 하고도 10배, 20배 효과가 불어나도록 만드는 겁니다.

단순하게 반복만 한다고, 이런 프로그램화가 일어나지는 않습니다. 이것이 '끌어당김의 법칙'으로 부자 되기를 시도했을 때 대다수가 실패하는 1위 이유입니다.

그렇다면 프로그램화를 위해 반복 외에 무엇을 해야 할까요?

답은 간단합니다. 당신이 정확하게 무의식에 명령하면 됩니다. 무의식에 '상상이 한 번에 흩어지지 않고 반복할 때마다 서로 얽혀서 프로그램화가 되길 원한다'고 명령만 내리면 됩니다.

잠시 자연의 원리를 보기 위해 까치집을 예로 들겠습니다.

까치집의 과학 원리

나무나 전봇대 위에 있는 까치집을 보신 적이 있습니까? 나뭇가지를 아무렇게나 꽂아놓은 것처럼 보이는 이 집은 언제라도 무너질 듯 보입니다.

미국 애크런 대학교의 헌터 킹 교수는 까치처럼 나뭇가지로 둥지를 짓는 새들이 건축학자처럼 복잡한 과학적 원리를 이용한다는 연구 결과를 국제학술지 <응용물리학 저널>에 발표했습니다.

까치는 나뭇가지를 겹치게 하나씩 쌓아 둥그런 모양의 둥지를 짓는데요. 나뭇가지가 계속 쌓일수록 서로 얽히면서 점차 움직이지 않는 '재밍jamming' 현상(서로 얽히는 현상)이 발생한다고 합니다.

재밍이 발생하지 않는 초반엔 둥지를 짓는 데 고생을 합니다. 나뭇가지를 막대기 사이에 계속해서 올려봐야 금방 땅으로 떨어지기 때문입니다. 나뭇가지를 올리고 떨어지고, 올리고 떨어지고를 끝없이 반복합니다.

그러다 한 번 재밍 현상이 나타나면 기초가 튼튼해져 빠르게 둥지를 쌓아 올릴 수 있습니다. 그렇게 쌓다 보면 방석 형태의 구조가 갖춰지고 외벽도 올리고 집이 완성됩니다.

둥지를 여러 번 지어본 까치는 초반에 잘 떨어지지 않도록 진흙을 조금씩 바르는 사례가 발견된다고 합니다.

나뭇가지가 허공에서 흩어지지 않고, 서로 달라붙어 얽히게 하는 것. 이게 나뭇가지라는 재료가 까치집이라는 쓸모 있는 결과물로 바뀌는 원리입니다.

이처럼 명상할 때 무의식이 일회성으로 돕는 것은 힘이 별로 강하지 않습니다. 그저 흩어지는 하나의 나뭇가지에 불과합니다.

그러나 프로그램화가 일어나면, 그다음부터는 숨 쉬는 것처럼 알아서, 무의식이 파장을 수시로 발산하기 시작하며 결국 까치집처럼 얽힙니다.

당신의 끌어당김 시스템은 이렇게 완성이 됩니다. 이런 시스템을 장착하지 않고 끌어당김의 법칙을 적용하는 것은 물로 바위에 구멍을 뚫으려는 노력과 같습니다.

실제 적용 방법

예를 들어 '어떤 시험에 합격'을 바라면, 이 문장이 입에 붙을 정도로 자주 반복해야 합니다. 평소에 밥을 먹다가도 무의식으로 '합격'이란 단어가 튀어나올 정도로 반복하십시오. 친구랑 이야기하다가도 '합격'이 튀어나올 정도로요.

속으로 생각하는 것보다, 말로 내뱉어서 하는 것이 더 효과적입니다.

이렇게 무수히 반복하며, 하루 두 번 이상 명상할 때마다 당신 무의식에게 구체적으로 주문하십시오.

'내가 하는 이런 시도들이 무의식에 합격 프로그램이 되어서 늘 작동한다.'

그렇게 되면 어느 순간부터 당신이 신경 쓰지 않는 순간에도 무의식은 끊임없이 합격을 기원하는 파장을 생성하여 발산하려고 노력합니다.

그리고 당신에게 명상이 어렵다면, 잘 때 하는 더 쉬운 방법이 있습니다.

자기 직전에 침대에 누웠을 때 매일 실행하면 됩니다.

'내 무의식이 나를 도와 내가 부자가 되는 것을 성공에 이르도록 한다. 그리고 나의 무의식은 부자 프로그램을 만들어 늘 작동시킨다.'

이렇게 반드시 무의식에게 먼저 주문을 합니다. 그리고 나서는 원하는 바를 계속 중얼거립니다.

"나는 부자가 된다. 부자가 된다. 부자가 된다……."

그러다 조금 시간이 경과하면 눈을 감고 마음으로 '부자'를 중얼거립니다. 어느 정도 하다 보면 벌써 아침이 되어 잠에서 깨고 있는 자신을 발견할 겁니다.

이렇게 하면 명상보다 조금 모자라지만 제법 큰 효과를 발휘합니다. 그건 잘 때 당신의 뇌파가 알파파로 바뀌면서 명상에 준하는 상태가 되기 때문입니다.

마지막으로 마음의 법칙 한 가지를 더 알려드리겠습니다.
반복하여 프로그램화하지 않더라도, 무의식에 강한 인상을 남긴 생각이나 충격적인 감정들은 프로그램화와 비슷한 현상을 나타냅니다.
당신이 어떤 생각을 하면, 뇌가 기억하듯 당신의 무의식에도 매번 그 흔적이 남습니다.
그것이 그냥 기억일 수도 있지만 어떤 것은 프로그램처럼 남아서 지속적으로 에너지 파장을 발산합니다.
예를 들어, 당신이 남을 미워하는 '원망'이라든가 당신이 사랑하는 사람을 잃은 '슬픔', 당신이 너무나 아끼는 자식에 대한 '사랑'의 감정 등등이 있습니다. 특히 심리학에서 '트라우마'라고 불리는 나쁜 흔적들은 그 파장의 정도가 더 강력합니다.
어떤 사람은 자식을 잃은 기억이 평생의 한이 되어, 잠에서 깰 때마다 괴롭다고 합니다. 이와 비슷하게 우울증을 앓고 있는 사람을 최면으로 분석해보면 내부 무의식에 좋지 않은 생각들이 강하게 자리 잡고 있습니다.
그것들은 인위적으로 없애주지 않으면 절대로 저절로 사라지지 않고 계속 힘을 발휘합니다. 그러니 나쁜 기억의 흔적들은 세월이 흘러 잊어야 하는 게 아니라 치유해야 하는 것입니다. 마찬가지로 당신이 무의식에 좋은 생각이 강하게 남겨놓으면 이것 역시 저절로 사라지지 않고 지속적으로 파장을 발산합니다.

그러니 평소에 당신이 행복해지는 긍정적인 생각들을 많이 하고, 좋지 않은 생각을 줄이는 것도 끌어당김의 법칙을 제대로 이용하는 요령입니다.

5장
강력한 엔진을 장착하라 1
집중

시작 부분에서 일반인이 끌어당김의 법칙이 성공 못 하는 이유로 자연법칙 두 개가 있다고 했습니다.

'교감'과 '확률'이었습니다.

여태 교감의 법칙에 대해 말씀드렸으니, 이제 확률에 대해 말씀드릴 차례입니다.

세상에 부자가 되기를 원하지 않는 사람은 없습니다. 하지만 모든 사람이 부자가 될 수는 없습니다. 성공이나 승리도 마찬가지입니다.

그렇다면 끌어당김을 원하는 사람 중에 강하게 끌어당기는 사람과 약하게 끌어당기는 사람이 있다면, 그중에 누가 성공 확률이 높을까요? 두말할 필요도 없이 강하게 끌어당기는 사람이라고, 당신은 대답할 겁니다. 이렇게 상식적인 논리를 아신다면 왜 일반인이 끌어당김의 법칙의 효과를 보지 못하는지 이해하실 겁니다.

끌어당김의 법칙을 쓴 책을 보고 따라해봐도 그 힘이 너무 미약했기 때문에 대다수가 실패하는 겁니다. 끌어당김의 확률은 곧 끌어당기는 에너지가 얼마나 높고 얼마나 지속적인지에 따라 달라집니다.

지속적인 것은 무의식에 '프로그램'을 장착해서 해결합니다. 에너지를 강하게 만드는 것은 집중과 믿음입니다. 집중과 믿음. 이 두 엔진을 장착하는 순간부터, 정말로 당신 마음의 자석은 강력하게 원하는 것을 끌어당기기 시작합니다.

그중 집중에 대해 설명하겠습니다.

집중 또는 몰입

사실 알파파, 세타파가 잠잘 때만 나오는 것이 아닙니다. 뭔가에 초집중하여 빠져들어 당신 자신을 잊을 정도가 되면 깨어 있음에도 불구하고 알파파, 세타파가 나옵니다.

그래서 명상을 오래한 사람은 깨어 있는 상태에서 집중만

하면 알파파, 세타파를 쉽게 만듭니다. 이는 명상뿐 아니라, 스포츠 스타들이나 수학자들같이 뭔가에 집중하는 행위를 하는 분야의 고수들은 같은 현상을 보여줍니다.

집중하면 뇌파가 내려가면서 알파파, 세타파가 나오는 겁니다.

당신도 마찬가지입니다. 테니스, 배드민턴, 탁구 등 집중을 요하는 스포츠를 할 때나 심지어 스마트폰 게임을 할 때에도 알파파, 세타파가 나오기도 합니다. 집중을 한다면 말입니다. 이때는 자기 자신을 잊고 그것에 쏙 빠져 있습니다.

사실 명상이나 당신의 소원 상상도 이렇게 해야 합니다.

그러나 막상 명상을 해보면, 한 가지 생각을 오래하지 못 합니다. 온갖 잡념들이 꼬리에 꼬리를 물기 마련입니다. 부자 되는 상상도 마찬가지입니다. 부자가 된다는 생각에서 시작했는데 어느새 현실의 걱정거리만 생각하고 그러다 전혀 엉뚱한 생각을 하고 있는 자신을 발견할 겁니다. 과연 어떻게 해야 할까요?

명상을 하면 두 가지 기법이 있습니다.

우선 심호흡을 반복해서 뇌파를 떨어트립니다. 그리고 본격적인 명상에 들어가는데 당신이 원하는 미래의 장면을 상상하되, 모든 감각을 다 동원해 상상하는 겁니다.

당신이 원하는 바가 이뤄졌을 때의 당신 얼굴, 주위 사람 얼굴 표정 등을 시각적으로 상상합니다. 그리고 기쁨의 감정에 저절로 웃음이 나올 정도로 기쁜 마음을 채웁니다. 그리고 맛있는 음식을 맛보는 미각, 좋은 집에서 나는 냄새나 축하 꽃다발의 향기인 후각, 유쾌한 음악이나 달콤한 말을 듣는 청각 등 아주 생생하게 진짜 현실처럼 모든 것을 상상해보면 상상의 질이 달라집니다. 이게 집중입니다.

그래도 잡념이 들 때 쓸 수 있는 요령이 '반복 호출'입니다. 같은 단어를 반복해서, 의식이 자꾸 되돌아오게 호출하는 겁니다.

예를 들어, 단전호흡이라는 동양의 오래된 명상법이 있습니다. 단전(배꼽 아래 손가락 세 개 정도 위치)에다 집중해서 명상하는 방법입니다. 쉽게 말해 호흡을 들이쉬고 내쉴 때마다 단전을 계속 떠올리는 방법을 쓰고 있습니다. 호흡을 들이쉴 때도 "단전". 내쉴 때도 "단전". 이렇게 말로 내뱉습니다. 이렇게 반복하다 보면 단전이야 어쨌건, 한곳에 집중하는 생각의 집중력이 높아집니다. 집중력을 길러서 극단의 고요함에도 졸지 않는 훈련으로 연구 발전된 고대 현자들의 비밀스러운 지혜입니다.

당신은 단전 대신, 당신이 원하는 목표를 말하면 됩니다.

"성공", "성공". 이렇게 말입니다. 또는 '삼성전자 합격', '그 사람과 결혼' 등등 당신이 원하는 어떤 주제든 상관없습니다. 계속 그 단어를 몇 초 간격으로 반복하는 겁니다.

이 두 가지 요령이면, 점차 당신이 명상할 때 집중은 충분히 좋아집니다.

6장
강력한 엔진을 장착하라 2
믿음

믿음.

당신이 예상하는 것보다, 믿음은 아주 강력한 힘을 지녔습니다. 예를 들어 기독교의 성경에는 '믿음이 겨자씨 한 알만큼만 있어도 산을 옮기고 못 할 것이 없을 것'이라는 비유가 있습니다.

겨자씨 크기가 좁쌀의 10분의 1 정도로 1~2밀리미터에 불과하다니 거의 먼지 크기 수준입니다. 그래서 세상에서 제일 작은 씨앗이라고 불린다고 합니다.

지혜의 경전인 성경에서도 '먼지만큼 작은 믿음'이 현실에서 '불가능한 일을 가능하게 할 수 있다'라고 유난히 강조를 하고 있습니다. 당신이 믿음을 가지고 말만 내뱉어도, 산도 옮길 수 있다는 정도로 과장에 과장을 해서요. 왜 그랬을까요?

사실 마음의 힘에서 믿음이 가지는 비중이 그만큼 절대적으로 크기 때문입니다.

심리학에는 '피그말리온 효과'라는 것이 있습니다. 정신을 집중해 어떠한 것을 간절히 소망하면 불가능한 일도 실현된다는 심리적 효과를 말합니다. 그리스 신화의 피그말리온 조각가 이야기에서 유래한 단어입니다. 일이 잘 풀릴 것으로 기대하면 잘 풀리고, 안 풀릴 것으로 기대하면 안 풀리는 현상을 가리킨 심리학 용어이기도 합니다.

뿐만 아니라 제가 굳이 예를 들지 않더라도, 낫는다는 믿음을 가졌더니 기적적으로 불치병이 나았다는 사례들은 무수히 알려져 있습니다.

그런데 왜 유독 당신이 믿는 것은 별 효과가 없을까요?

특히 종교인들 중에 본인의 믿음이 강하다고 생각하는데도 현실에서는 통하지 않는 것에 답답함을 느끼는 분들이 꽤 많습니다.

그 원인은 믿음을 잘못 이해하고 계시기 때문입니다.

여러분이 갖고 있는 '믿음'과 산도 옮길 수 있다는 겨자씨만 한 '믿음'은 다릅니다.

대부분의 일반인들은 '믿을 수 있다', '믿고 싶다'를 믿음으로 착각합니다.

예를 들어, "나는 우리 애를 믿어요. 우리 애는 거짓말을 안 해요." 이렇게 말하는 한 여인이 있습니다. 이때 그녀의 '믿는다'는 의미는 보통으로 신뢰한다는 의미입니다. 인간끼리의 믿음은 신뢰, 즉 가끔씩 거짓말을 하겠지만 평균적으로 신뢰할 수 있다는 정도의 가벼운 의미도 많습니다. 여기에서 오류가 생깁니다.

종교나 명상에서 말하는 믿음은 절대적이고 절대적인 확신을 말하기 때문입니다.

'볼펜을 공중에 던지면 땅으로 떨어집니다. 어떠한 경우에도 공중에 떠 있지 않습니다.'

이 일에 대한 당신의 느낌은 어떠합니까? 조금이라도 의심이 듭니까? 추호의 의심도 들지 않는 상태, 그 확신을 믿음이라고 정의합니다.

그 상태가 아니면 믿음이 아닙니다. '가짜 믿음', '유사 믿음'일 뿐입니다.

흔히 종교에서 기도를 할 때, "이 병이 낫게 됨을 믿습니다" 라고 말합니다.

특히 불치병 환자는 더욱 간절하게 기도합니다. 과연 그 사람은 진심으로 병이 낫게 됨을 믿고 있을까요? 추호의 의심, 0.001퍼센트도 병이 안 나을까 걱정 없는, 확신하는 상태일까요?

그러나 대부분은 '병이 나았으면 좋겠습니다'라는 희망의 다른 표현에 불과합니다. 속마음을 들여다보면, 병이 낫지 않으면 큰일 난다는 공포심이 가득 차서 절망하고 있는 경우도 많습니다. 정말 믿는다면서 왜 절망할까요? 왜 공포를 느낄까요? 어차피 낫는다는 것을 확신하는데?

그러니 스스로를 속이고 있을 뿐입니다. '믿는 것'이 아니라 '믿고 싶다는 것'이며, 그리 안 되면 큰일 나니 '무섭다'는 심정의 또 다른 표현일 뿐입니다.

정말 간절하게 기도하는 이의 속마음은 두렵기 때문에 병이 낫길 더 간절히 기도하는 겁니다. 즉, 밖으로 드러나는 것은 긍정적이지만 속마음에는 부정적인 것이 더 강력하게 자리 잡았다는 얘깁니다.

실제로는 믿지 않고 있는 것입니다. 다만 믿고 싶을 뿐입니다. 그리고 이런 가짜 믿음은 기적을 만들지 못합니다.

"나는 부자가 된다"고 외치면서 '될까? 조금 힘들 것 같은데?' 이런 심정으로 명상이나 상상하는 것이 위력이 있을 리 없습니다. 자기 스스로도 믿지 않는데 속에서 어떻게 성공의 파장이 나가겠습니까? 앞에서 파장은 유유상종이라고 했습니다. 무의식 속에 불신의 마음이 있는 상태로 기원하면, 당연히 유유상종의 교감이 결코 일어나질 않습니다.

그러니 당신이 끌어당김의 효과를 보고 싶다면, 반드시 믿어야 합니다.

이게 끌어당김의 효과를 볼 수 있는 마지막 엔진입니다. 이 믿음의 에너지를 장착하고 당신이 명상이나 상상, 기도 등을 한다면 지금보다 훨씬 강력한 힘을 발휘해 성공으로 한 걸음 더 가까이 다가갈 것입니다.

믿음을 응용하는 실제 방법

솔직히, 지금까지 제 이야기는 그럴듯합니다. 그러나 막상 적용하려 할 때 당신은 문제점을 발견할 겁니다.

성공을 확신하는 사람은 어차피 성공에 대한 명상을 할 필요조차 느끼지 않을 겁니다.

성공을 확신하지 못하고 도움을 구하고 싶기 때문에 명상이나 기도를 합니다.

그러니 당신이 이 책을 읽는 이유도 성공을 확신할 수 없는 상태에 있어서입니다. 그렇다면 당신은 어떻게, 확신하는 믿음을 지닐 수 있을까요?

믿음은 단계적으로 쌓아가는 것

믿음이 '철저히 의심 없는 상태'라 한다면, 그건 처음부터 저절로 생기는 것이 아닙니다.

흔히 편법으로 스스로에게 암시를 걸어서 믿음을 만들려고 합니다.

'내가 부자가 된다'고 믿는 것이 자기암시를 통해 가능하긴 합니다. 그러나 자기암시만으로 철저히 믿는 것은 결국 스스로를 속이는 거짓입니다. 이런 편법은 나중에 망상에 빠지게 됩니다.

진짜 믿음은 단순한 암시가 아니라, 스스로 납득하고 스스로 신뢰하는 과정이 쌓여서 생기는 겁니다.

볼펜을 떨어트리면 땅에 떨어진다는 것은 당신이 태어난 뒤로 수없이 본 경험이 누적되어 생긴 확신입니다.

이처럼 당신이 뭔가를 믿는 것은 누적되는 경험이나 깨달음이 꼭 필요합니다.

당신이 소원을 이루고 싶다면 우선 작은 성공을 목표로 하는 명상부터 시작하세요. 그것이 성공하는 것을 보면 점차 진짜 믿음이 성장하게 됩니다.

가령 처음부터 '1백억을 지닌 갑부가 된다'는 거창한 목표를 세워봐야 이뤄지기가 힘듭니다.

처음에는 '내가 하루에 얼마의 금액만 지출한다', '이번 달에 얼마를 모은다'와 같이 실현이 쉬운 목표를 세우고 믿으세요. 큰 목표는 내면에 깔아두고, 우선 작은 목표에만 시선을 집중하세요.

이렇게 작은 성공부터 열심히 쌓다 보면 진짜 큰 행운이 옵니다. 믿음도 그렇게 이뤄집니다.

맹목적으로 믿는 것은 잘못된 것

어떤 사람이 가진 주식이 폭락을 합니다. 회사에 큰 악재가 발생해서 모두가 서로 팔려고 난립니다. 그런데 당신 혼자만 주가가 오른다고 철저히 믿습니다. 그렇다고 해서 그게 진짜로 실현될까요? 그건 망상입니다.

이번엔, 오래전에 알던 사람이 찾아와서 자신에게 전 재산을 맡기면 반년 안에 세 배로 불려주겠다고 합니다. 당신이 그를 한 치의 의심 없이 믿으면 그 사람이 막대한 수익을 붙여서 당신 돈을 되돌려줄까요? 그건 어리석은 짓입니다. 어떤 책에서는 우주에는 '끌어당김의 법칙'이 있으니, 무작정 믿으라고 하는데 이러한 문제점이 있었던 겁니다.

모든 희망사항을 막무가내로 믿어서는 안 됩니다. 이성을 버리고 맹목적으로 믿음을 가지는 것은 잘못된 길입니다.

믿음은 맹목적이 아니라, 누적되는 경험과 깨달음을 기반으로 한다고 했습니다. 부디 현명한 판단력을 반드시 가지고 믿음을 키워나가야 합니다.

당장 믿을 수 없다면 확정하는 말(확언)을 하라

작은 성공부터 쌓아가라는 것에 동의는 하지만, 만약 당신이 그래도 좀 더 빠른 성공을 원한다면? 가능한 요령이 있습니다.

말이 갖는 에너지를 이용하는 겁니다. 말은 생각이 담긴 파장으로써 힘을 발휘합니다.

당신이 명상으로 소원을 상상할 때, 그것이 이미 이뤄진 미래를 말로 확정 지어 말하는 겁니다.

가령 통장에 1천만 원을 모으는 것을 원한다면, "내 통장에

1천만 원이 생겼다, 나는 세상에 대단히 감사한다" 이렇게 말하는 것이 그 요령입니다. 즉, "생기길 원한다" 또는 "생길 것이다"가 아닌 "생겼다"라고 확정 짓는 말이 차이점입니다.

이때 '집중'의 원리를 응용해 그에 맞는 감각까지 가져오면 더욱 좋습니다. 그 목표가 이뤄졌을 때 어떤 느낌일지, 신나는 기분과 통장을 만지는 촉감 등등 구체적 상황을 상상하세요. 마치 철저히 믿는 것과 유사한 반응이 우리 우주에는 일어납니다.

마음의 힘이 움직이기 시작하고 보이지 않는 손길도 움직이기 시작하는 겁니다.

물론 진짜로 믿는 것에 비하면 효과는 떨어지지만 그래도 시도해볼 만한 요령입니다.

이제 정말로 끌어당김의 법칙의 시스템이 다 갖춰졌습니다. 당신이 이 원리대로 노력만 한다면 성공의 확률, 부자 될 확률은 갈수록 높아질 겁니다.

다만 당신의 운이 아직 좋지 않아 실패하는 경우도 있을 겁니다. 그 운을 바꾸는 방법은 다음 장에서 설명드리니, 운을 바꾸면 됩니다.

그럼에도 불구하고 그 과정에서 만약 작은 성공을 거듭 쌓다가 중간에 나쁜 결과가 나온다면 승복하십시오. 그것이 최선이었기 때문입니다. 모두가 1등이 될 수 없듯이 당신이 원하는 바를 모두 이룰 수는 없습니다. 중간의 실패가 인생의 실패를 의미하지 않기 때문입니다.

그래서 사람은 자신이 할 수 있는 최선을 다하고 나머지는 하늘에 맡겨야 한다는 말이 나왔습니다. 종교의 기도도 바라는 바를 말하고 나서, "그럼에도 불구하고 결정은 하나님 뜻대로 하세요"라고 말하는 것은 같은 원리입니다.

중간에 좌절 한 번 하지 않고 오롯이 성공만 쌓아가는 경우는 결코 없습니다. 믿음도 이런 실패를 겪고도 쌓아가는 겁니다.

예를 들어, 로또를 인생에 단 한 번 구입했는데, 바로 1등에 당첨된다? 그건 정말로 기적 중의 기적입니다. 로또 1등에 당첨된 사람들을 분석해보면 습관적으로 꾸준하게 구매해온 사람들이 거의 다입니다. 어쩌다 숫자 세 개가 맞는 성공도 있고, 어떤 때는 몽땅 낙첨되어 실망에 빠지다가, 이런 반복되는 시도 중에 하루는 엄청난 행운을 거머쥐게 된 겁니다.

처음에 실패가 많았다면 점점 성공이 많아지는 것을 경험만 해도 당신은 이 성공의 시스템에 저절로 믿음이 생길 겁니다.

그리고 아직 이 끌어당김의 법칙에 대해 아무것도 믿을 수 없다면?

구체적인 실천 방법

지금까지 성공의 법칙, 부를 이루기 위해서 보이지 않는 손길을 이용하는 룰을 말씀드렸습니다. 이것을 실천하는 가장 간단명료한 방법은 '매일 잠들기 전에 침대에 누워서 원하는 목표를 짧은 단어로 계속 반복하다가 잠드는 것'입니다. 그러나 이보다 체계적이고 강력한 수단을 원하시면 아래의 비법을 제공해드리겠습니다. 전통적인 명상법을 핵심만 뽑아서 쉽게 만든 것입니다. 부작용도 없고 노력하는 만큼 강력한 효과를 얻을 수 있습니다.

이완 명상법

1단계 - 육체의 부분 긴장 풀기

의자에 앉거나 침대에 누운 자세로 시작합니다. 초보자는 의자에 앉아서 졸다가 넘어질 수 있으니 침대에 누워서 하기를 권합니다. 1단계는 온몸의 긴장을 푸는 단계입니다. "~"의 말을 하며 긴장을 풉니다.

1. "이마의 긴장을 풉니다."(이마가 편안한지 어디가 굳었는지 느낌을 관찰하며 힘을 뺍니다.)

2. "눈의 긴장을 풉니다."(눈이 편안한지 어디가 굳었는지 느낌을 관찰하며 힘을 뺍니다. 특히 현대인은 가까운 것을 너무 오래 보기 때문에 눈 근처의 근육 긴장이 심합니다. 눈 주위를 가장 신경 써서 긴장을 풀어야 합니다.)

3. "입 주위의 긴장을 풉니다."(주로 평소에 인상을 쓰면서 입 주위가 굳습니다. 입 주위가 편안한지 어디가 굳었는지 느낌을 관찰하며 힘을 뺍니다. 이때 입술은 가볍게 미소 짓는 듯이 하며, 혀는 앞니와 잇몸 사이에 붙입니다.)

4. "목 주위의 긴장을 풉니다."(목 주위가 편안한지 어디가 굳었는지 느낌을 관찰하며 힘을 뺍니다. 특히 뒷목의 긴장을 푸는 데 중점을 둬서 두세 번 반복해 이곳을 풉니다.)

5. "어깨에서 팔꿈치, 손목까지 긴장을 풉니다."

6. "가슴과 배의 긴장을 풉니다."

7. "허벅지, 무릎, 발가락까지 긴장을 풉니다."

이렇게 순서대로 몸의 긴장을 풉니다.

2단계 - 전체 긴장의 레벨 떨어트리기

1단계를 완료했으면 이어서 2단계로 진입합니다.

숫자를 10에서부터 1까지 순서대로 세면서, 다음과 같이 말합니다.

"10. 몸이 점점 편해진다. 몸이 가벼워진다."

같은 내용을 반복할 때마다 앞의 숫자만 9, 8…… 이런 식으로 줄어듭니다. 그리고 마지막 1이 되었을 때는 다음과 같이 말합니다.

"1. 이제 내 몸은 아주 편한 상태다."

이런 식으로 육체의 긴장을 푸는 사이에 정신의 긴장도 같이 풀립니다.

3단계 - 무의식에 주문하기

이제 당신의 무의식에게 원하는 바를 주문할 차례입니다.

예를 들어서 성공을 원하면 다음과 같이 말합니다.

"나의 무의식은 나를 도와서 프로그램화하여, '성공'의 파장을 끊임없이 발산한다."

4단계 - 원하는 바를 반복해서 상상하기

그다음에는 당신이 현재 가장 원하는 1차 목표를 마음에 그립니다.

"나는 지금 합격했다." 등을 말하면서 그와 관련된 구체적인 상상과 기분을 느낍니다.

이제는 진짜로 당신의 뇌파 아래 레벨로 내려가기만 기다리면 됩니다. 이때 '합격'이라는 단어만 반복합니다.

당신이 특별히 예민한 상태가 아니라면, 웬만하면 점차 졸음이 오는 상태로 들어갈 겁니다. 이때 중요한 것은 무의식을 믿고 살짝 졸린 상태로 들어갔다가 다시 깨는 것을 반복하는 것입니다. 그러다 잠이 들면 됩니다.

당신이 끌어당김의 시스템을 시작할 때 당장 믿어야 할 포인트는 딱 두 가지입니다.

당신의 마음이 힘을 지닌다는 사실.

이것에 응답하는, 보이지 않는 손길이 있다는 사실.

이 사실을 믿는 만큼, 당신은 그 효과를 얻을 수 있습니다. 이것이 가짜 믿음이 진짜 믿음으로 성장하는 제일 밑바탕입니다.

세상에 기적이라고 불리는 것들 대부분은 모두 이로부터 나온 것입니다.

불치의 병이 나았다고 기적이라고 불리는 사례들을 들어보셨습니까? 기적이라고 말하는 것 자체가 일반적인 경우에 치료가 힘들다는 겁니다. 그 경험담들을 들여다보면 대부분이 단순히 이 사실만 믿고도 이런 힘을 활용했습니다.

또한 모든 재산을 잃고 실의에 빠져 있다가 다시 재기해서 대박 신화를 쓴 주인공들을 살펴보면 마찬가지로 이걸 믿고 이 힘의 효력을 본 경우입니다.

그러니 이 힘을 믿어서 당신에게도 기적 같은 일이 일어나길 기원하겠습니다.

제4부

부자 되기 실천 편

지금 책을 보시는 분들 중에는 '언젠가 1백억대 부자가 되면 좋겠다'라며 막연한 꿈을 꾸지만 당장은 생활에 여유가 있으신 분도 계실 겁니다. 그런 분은 여유 자금의 좋은 투자처나 돈을 불릴 비법이 더 궁금할 겁니다. 반면에 '매일 밥 굶는 걱정만 안 하면 소원이 없겠다'라고 할 정도로 생활이 절박하거나, 쉴 새 없는 빚 독촉에 하루하루가 괴로운 분도 계실 겁니다. 이런 분이야 빚만 없어져도 소원이 없겠다고 생각하실 수도 있습니다.

부자 되는 법보다 가난을 벗어나는 법이 더 어렵습니다. 있는 것을 불리는 것보다 아예 없는 상태에서 만드는 것이 훨씬 어렵다는 걸 공감하실 겁니다. 그렇다 해도 실망하지 마십시오. 당신이 어떤 상황에 있든 동서고금의 진리는 동일하게 적용되므로, 분명히 좋은 날이 올 겁니다.

앞에서 부자 되는 근본 법칙을 말씀드렸습니다. 요약하면 아래와 같습니다.

'부유함은 하늘의 도움이 필요하니 하늘에 요청하라. 이것은 보이지 않는 손길, 즉 마음의 힘을 믿어야 한다.

채널을 바꿔서 잠에 빠질 무렵, 반복해서 원하는 것을 주문하라. 강력하게 믿어라.

이렇게 당신의 무의식에 하나의 프로그램을 형성해야 부자 되는 시스템이 가동된다.'

하지만 부자 되는 기초 원리만 들어서는 현실에선 막막할 수 있습니다. 사람마다 처한 환경, 직업, 재능, 가능성도 다르고 성공할 기회도 다르기 때문에 실천 방법도 달라야 합니다.

한때 끌어당김의 법칙이 장안의 화제가 되고 나서, 제가 들었던 이야기입니다. "선생님. 저는 진짜 긍정적으로 삽니다. 게다가 끌어당김의 법칙을 듣고선 바로 이거다 하고 무릎을 쳤습니다. 그때부터 좋아하는 것을 끌어당기는 상상을 매일 하고, 명상으로 성공 이미지를 머리에 그렸습니다. 그런데 1년 넘게 아무리 노력해도 인생은 전혀 달라지지 않네요. 휴우~ 저는 원래 안 되는 사람인가 봐요." 사실 이런 사람들이 대부분입니다.

왜 그럴까요? 끌어당김의 법칙은 허구일까요?

아닙니다. 끌어당김의 법칙이라고 불리는 그 힘은 분명히 존재합니다.

문제는 시중의 책들이 '믿고 바라기만 해도 저절로 이루어진다는 것'만 너무 강조합니다. 마치 당신이 시도만 해도 쉽게 이뤄질 듯이 달콤하게 말합니다. 성공의 기적 같은 사례까지 곁들여 충동질하면서 말입니다.

얼마나 좋습니까? 별 노력 없이, 믿고 바라기만 해도 기적처럼 인생 역전이 일어난다니.

그러나 주목할 점은 기적과 같은 일이라는 겁니다. 누구에게나 흔히 일어나는 일을 기적이라 말하지 않습니다. 아주 드문 일이기 때문에 기적이라 합니다. 그러니 원하고 바라기만 해서 기적을 체험하는 사람은 극히 적고, 그러지 못한 사람이 압도적으로 많을 수밖에 없습니다. 그걸 당신의 정성이 부족했다고 탓할까요? 아니면 믿음이 부족해서 그렇다 할까요?

아닙니다. 모두가 틀렸습니다. 정답은 '확률'입니다.

앞에서 말한 것을 기억하실 겁니다. 우주에는 끌어당김의 법칙이 작용할 때에도, 더욱 근본적으로 영향을 미치는 자연의 법칙이 두 가지가 있습니다. 교감과 확률.

그중 '확률'에 대해 더 자세히 말씀드리겠습니다.

현대 과학이 우주의 비밀을 나날이 밝혀내고 있는데, 양자 물리학에 '불확정성의 원리'라는 게 있다고 했습니다. 어려운 이론이라, 세상을 어떻게 해석하는지 의미만 아시면 됩니다.

'모든 물질과 존재의 미래가 미리 다 정해져 있지는 않다. 다만 확률적으로 일어난다.'

자연의 법칙은 '모든 일은 확률적으로 일어난다'고 당신에게 힌트를 줍니다. 그런데도 미래가 궁금해서 점을 보면 "당신은 내년에 이혼하게 되어 있다", "당신은 3년 뒤에 부자가 되기로 예정되어 있다"라는 얘기를 듣는 경우가 있습니다. 그렇지만 이렇게 확정적인 미래는 없습니다.

미래는 미리 정해져 있지 않습니다. 다만 당신이 걷는 길에 따라 확률 높은 일이 더 잘 일어나게 되어 있을 뿐입니다. 그러니 점을 봐주는 사람이, "당신은 내년에 웬만하면 이혼할 것 같다", "당신은 3년 뒤에 부자가 될 확률이 매우 높다"라고 말하는 것이 정확한 표현일 겁니다. 아무튼 성공하는 비법은 그 성공 확률을 높여가는 데에 있습니다.

당신이 아무리 강력하게 원하고, 믿고 끌어당김의 힘을 이용한다고 해도 확률이 낮은 길을 고집한다면 성공할 확률보다 실패할 확률이 당연히 높을 수밖에 없습니다.

만약 당신이 카세트테이프를 만드는 공장을 아직도 한다고 가정합시다. 요즘 카세트테이프를 누가 씁니까? 다들 음원을 파일 형태로 다운받아 듣는데요. 이런 시대에 당신이 카세트 공장이 잘될 거라 아무리 믿고 끌어당김의 힘을 쓰더라도, 확률적으로는 소원이 실패하는 것이 당연합니다. '카세트테이프로 음악을 들으면 복이 온다', '정력이 좋아진다', '예뻐진다' 같은 괴이한 연구 발표가 나오지 않는 한 그럴 겁니다.

여기에서 중요한 교훈은 당신이 지금 원하는 소원을 무조건 목표로 삼고 끝없이 노력할 것이 아니라, 아예 목표부터 다시 생각해봐야 한다는 겁니다.

당신의 목표는 현명합니까?

흔히 자신이 선 자리에서 인생의 목표 지점을 정하기 마련입니다. 내가 직장에서 승진을 하는 목표, 지금 운영하는 식당이 대박이 나는 목표 등등이 그러합니다.

그러나 지금 직장이 평생을 바쳐야 할 곳이 맞는지, 운영하는 식당에 평생을 걸어야 할지, 식당의 메뉴를 아예 일식에서 중식으로 바꿔야 할지 등등 출발점부터 다시 자신에게 질문을 던지는 것이 현명할 수 있습니다. 아래 사례부터 보겠습니다.

'코닥'과 '후지'의 차이

'코닥Kodak'을 아십니까? 필름 카메라를 사용하던 시절에 세계를 주름잡은 회사입니다. 1990년대까지 세계에서 가장 가치가 높은 5대 브랜드 중 하나였고 직원이 14만 명을 넘었던 회사였습니다. 설립된 지 120년이 넘는 초대형 회사가 2012년에 파산 신청을 했습니다.

필름 카메라 시절에 세계 필름 시장의 1등은 '코닥', 2등이 '후지'였습니다. 디지털카메라와 스마트폰이 등장한 뒤로 1등 '코닥'은 사라졌고, 2등 '후지'는 멀쩡하게 남아 있습니다. 왜 이렇게 되었을까요?

디지털카메라가 사람들에게 팔리기 시작할 때 '코닥'은 이를 이기기 위해 자신의 상품에 더 매달렸습니다. 필름 카메라를 더 싸게 보급해서 사람들이 디지털카메라 대신, 필름을 많이 사용하게 하자. 이런 경영 작전을 썼는데 결국 실패로 끝났습니다.

사람들은 필름 카메라 가격이 저렴해지더라도 편리한 디지털카메라를 더 좋아했으니까요. '코닥'은 자신의 꿈을 일반 대중들에게 강요하다가 결국 망하고 말았습니다.

'후지' 역시 디지털카메라로 뛰어들지는 않았지만 대신 다른 선택을 합니다. 자신들이 뭘 잘할 수 있는지 고민한 겁니다. 필름 사업을 하면서 확보해놨던 기술을 응용할 방법부터 찾았 자신이 바라보는 방향에 따라, 두 회사는 완전히 다른 결과를 얻었습니다. '코닥'은 자기가 하던 것에서 성공을 거두려 했고 '후지'는 뭘 잘할 수 있을까 원점부터 시작했습니다.

만약 당신도 지금 가는 길에서 성취를 이루지 못하고 있다면, 진정으로 그 길이 당신의 길인지를 물어보는 작업부터 필요합니다.

성공을 위한 당신의 길이 올바른지, 목표가 적당한지 선택할 힌트를 달라고 하는 것이 첫째 해결 과제입니다. 보이지 않는 손길이나 끌어당김의 법칙도 이것부터 해결해야 당신의 인생의 성공 확률이 올라갑니다. 나의 재능이 어디에 있는지, 내주변의 여건이 무엇에 더 강점이 있는지, 그 모두를 검토해서 확률이 높은 길을 재고해야 합니다.

그리고 더욱 중요한 것은 당신에게 가장 근본적인 목표가 무엇인가 깨닫는 겁니다.

흔히 '진짜 목표'와 '중간 경유지'를 혼동하는 경우가 많습니다. 진짜 목표는 누가 뭐라 해도, 당신의 행복입니다. 그 행복을 위해 부가적으로 선택하는 '조건 목표'가 부나 성공, 건강, 사랑 등입니다. 그중 성공을 이루기 위한 '중간 경유지'가 직장의 승진일 수 있습니다. 그런데 간혹 어떤 이들은 '중간 경유지'를 위해 진짜 목표인 행복을 너무나 희생해서, 아예 진짜 목표는 인생에서 거의 막바지에 이를 동안 흔적조차 없어지는 경우도 많습니다.

왜 부자가 되고 싶습니까? 왜 성공하고 싶습니까? 모두 행복을 위해서입니다.

그런데 직장 승진을 위해서 가족들과 시간도 보내지 못하고, 자신의 육체와 영혼이 너무 힘들어지고, 씀씀이도 저축이라는 '중간 경유지'를 위해 가혹하게 줄이고 등등. 이렇게 치열하게 살다 보니 원래 목표였던 행복은 어디론가 사라지고 1년 내내, 10년 내내, 고달픈 강행군만이 존재하기도 합니다.

그러다 자신이 기준으로 삼은 '중간 경유지'인 승진을 달성하고 이제야 행복을 누리려 할 무렵, 암에 걸려 인생을 날리게 된 사례도 많습니다. 지금 종합병원의 암 병동으로 가보시면, 그런 안타까운 분들을 쉽게 만날 수 있습니다. 다시 옛날로 돌아간다면 인생을 다르게 살고 싶다고 그들은 간절히 말합니다. 이것이 꼭 남의 이야기라 생각하지 마십시오. 그들도 그리 생각하고 살아왔으니까요.

이렇게 자신이 중병에 걸리는 극단적인 경우가 아니더라도, 소중한 가족들이나 지인들이 이미 떠나버린 사례도 흔합니다.

물론 '중간 경유지'인 승진이 지금의 당신에게는 부나 성공을 위해 꼭 거쳐 가야 할 경유지일 수 있습니다. 그러나 주객이 바뀌는 어리석음을 범하지는 말아야 합니다.

당신이 지금 어떤 소원을 바라든, 가장 중요한 진짜 소원인 행복을 항상 중심에 놓고 사는 현명함을 갖추길 바랍니다.

당신이 비록 큰 부자가 아니지만, 오늘 먹는 아이스크림 하나에 의식을 모아 행복을 느껴보십시오. 당신의 마음이 바쁘다는 핑계로 늘 다른 곳만 바라본다면, 지금 곁에 있는 최소한의 행복도 보지 못하고 하루가 가고 그렇게 10년도 가는 법입니다.

행복은 적립식입니다.

아무리 바빠도 오늘 누릴 최소한의 '작은 행복'은 발견하면서 가야 합니다. 행복은 주어지는 것이 아니라 발견하는 것이기 때문입니다.

발견해서 적립하면 적립할수록, 당신의 인생에서 큰 성공을 부르는 플러스 에너지가 되어 좋은 영향을 미칩니다. 앞에서 제가 유유상종, 교감의 원리를 강조한 것이 적용되는 겁니다.

만약 당신이 과학자여서, 어떤 연구를 성공하는 게 인생의 최대 목표라고 합시다. 인생의 긴 여정 동안, 무려 70년간 행복을 누리지 못할 정도로 마음에 여유가 없다가 마지막 1년에 연구에 성공해서 행복을 누린다면 그 인생은 과연 얼마나 행복한 것일까요?

인생에서 성공을 위해 나아가는 속도가 100이라서 다른 것을 살필 겨를이 없다면, 차라리 욕심을 줄여 80의 속도로 나아가고 20만큼 마음의 여유를 찾으세요. 그게 길게 보면 더 훨씬 나은 성취와 행복한 인생을 얻는 비법입니다. (만약에 당신이 80의 속도를 지키면서도 최고의 결과를 얻고 싶다면, 이 책에서 말한 '몰입과 이완'이란 방법을 추천합니다.)

인생은 당신에게 단 한 번 주어졌습니다. 그리고 다시 되풀이할 수도 없습니다.

당신 곁에서 꼬리를 흔드는 강아지 한 마리의 머리를 쓰다듬는 것이, 훗날 지나고 보면 다시 돌이킬 수 없는 더없이 행복한 순간이었다는 것을 깨닫는 날이 올지도 모릅니다.

오래전에 〈백 투더 퓨처〉라는 영화가 있었습니다. 흥행에 성공했던 영화로 1편은 타임머신을 타고 과거로 가더군요. 만약 영화처럼 타임머신이 있어서 자기 과거로 갈 수 있다면 저는 학창 시절로 되돌아가보고 싶습니다. 그 시절의 거리를 걷고 간판을 보며 가게에서 흘러나오는 음악과 분위기를 온몸으로 생생하게 느낄 겁니다. 오락실에서 코흘리개들이랑 오락도 하고 젊은 시절의 내 모습, 친구들 모습도 몰래 숨어서 구경해볼 겁니다. 이렇게 단 하루만 돌아간다고 해도 너무 행복할 것 같습니다. 당신이라면 어느 시절로 돌아가 즐겨보고 싶습니까?

한 걸음 더 나아가서, 인생을 되돌릴 수 있다면 당신의 인생은 지금과 완전히 달라질 겁니다. 요즘 말하는 인생 2회 차, 인생 3회 차가 가능하다면 얼마나 좋겠습니까?

그러나 이는 상상에서만 가능할 뿐, 당신은 이젠 어린 시절로 돌아갈 수는 없습니다. 과거에 어떤 그리운 순간도 그때로 되돌아 가, 그 느낌과 기분을 다시 만끽할 수는 없습니다.

그렇지만 더 중요한 것은 어쩌면 당신의 오늘이 10년, 20년 뒤에 다시 간절히 되돌아오고 싶은 순간일 수도 있다는 것입니다.

지금 당신 곁에 소중한 가족, 친구 그리고 귀여운 개나 고양이가 있을 겁니다. 거리에 당신이 더 눈여겨볼 풍경이 있을지도 모릅니다. 그러나 어쩌면 10년 뒤, 20년 뒤에는 그들이, 그 풍경들이 아예 세상에 존재하지 않을지도 모릅니다. 심지어 당신이 없을지도 모릅니다.

그러니 당신의 소원이나 목표를 정하려면 더 현명하게 정하시길 바랍니다.

만약 당신이 자산 50억을 모으는 것이 목표라면 차라리 20억만 모으는 것으로 줄이고 그 대신 현실에서 행복을 더 발견하면서 가세요. 당신이 70평대 주택을 사는 것이 목표라면 50평대로 줄여보세요.

이렇게 목표를 줄인다고 해서 그 결과도 반드시 줄어들지는 않습니다. 50평대를 목표했지만 70평대가 손에 들어올 수도 있습니다. 반면에 중간 과정의 행복들은 반드시 늘어납니다.

이렇게 한번 상상해보세요. 당신에게 주어진 인생이 딱 3년이라면 무엇부터 해야 할까요? 당신에게 무엇이 소중한지 이제 다시 보이기 시작할 겁니다.

100층의 탑이 인생이라면, 99층까지는 무진장 재미없고, 힘겹게 나아가다가 마지막 100층에서만 기쁨을 누릴 수 있다면 그 탑은 절대 오르지 마십시오.

어딘가에 당신에게 더 좋은 탑이 빛나며 기다리도록 신이 준비해놓았습니다. 당신이 이 책을 읽는 이유도 그 탑을 찾기 위해서입니다.

목표 구별 —
좋아하는 일을 해야 할까요? 재능 있는 일을 해야 할까요?

성공을 위해서 목표를 정할 때 다음으로 고민되는 것이 당신이 무엇을 직업으로 삼을 것인가 하는 점입니다.

세상에 다양한 일들 중에 당신이 원하는 일과 당신이 잘할 수 있는 일이 일치한다면 더할 나위 없습니다. 그러나 그러지 못할 때에는 둘 사이에서 갈등을 합니다.

사실 이것에 대해 명확한 정답은 없습니다. 가장 근본적인 목표는 당신의 행복이기 때문입니다.

조금 덜 가지고, 조금 덜 성취하더라도 좋아하는 일을 하는 것이 행복할 수도 있습니다.

하지만 현실적으로 현명하게 살고 싶다면 다음 예를 보십시오.

아주 극단적인 비유를 하겠습니다.

A는 어릴 때부터 축구가 좋아 축구를 배우며 컸습니다. 그런데 축구에 큰 재능은 없습니다. 성인이 된 지금은 동네 조기 축구회에서 활동을 하는데 여기에서는 칭찬을 받습니다. 그래서 매일 노력하면 실력이 늘어, 언젠가 세계적인 수준의 잉글랜드 프리미어 리그에서 뛰는 꿈을 갖고 있습니다. 끌어당김

의 법칙을 믿고, 끝없이 노력하면 언젠가 이 꿈을 이룰 수 있을까요?

안 된다는 것은 여러분이 너무나 잘 알 겁니다.

상식적으로, 동네 조기 축구회의 실력으로 세계 최고의 축구 선수가 된다는 기적은 만화에서나 가능한 일입니다.

반면에 A는 요리에 재능을 타고났습니다.

그렇다면 A는 꿈을 바꾸는 지혜가 필요합니다. 같은 노력으로 끌어당김의 힘을 쓴다면 세계적인 축구 선수보다 세계적인 요리사가 확률적으로 훨씬 일어나기 쉬운 일이기 때문입니다.

그러니 축구는 취미로 즐기는 스포츠로 삼고, 요리에 인생을 걸고 매진하는 것이 현명합니다. 이렇게 극단적인 예를 드니, 명확하게 보이지만 현실에서는 그러지 않아서 많은 사람들이 좋아하는 일에서 성공하려다가 결국 긴 세월을 놓치고 마는 사례가 빈번합니다.

실제로 인생은 그리 길지 않습니다. 몇 번의 시도가 실패하다 보면 청춘이 다 가고 적절한 시기를 놓치고 맙니다.

그러니 현명한 선택을 하려면 당신에게 승산이 높은 일을 선택하고, 그 성공으로 시간의 자유를 얻으십시오. 그 자유로 당신이 좋아하는 일을 즐기는 것이 낫습니다. 당신이 부자가 되어야 하는 이유는 시간과 물질로부터 자유를 얻기 위함입니다.

이처럼 인생은 선택의 연속입니다. 선택의 사다리를 어떻게 타느냐에 따라 인생의 결과는 하늘과 땅의 차이만큼 달라집니다. 성공은 좋은 선택이 누적되어 나타나는 결과로 볼 수 있습니다. 그러므로 성공하기 가장 쉬운 방법은 '좋은 선택의 연속'입니다.

어떻게 하면 선택의 성공률을 높일 수 있을까요? 여기에 성공의 비법이 숨어 있습니다. 크게 성공한 사람 대다수는 이걸 이용하고 있었습니다. 그건 바로 선택의 순간, 내면의 소리를 듣는 겁니다.

1장
성공하려면, 내면의 소리를 들어라!

선택의 순간에 당신은 무엇을 활용합니까?

수학 시험이라면 계산만 제대로 하면, 답을 정확히 선택할 수 있습니다. 미국의 수도는? 워싱턴. 이런 질문의 종류도 정확히 선택 가능합니다. 이처럼 살면서 배운 지식, 경험들이 당신의 선택에 토대가 됩니다. 그러다 보니 항상 선택할 때 습관처럼 머리로 하려고 합니다.

그러나 인생에는 답이 명확하지 않은 선택이 더 많은데, 그게 인생의 중요한 분기점이 된다면 어떻게 해야 할까요?

'몇 달 사귄 여자가 끌리는데 결혼해야 할지?', '친구의 투자 제안에 투자해야 할지?', '내 성적으로 갈 수 있는 학과 중 어느 곳에 지원해야 할지?'

이런 종류의 선택은 명확한 답이 없습니다. 지나봐야 압니다. 그러니 이런 선택에 직면하면, 당신은 당황해서 주위 조언을 듣거나 점집을 찾기도 합니다. 하지만 실패한다면 조언해준 사람을 탓할 겁니까? 점쟁이를 탓할 겁니까? 조언해준 사람이 당신보다 식견이 더 있을지는 몰라도 미래는 알 수 없는 법입니다.

사실 당신의 문제에 관해 가장 강력한 조언자는 당신 내부에 있습니다.

당신 내부에 있는 것은 신일 수도 있고, 당신의 무의식일 수도 있습니다. 이것은 당신의 운명을 좀 더 좋게 하기 위해, 최선을 다해 끊임없이 목소리를 냅니다. 다만 그동안 당신이 듣지 못했거나 흘려들었을 뿐입니다.

이것을 '마음의 소리'라 부를 수도 있지만, 제가 '내면의 소리'라고 달리 말한 것은 이유가 있습니다. 그렇지 않다면 당신이 평소에 생각하는 것들 모두를, 제가 말하는 마음의 소리로 혼동할 수 있기 때문입니다.

안전 박스 내의 잡념들은 그냥 잡념입니다. 일반적으로 당신이 머리로 계산하고 예측하는 데에 이용하는 지식과 지혜들 역시 안전 박스 내에 있습니다. 제가 말하는 내면의 소리는 그보다 훨씬 아래 채널인 무의식에서 들려오는 '특별한 느낌의 생각'을 말합니다.

크게 성공한 사람들 대다수는 이런 소리에 귀 기울이는 습관을 지니고 있습니다.

제 가까운 지인 중에 '주식 천재'란 별명을 가진 최고의 주식 고수가 있습니다. 그는 종잣돈 1천만 원으로 무려 몇천억까지 주식 자산을 불린, 한국 주식계의 신화적인 인물입니다.

어떻게 1천만 원이 1억, 10억도 아니고 무려 몇천억이나 되었을까요?

그는 다섯 살 때, 1만 자리 단위까지 암산을 할 만큼 숫자 계산에 뛰어난 천재이기도 했습니다. 그럼 계산에 밝아서 주식에서 큰 부를 이룬 걸까요?

아닙니다. 어릴 때부터 더 뛰어난 암산의 천재라도 그러지 못합니다. 내로라하는 명문대에서 경영학을 전공한 사람도, 수학 계산에 뛰어난 수학자도 주식에서 수많은 손실을 보며 떨어져나가는 것이 그 분야의 현실입니다.

오죽하면 인류의 역사를 바꾼 천재 물리학자, 뉴턴도 주식으로 엄청난 손실을 입었겠습니까? 인간의 계산으로 미래를 예측하기 힘든 것이 주식이기 때문입니다. 그게 가능하다면 계산으로 주식을 사는 학문도 생기고, 컴퓨터 AI로 매매하면 금방 부자가 될 겁니다.

이렇게 정답이 없는 것이 주식이란 분야인데, 주식 천재는 무슨 비법으로 자산을 그리 크게 불렸을까요?

그의 비법은 바로 내면의 소리를 잘 활용하고 있다는 겁니다.

자나 깨나 늘 주식에 집중하고, 꿈에도 주식을 생각합니다. 그렇게 집중을 하며 자신의 내면의 소리에 귀를 기울입니다. 그런 그도 내면의 소리를 1백 퍼센트 믿지 못하는 경우가 종종 있다고 합니다. 어떤 종목을 크게 비중을 실어서 샀는데 주가가 자꾸 오릅니다. 내면의 소리는 열 배라고 말하지만, 그는 상식적으로 열 배까지 안 갈 거라고 판단하여 두 배의 이익만 내고 팔았다고 합니다. 그러나 뒤에 진짜 열 배 오르는 것을 보고 두고두고 후회했다고 합니다. 어쨌든 그는 큰 부자가 될 요인이 몇 가지 더 있지만, 그중에서 내면의 소리를 제대로 활용하여 큰 성공을 거뒀습니다.

살펴보면 그는 빙산의 일각입니다.

인류 최고의 천재인 아인슈타인 역시 늘 자기 내면에 집중했습니다. 심지어 그는 자기 안에서 이뤄지는 삶과 바깥에서 이뤄지는 삶으로 구분할 정도로, 하루 종일 거의 내면 깊숙이 잠겨 있었던 사람입니다.

이런 경향은 통찰력과 창의력이 필요한 주식, 과학 이런 분야만 그런 것이 아닙니다. 거의 모든 분야에서 성공한 사람들이 많이 보이는 유형입니다. 예를 들어 연예인 중에도 크게 성공한 사람들이 이런 방법을 활용했는데 영화 〈터미네이터〉로 유명한 아널드 슈워제네거 역시 내면의 소리에 늘 귀 기울였다 합니다. 스포츠 분야도 마찬가지입니다. 한국의 메이저리그 스타인 박찬호 선수도 명상을 하며 내면의 소리에 집중하는 걸로 유명합니다. 이렇게 동서고금을 통틀어, 크게 성공한 사람들이 내면의 소리 사례를 열거하면 끝도 없습니다.

그렇다면 어떻게 내면의 소리를 이용할 수 있을까요?

여기에서 가장 중요한 포인트는 '내면의 소리 구별법'입니다.

당신이 지금 든 생각이 내면의 소리인지, 안전 박스 내의 잡념인지 어떻게 구별하겠습니까? 이걸 모르면 이 책에서 아무리 좋다고 강조해도 당신에겐 그림의 떡일 뿐입니다.

내면의 소리는 자신만의 느낌을 깨달아야 하는 것이라 정확히 전수하기가 쉽지 않습니다. 이는 마치 평생 한 번도 안 먹어본 과일의 맛을 말로 설명하는 것과 같습니다. 과일의 왕이라 불리는 '두리안'이 있습니다. 이걸 바나나처럼 달콤하다고 설명한다고 해서 한 번도 안 먹어본 상대가 그 맛을 깨달을까요? 먹어보기 전까지는 절대로 느낌을 정확히 떠올릴 수 없습니다.

만약 평소에도 내면의 소리가 자주 들렸다면 벌써 당신은 그걸 이용하고 있었을 겁니다. 그러니 당신이 평소에 내면의 소리를 활용하던 사람이 아니라면, 당신이 느끼던 모든 생각들은 거의 내면의 소리가 아니라고 생각하십시오. 쉽게 말해 당신이 먹어보지 못한 과일인 셈입니다. 그럼에도 불구하고 당신이 기존의 생각을 더듬어서 이게 내면의 소리인가 하고 오해하게 되면, 그 이상 발전이 없습니다. 그건 십중팔구 내면의 소리가 아닐 것이기 때문입니다.

그러니 당신은 잠들어 있는 새로운 느낌을 깨운다고 여기는 것이 현명합니다.

내면의 소리 구별의 핵심은, 마음에 떠오르는 생각을 계속 관찰해야만 느낄 수 있는 미묘한 차이에 있습니다. 그래서 명상을 많이 해본 사람이 유리합니다.

굳이 명상이 아니더라도, 생각을 종이에 계속 적으면서 고민하다 보면 문득 다른 느낌을 깨닫기도 합니다. 그래서 성공한 사람들을 보면 상당수가 종이에 계속 생각을 적는 습관이 있습니다. 자기 내면의 소리를 종이로 이끌어내는 작업들입니다. 남의 강의를 들을 때 요점을 적는 것처럼 뭔가 중요한 사항을 꼼꼼히 기록하는 습관이 아니라, 마치 낙서처럼 자신의 생각을 이것저것 끊임없이 아무것이나 적어나가는 방법입니다. 이 방법으로 많은 아이디어가 나오고 자신이 처한 상황의 해결법이 떠오르기도 합니다. 실천하기 아주 쉬운 방법 아닙니까?

어쨌든 내면의 소리를 부지불식간에 탁 떠오르는 생각이라 하면 가장 근접한 표현입니다.

예를 들어, 당신이 어떤 고민이 있을 때, 이것저것 생각이 계속 꼬리를 무는 것은 대부분 잡념입니다. 그러다 생각이 문득 멈추는 순간이 옵니다. 이때 자기도 모르는 사이에 저절로 떠오르는 생각이 바로 그것입니다.

어떤 사람은 떠오르는 생각이 머리 한가운데에서 비롯되느냐, 가슴에서 올라오느냐의 지극히 주관적인 느낌으로 구분하여 내면의 소리를 가리기도 합니다.

어떤 사람은 생각이 날 때 감정이 뭔가 특별한 것이 섞여서 오는지를 보고 구분하기도 합니다. 예를 들어 보통 생각들은 별 감정 없이 떠오르는데, 어떤 생각은 기분이 나빠지거나 좋아지는 육감 같은 것이 섞이는 경우가 있습니다. 이걸 좀 다른 레벨의 생각이라 여기는 겁니다.

이를테면 차를 운전하다가 '이 길로 가면 안 되는데' 하는 생각이 들면서 기분이 나빠졌는데 사고가 나는 경우가 있습니다. 또는 길을 걷다가 '저쪽으로 가고 싶어' 하는 생각과 함께 기분이 좋아졌는데 그쪽으로 가보니 정말 반가운 사람과 마주치는 경우도 있습니다. 그러나 이 방식에 주의할 점은 생각이 저절로 자연스럽게 나야 한다는 겁니다. 억지로 떠올리려고 할 때부터 잡념의 영역으로 떨어지기 때문입니다.

어쨌든 당신의 생각을 끊임없이 관찰하다 보면 일반적인 안전 박스 내의 생각과 다른 느낌의 생각을 발견할 수 있습니다. 그래도 감이 오질 않는다면 가장 쉬운 법칙을 가르쳐드리겠습니다.

전통적인 방법

가장 쉬운 출발은 앞 장에서 가르쳐드린 방법을 따르는 겁니다. 내면의 소리는 무의식에서 올라오는 신호입니다. 즉, 생각의 채널을 아래로 내리는 겁니다. 뇌파가 알파파가 되는 단계라고 했습니다. 그러려면 약간 졸린 상태로 들어가야 합니다.

그리고 또 중요한 비결은 시작하기 전에 무의식에 미리 주문을 하는 겁니다. 당신이 고민하는 것에 대한 내면의 소리를 들려달라고 명령하면 효과가 훨씬 더 강력해집니다. 이렇게 반쯤 조는 상태에서 부지불식간에 떠오르는 생각을 잡았다면 성공한 겁니다.

이런 요령으로 수많은 사람들이 인생의 최고 성공을 거뒀습니다.

예를 들어, 팝송 역사에 이정표를 남긴 비틀스는 최대 걸작으로 불리는 '예스터데이Yesterday'라는 노래를 이 방식으로 만들었습니다. 사실 이 곡은 폴 매카트니가 졸면서 꿈처럼 들은 곡이었습니다. 자신이 작곡한 것이 아니라 잠결에 들었기 때문에 기존의 곡이라고 여겼습니다. 그러나 그게 아니어서 그들의 곡으로 발표했으며 대성공을 거뒀습니다.

발명왕 에디슨도 발명품에 관한 아이디어를 얻기 위해 일부러 반쯤 잠든 상태를 자주 연출했습니다. 이렇게 조는 상태에서 기막힌 아이디어들이 샘솟았는데 이 모두가 역대 최고의 발명품들로 탄생했습니다.

인류 역사상 손꼽히는 천재인 레오나르도 다빈치는 4시간마다 10~20분씩 잠을 자며 특별한 아이디어를 떠올렸고 불멸의 예술 작품들을 남겼습니다.

얼마나 쉽습니까? 졸기만 하면 된다니. 그러나 이는 일종의 정신 훈련입니다. 당신이 끊임없이 원하고 연습해야만, 마침내 내면의 소리를 실제로 활용하는 단계에 이를 수 있습니다.

게다가 한 가지 문제점이 있습니다. 당신이 뭔가 결정을 내릴 때마다 잘 수는 없습니다. 만약 야구 감독이라면 게임 중에 선수 교체에 대해 고민을 하다가 갑자기 잘 수는 없는 노릇입니다. 이처럼 깨어 있을 동안, 즉시 결정을 내려야 하는 순간들이 인생에는 비일비재합니다.

하지만 이 문제 역시 해결 가능합니다. 졸면서 계속 느낌을 관찰한 사람은 이제 깨어 있을 때에도 무의식에 요청해서 유사한 느낌의 생각을 얻을 수 있기 때문입니다. 이는 마치 자갈길의 무수한 돌들 중에 보석 원석이 있어도 일반 사람들은 알지 못하는데, 일단 그 차이점을 아는 사람은 점점 더 잘 가려내는 이치와 같습니다. 또한 끌어당김의 원리처럼, 한번 당신이 내면의 소리를 이끌어내기 시작하면 그 능력이 점차 발달해서 깨어 있는 동안에도 접할 수 있는 빈도가 늘어납니다.

여기까지가 전통적인 내면의 소리를 듣는 방법입니다.

그러나 졸면서 떠오르는 내면의 소리라는 것에 소질이 없는 사람은 아무리 해도 구분이 안 될 수도 있습니다. 그래서 당신에게 좀 더 특별하고 신비한 방법을 소개해드리겠습니다.

만약 내면의 소리가 숫자 0에서 1로 바뀌는 것으로 명확하게 구분이 되면 얼마나 좋겠습니까? 신호등에 녹색 불이 들어오면 소질 여부와 상관없이 누구나 쉽게 알아보니 말입니다. 이런 발상으로 동서고금에는 다른 비법들이 생겼습니다.

내면의 소리는 '무의식의 신호'를 생각으로 깨닫는 겁니다. 여기서 중요한 것은 무의식의 신호라는 점입니다. 그렇다면 무의식의 신호를 알아볼 방법이 이것밖에 없을까요?

무의식은 당신이 생각하지 않아도 걸음을 걸을 때 몸의 균형을 잡습니다. 당신이 잠들 때도 호흡을 유지하게 합니다. 이것은 무의식이 근육에 영향을 미치고 있기 때문에 가능한 겁니다. 이 점에 착안해서, 무의식의 신호를 아는 방법들이 있습니다. 무의식이 근육의 긴장도에 미세한 변화를 일으킬 때 그것을 확인하는 겁니다.

그중 대표적인 것 세 가지가 손가락을 이용하는 법, 쇠막대기를 이용하는 법, 실에 매달린 추를 이용하는 법이 있습니다. 이걸 고상하게 따로 이름을 붙이면 '오링 테스트', '엘로드 요법', '펜듈럼Pendulum 요법'입니다.

흥미로운 방법

아래 세 가지 방법은 비과학적인 방법입니다. 그러나 사람에 따라 큰 효과를 얻을 수 있는 신기한 방법이기에 소개해드립니다. 어디까지 믿을지는 내용을 보시고 판단하기 바랍니다.

오링 테스트 ― 손가락을 이용하는 법

손가락을 이용하는 법은 오링 테스트가 대표적입니다. 아마 많은 분들이 오링 테스트를 들어보셨을 겁니다. 그러나 처음 듣는 분들을 위해서 자세히 설명드리겠습니다.

오링 테스트는 쉽게 말해 당신의 한 손을 엄지와 검지를 붙여 영어 오º자 모양의 링을 만들어서 하는 근육 테스트입니다. 이렇게 당신의 엄지와 검지를 서로 닿게 붙여놓고 다른 사람이 힘을 줘서 벌리려 할 때, 버티는 힘이 그대로인지 아니면 강하게 약하게 바뀌는지를 관찰하는 방법입니다.

이 방법은 1970년대 초 미국에서 일본인 의사 '오무라 오시아기'가 발표하여 '오무라 테스트'라고도 불립니다. 당신이 오링을 만든 손의 반대쪽 손에 주로 음식이나 약을 쥐고 테스트를 진행하여 그것이 당신에게 맞는지를 알아보는 방법입니다. 예를 들어 당신에게 딸기가 체질에 맞는지 궁금하면 한 손에 딸기를 들고, 다른 손으로 엄지 검지 링을 만듭니다. 그리고 당신의 친구가 양손으로 당신의 엄지 검지 링을 벌려봤을 때, 딸기를 들지 않는 경우보다 버티는 힘이 더 강한지 약한지를 봅니다. 이렇게 해서 손에 버티는 힘이 더 강해지는 경우, 당신에게 그 음식이 유익하다고 판단하는 테스트입니다. 이 방법은 양발을 가볍게 벌리고 서서 온몸에 긴장을 풀고, 진지하게 당신의 무의식에 질문을 던지며 하는 것이 효과적입니다.

그런데 흥미롭게도, 꼭 음식이나 약 같은 물건이 아니더라도 가능합니다. 이 방법을 응용해서 당신이 궁금한 질문의 '해답'을 종이에 적고 똑같이 테스트해볼 수도 있습니다.

예를 들어 당신이 그녀에게 '오늘 고백을 한다', '다음 주에 고백을 한다', '고백을 하면 깨어지니 고백하지 않는다', 이 세 문장을 적은 종이 세 장을 차례대로 쥐고 테스트해볼 수가 있습니다.

이번에는 당신이 사고 싶은 주식 종목이 다섯 가지이면, 각각 그 종목 이름을 적은 종이를 쥐고 테스트해볼 수도 있습니다. 예를 들어서 다섯 종목 이름 쪽지 가운데, '삼성전자'의 쪽지가 유독 힘이 좋다면 그 종목을 사는 것도 가능합니다.

이 얼마나 미신 같은 테스트입니까? 아마 당신은 이렇게 여기고 크게 웃을 수도 있습니다. 물론 그 결과가 믿을 만한지, 또 어떤 의미를 지니는지는 조금 있다가 설명드리겠습니다.

엘 로드 요법 ─ 쇠막대기를 이용하는 법

영어로 로드Rod는 '막대'라는 뜻이며 쉽게 말해 L 자형의 쇠막대기를 이용하는 법입니다. 한국식으로 말하면 ㄱ 자 모양으로 생겼으니 'ㄱ 막대 요법'이라 해야겠습니다.

이는 수맥을 찾을 때 쓰는 도구로 흔히 알려져 있습니다. 수맥은 지하에 흐르는 물줄기로 이것이 침실 아래를 지나면 건

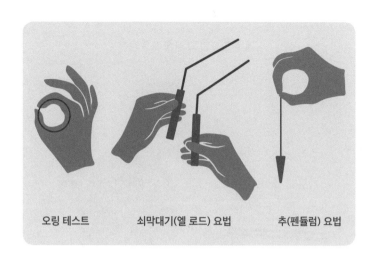

오링 테스트　　　　쇠막대기(엘 로드) 요법　　　　추(펜듈럼) 요법

강에 좋지 않다고 해서 예전에 많이 유행했던 방법이기도 합
니다. 이 막대기를 양손에 각각 한 개씩 나란히 잡고 걷다가
이것이 움직이면 수맥이 있다고 판단을 했습니다.

　실제 사용 방법을 간단히 설명드리겠습니다. ㄱ 막대의 손
잡이를 각각 한 손에 쥐고 섭니다.

　팔은 겨드랑이를 살짝 붙이고 팔꿈치를 거의 직각으로 굽혀
서 앞으로 내밉니다. 즉 앞으로나란히 자세에서 팔꿈치만 반
으로 굽혔다고 생각하면 됩니다. 쇠막대기의 앞 끝이 살짝 지
면으로 15도 정도 기울어지게 합니다. 그리고 엄지는 정면으
로 향하도록 가볍게 쥡니다.

　이제 손에 힘을 빼고 당신의 무의식에 원하는 바를 명령합

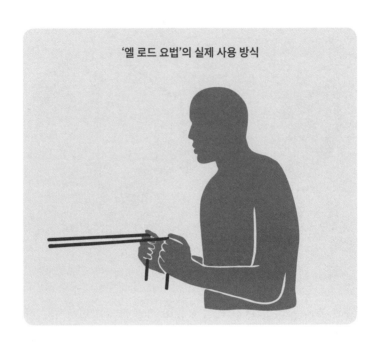

'엘 로드 요법'의 실제 사용 방식

니다. 만약 수맥을 찾고 싶다면, 수맥이 있는 곳에서 쇠막대기의 반응이 일어나도록 명령합니다. 이제부터 서서히 걷는데 쇠막대기가 서로 안쪽으로 움직여서 X 자를 만들면 수맥이 있다고 판단합니다.

요즘같이 과학이 발달하지 않았을 때는 땅속을 일일이 파보지 않으면 뭐가 들었는지 모릅니다. 그래서 땅속에 묻힌 광물이나 석유, 지하수 등을 찾기 위해 고안된 방법이기도 합니다.

얼핏 봐도 매우 비과학적이고 미신 같은 방법입니다. 하지만 이게 아무런 효과가 없었다면 지금까지 내려오지도 않았을 겁니다. 이것은 그것을 움직이는 정확한 비결을 알지 못하면 아무리 해도 엉터리에 불과하기 때문입니다. 그리고 개인차에 따라 효과도 다릅니다.

아무튼 이런 것을, 이상한 귀신이 와서 가르쳐주는 부류로 오해하면 안 됩니다. 사실 이런 방법을 사용하는 사람 중에는 전통 종교인들도 다수 있었으니까요.

한국에서는 천주교의 '임응승' 신부라는 분이 대가로 알려져 있습니다. 지금은 돌아가셨지만 생전에 전국 방방곡곡을 누비며 이 방법을 이용해서 많은 온천수와 지하수를 찾아냈습니다. 1979년에는 전남 고흥 소록도에서 20여 군데의 수맥을 찾아 소록도의 나환자들이 생수를 자급하도록 돕기도 했습니다. 이게 완전히 엉터리 사기였다면 그 신부님이 이런 식으로 평생 유명세를 얻지 못했을 겁니다. 수녀님 중에서도 이 방법으로 유명한 분이 계셨습니다.

그러니 이것이 미신에 비과학적이라는 편견만 버린다면 당신도 한번 시도해볼 만합니다.

하지만 당신은 굳이 지하에 있는 물줄기를 찾으러 다닐 필요가 없습니다. 당신이 물줄기를 발견해서 무엇에 쓰겠습니까? 차라리 아까 오링 테스트처럼 바닥에 질문의 해답을 적은 종이들을 사방에 놓고 어느 종이 방향에 쇠막대기가 반응을 하는지 살펴보는 겁니다. 그렇게 해서 어떤 종이를 선택했을 때 나중에 결과도 일치하는지 확인해보면 됩니다.

만약 당신이 이 방법에 소질이 있다면 뜻밖에 흥미로운 성적을 얻을 수도 있습니다. 이 방법의 진정한 비결은 조금 있다가 설명드리겠습니다.

펜듈럼 요법 — 실에 매달린 추를 이용하는 법

이것은 실에 매달린 추를 이용하는 방법입니다.

한 손의 엄지와 검지 사이에 실을 잡아 늘어뜨리고 가만히 있습니다. 당연히 추는 정지되어 있을 겁니다. 그리고 질문을 던지면 실 끝의 추가 흔들리는지 움직임을 관찰하는 방법입니다.

예를 들어 당신이 오늘 집을 보러 갔다가 마음에 드는 집이 세 군데가 있었다고 칩시다. 한 집은 위치가 좋고, 한 집은 실내 구조가 더 마음에 들고 등등 여러 가지 점에 결정을 내리기 곤란한 경우가 있습니다. 게다가 관습적으로, 집이 자기와 맞는 곳에 가야 사업도 잘 되고 운이 잘 풀린다는 말도 있습니다. 과연 어디로 가야 할지 도통 결정을 내릴 수가 없습니다. 그럴 때에 집의 사진이나 약도를 바닥에 놓고 질문을 던집니다. 어느 집에서 더 강한 움직임이 오는지 보고 참고할 수도 있습니다.

이때 추는 정지된 상태에서 움직이는가를 관찰하는 방법도 있지만, 이것보다는 추를 처음부터 가볍게 앞뒤로 흔들면서 당신의 무의식에게 다음과 같이 명령을 내리는 것이 훨씬 쉽습니다.

'긍정이면 시계 방향으로 원을 그리며 돌고, 부정이면 반시계 방향으로 원을 그리며 돌아라.'

이렇게 해서 흔들리는 것이 어떤 방향으로 돌기 시작하는지 관찰하는 겁니다. 정지된 상태에서 움직이게 하는 것은 숙련된 사람에게 적합합니다. 그러나 움직이는 상태에서 방향만 달라지게 신호를 얻는 것은 초보자도 가능합니다.

이 추 요법은 앞의 두 가지 방법에 비해 훨씬 유용하게 쓰입니다. 오링 테스트는 누가 도와주는 사람이 있어야 합니다. (혼자 하는 특수한 방법도 있긴 합니다.) 그리고 엘 로드 요법은 일반인이 능숙하게 익히기 쉽지 않으며 활용도도 매우 떨어지는 편입니다. 진짜 수맥을 찾을 것이 아니라, 어떤 질문에 대한 해답을 얻고자 한다면 추 요법이 훨씬 효과적입니다.

어쩌면 당신은 이 방법을 영화에서 봤을지도 모릅니다. 점을 치는 집시 여인이 추를 움직이는 장면들이 나오곤 합니다. 어떤 영화에서는 유령에게 질문을 던져서 추의 흔들림으로 그 해답을 얻는 장면으로 묘사되기도 합니다.

그렇지만 본질적으로 이 방법은 절대로 그런 귀신 들린 방법이 아닙니다. 동서고금의 현자들이 몰래 활용하던 비법으로 오랜 역사에 걸쳐 아주 많이 사용되며 전승되어 왔습니다. 실을 통해 진동을 느끼고 그로부터 해답을 얻는다는 것은 제가 서두에 말씀드린 조선시대의 신비한 '비단실 진맥'과 상통하는 면이 있기도 합니다.

• • •

그렇다면 이제 이것이 미신이나 우연인지, 아니면 합당한 근거가 있는지 살펴보겠습니다.

앞서 말했듯 이걸 어떤 신비한 존재나 귀신이 와서 가르쳐준다고 생각하고 시도하는 순간, 미신이 됩니다. 예를 들어 추요법 같은 경우에 어떤 무형의 에너지가 와서 저절로 추를 흔들기 시작한다고 생각하는 순간부터 사기극이나 엉터리 쇼가 시작되는 겁니다.

분명히 말하지만, 이것을 하는 목적은 귀신의 응답을 받거나 천지의 기운으로부터 응답을 받는 것이 아닙니다. 동서고금의 수많은 현자들이 개발한 이유는, 바로 당신의 내면의 소리를 듣고자 하는 겁니다.

내면의 소리는 '무의식의 신호'라고 했습니다. 이걸 생각으로 직접 알아듣기 힘들기 때문에 무의식의 신호를 근육의 미세한 긴장도를 통해 듣고자 함입니다.

그러니 당신이 현명하다면, 오로지 당신의 손끝에서 흔들림이 시작되는 것이 정상적이라고 여겨야 합니다. 추는 절대로 저절로 흔들릴 수 없습니다. 당신이 흔들어야만 움직이는 겁니다.

그렇다고 해서 당신이 의식적으로 흔드는 것은 바보짓입니다. 힘을 빼고 가만히 있는데 당신이 무의식적으로 저절로 흔드는 것이 정확한 비결입니다. 마치 손끝이 수전증 환자처럼 저절로 떨린다고 표현하는 것이 더 적절합니다. 그게 무의식의 신호를 느끼는 것이기 때문입니다.

생각해보세요. 당신이 심장을 빨리 뛰게 하고 싶다고 마음먹는다고 해서 심장박동이 저절로 빨라지는 것이 아닙니다. 반면에 당신이 어떤 놀라운 사실을 목격하는 순간, 당신의 의지와 상관없이 심장박동이 빨라집니다.

또한 당신이 길을 걷다가 무엇에 발이 걸려서 비틀거리면 순간적으로 무의식이 근육의 밸런스를 조절해 당신은 균형을 잡습니다. 당신이 의식적으로 생각해서 근육을 조절하는 것이 아닙니다.

이처럼 무의식의 미세한 근육 긴장도와 흥분도는 자연스럽게 저절로 일어나야 합니다.

어떤 이는 추가 자연의 기운에 반응해서 저절로 흔들린다고 가르치기도 하는데, 이건 잘못된 이론입니다. 추가 어떻게 자연의 기운에 반응해서 저절로 흔들리겠습니까?

자연의 기운의 파장을 읽는 것은 당신의 뇌이며, 당신의 무의식이 감지하는 것이지 추가 아닙니다. 추가 귀신이 깃든 것도 아니고 레이더 시스템이 내장된 것도 아닌데 어떻게 그걸 감지하겠습니까?

추 요법과 마찬가지로 ㄱ 막대기(L 로드) 요법도 동일하며, 오링 테스트의 비결도 동일합니다. 당신의 무의식이 느끼는 신호를 바깥으로 표시하는 수단일 뿐입니다. 그것 자체가 어떤 신비한 힘이 있어서 반응하는 게 결코 아닙니다.

그다음으로 중요한 요령은, 이런 방법을 실행할 때 선입견을 가지는 것은 금물입니다. 그렇게 되면 무의식의 반응보다 당신의 의식이 관여해서 오차를 만들게 됩니다. 이것을 '기대 심리'라고 합니다. 예를 들어 오링 테스트를 할 경우, 당신은 손에 든 딸기를 좋아합니다. 그래서 그것이 당신의 몸에 맞는 음식이라고 나와야 한다고 결과를 기대합니다. 왜냐하면 그래야 평소에 딸기를 먹어도 자기 합리화가 되니까요. 그렇게 마음속에 바라는 때부터 당신의 생각이 결과를 조절하기 시작합니다. 테스트를 할 때 미세하게 힘을 더 주는 겁니다.

오링 테스트의 경우에는 옆에서 도와주는 사람도 마찬가지입니다. 그 사람이 편견을 가지면 딸기 테스트에서 힘을 약하게 줘 벌린다든지, 더 줘서 벌린다든지 하는 경우가 생깁니다.

그러니 이런 방법들을 실행할 때에는 절대 미리 답을 예상하는 선입견이나 기대 심리가 있으면 안 됩니다. 정말로 중요한 것은 마음을 비우고, 당신의 무의식에 질문을 던지는 겁니다.

그렇다면 이 방법들의 결과는 얼마나 신뢰할 만할까요?

무의식의 의견을 묻는 행위이지만 그 결과가 정답을 의미하는 것은 절대로 아닙니다. 왜냐하면 당신의 무의식이 전지전능하지 않기 때문입니다. 그러나 무의식이 당신의 지식이나 경험을 뛰어넘는 신기한 감각을 지니고 있는 것은 사실입니다.

소위 말하는 동물적인 감각이 그것입니다. 인간은 원래 동물적인 감각을 가지고 있었지만 과학이 발달할수록 그 감각을 점차 잊어버리게 되었습니다.

동물적인 감각이 얼마나 대단한지 개의 경우를 보겠습니다.

영국의 탐지견인 코커스패니얼 애셔(5세)는 서아프리카 지역에서 말라리아 탐지견으로 활동하며 수천 명의 생명을 살렸습니다. 여러 탐지견들은 냄새만 맡고도, 무증상의 어린이들이 말라리아에 걸렸는지를 미리 알아내는 겁니다.

이런 탐지견들의 능력이 얼마나 대단한가 하면 설탕 한 티스푼을 올림픽 규격 수영장 두 배의 물에 희석시켜도 설탕 냄새를 식별한다고 합니다. 얼마나 놀라운 능력입니까?

또한 2015년 이탈리아 밀라노 소재 후마니타스 임상 연구 센터 비뇨기과 연구 팀은 독일 암컷 셰퍼드의 후각을 이용해 전립선암을 평균 98퍼센트의 정확도로 진단해낼 수 있다고 밝혔습니다.

연구 팀은 두 마리의 셰퍼드에게 전립선암 환자 360명, 정상인 540명 등 9백 명의 소변 샘플 냄새를 맡게 했는데, 한 마리는 전립선암 환자의 소변을 98.7퍼센트, 나머지 한 마리는 97.6퍼센트 정확하게 구분해냈다고 합니다.

아주 미세한 냄새만 풍겨도 질병을 맞추는 이런 '동물적인 능력'이라면 당신의 무의식이 오링 테스트를 통해서 질병이나 체질에 반응을 보여주는 것이 결코 허황된 것만은 아닐 겁니다.

그리고 앞 장에서 당신의 뇌는 파장을 발산하고 또 파장에 교감하는 능력이 있다고 했습니다. 세상에 흐르는 파장의 정보를 무의식이 감지해도 당신이 모르는 사실이 무척 많을 겁니다. 그래서 동서고금의 현자들이 무의식의 신호를 읽어내기 위해 고안한 방법들이 이런 것들입니다.

앞에서 말한 것처럼 아예 효과가 없었다면 지금까지 전수되어 내려오지 않았을 겁니다. 실제로 많은 이들은 이 방법을 활용해서 무수히 성공을 거뒀기 때문입니다. 어떤 이는 임응승 신부님처럼 이 방법 자체로 유명해져서 널리 알려지기도 합니다. 또 어떤 이는 다른 성공의 비법으로 몰래 활용하기도 합니다. 예를 들어, 제가 아는 부동산 재벌은 경매할 때마다 본인만의 오링 테스트를 해서 경매 최저가를 기가 막히게 잘 적어내어 큰 부자가 되었습니다. 또 어떤 사람은 매번 큰 결정을 내릴 때마다 이것을 참조해서 인생에 막대한 도움을 얻었다고 합니다.

다만, 이런 것들은 개인차가 큽니다. 무의식의 교감 능력이 발달한 사람, 영적인 소질이 높은 사람일수록 뛰어난 효과를 거둘 수 있습니다. 그래서 어떤 사람은 소질이 없어서, 이 방법을 써보니 완전히 엉터리라고 말하기도 합니다. 또 어떤 사람은 약간의 소질을 갖고도, 이 방법을 통해 누군가를 상담해주고 돈을 받는 전문가 행세를 하기도 합니다.

어쨌든 당신이 혹시 이런 종류의 방법에 소질이 있다면 인생의 새로운 도구를 얻는 셈입니다. 하지만 이것이 통하지 않더라도 너무 실망하지 마시고, 내면의 소리를 듣는 전통적인 방법을 행하시면 됩니다.

내면의 소리를 얼마나 받아들여야 하는가?

이러한 방법들을 통해 당신이 어떤 힌트를 얻었다면 어떻게 반응해야 할까요?

저는 2010년 5월 22일, 뉴스를 보고 묘한 내면의 소리를 들었던 적이 있습니다.

처음 듣는 가상 화폐로 피자를 샀다는 뉴스였습니다. 가상 화폐이니 진짜 돈도 아닌데 실제 상품인 피자를 살 수 있다는 것이 신기했습니다. 그런데 그 뉴스를 보는 순간, 내면의 소리가 외쳤습니다.

'보약 한 제 값으로 저걸 사서, 10년만 묻어두자.'

저는 한의사로 한의원을 운영하고 있습니다. 그때 보약 한 제 가격이 30~50만 원 정도였는데, 저는 없는 셈치고 30만 원어치만 사서 진짜로 10년 묻어둘 작정이었습니다.

그러나 한국에서는 그 가상 화폐를 살 수가 없었습니다. 제가 1주일 동안 수소문해도 제가 직접 미국을 가지 않는 한 그걸 살 수 없더군요. 그러다 제 친한 후배 차 씨가 방법을 알아왔습니다. 후배가 아는 지인이 투자 증권사에 근무하는데 그를 통해서 미국의 가상 화폐를 구매할 수 있다고 했습니다. 다만 배보다 배꼽이 훨씬 커서 30만 원어치 구매를 하려면 대행 수수료로 몇백만 원이 소요될 거라고 했습니다.

아무리 내면의 소리였지만, 실체도 불분명한 가상 화폐를 몇십만 원어치 사려고 몇백만 원이나 투자하는 것은 어리석다고 판단했습니다. 그래서 따로 알아보겠다고 말하고, 그 뒤 1주일 만에 결국 포기했습니다. '가상 화폐가 뭐라고 이 고생이야. 그냥 가짜 돈인데. 내가 미쳤구나.'

그렇게 잊고 살다가 2018년 1월 11일에 가상 화폐 뉴스로 온 세상이 떠들썩할 때 뉴스를 봤습니다. 그리고 땅을 치며 후회했습니다. 제가 그때 사려 했던 것이 비트코인입니다.

2010년에 피자 한 판을 5천 비트코인과 교환했다고 합니다. 피자 한 판을 2만 원으로 잡아도 제 돈 30만 원이었으면 7만 5천 비트코인을 얻을 수 있었을 겁니다. 그게 2018년 1월 11일에 1 비트코인이 한국 돈으로 약 2천6백만 원으로 최고점을 찍었습니다. 제가 진짜로 비트코인을 사서 묻어두고 있었더라면 2천6백만 원에 7만 5천 비트코인을 곱했으니 무려 1천 950조 원입니다. 1조도 아니라 1천950조라니!

물론 제가 진짜로 샀다면 아마 2018년 전에 팔았을 확률이 높지만 그렇다고 해도 평생 못 이룰 부를 그것으로 이뤘을지도 모릅니다.

그런데 차 씨와는 그 무렵 이후 연락이 두절되었다가 최근에야 만나게 되었습니다. 서로 안부를 나누다가 제가 이 책을 쓴다고 하며 가상 화폐 이야기를 했습니다. 그랬더니 놀라운

이야기를 들려줬습니다.

그 당시, 제가 그의 롤 모델이었으며 그래서 가상 화폐가 크게 될 것이라는 제 이야기에 귀를 기울였다고 합니다. 그래서 이 친구는 재미 삼아 진짜로 구매를 했던 겁니다. 재미라서 겨우 3만 원 정도를 들여, 수수료를 제하고 2비트코인을 샀었다고 합니다. 그리고 잊고 지내다가 2천6백만 원의 뉴스로 난리가 나서야 자신이 갖고 있다는 것을 떠올리고 그것을 팔았다고 합니다. 무려 천 배 이상의 수익을 거둬 4천만 원 정도에 판 겁니다.

이럴 수가! 내면의 소리는 제가 들었는데, 그 복은 제 후배가 받았습니다!

여기에서 중요한 핵심이 등장합니다.

내면의 소리를 듣고 합리적인 수준에서 받아들이고 실천으로 밀어붙이는 추진력이 중요합니다.

저는 무려 몇십만 원어치 사려고 했기 때문에 몇백만 원의 묻지 마 투자를 감내해야 하는 상황이었습니다. 그래서 투자를 포기한 것이고, 제 후배는 제 말을 듣고 부담이 없는 3만 원의 투자를 결정했기 때문에 천 배 이상의 수익을 거뒀습니다.

그런데 여기에서 운이라는 것을 생각할 수 있습니다.

사람의 성격이나 가치관에 따라 인생의 선택과 운이 갈립니다. 만약 제가 배포가 커서, 정말로 진지하게 투자라고 생각했다면 수수료가 아깝다고 여기지 않고 몇백만 원 정도는 투자했을 겁니다.

그리고 제가 사는 곳이 미국이었다면 수수료 부담이 없어서 샀을 겁니다. 즉 사는 지역에 따라 똑같은 선택도 결정이 달라질 수 있다는 겁니다. 마찬가지로 제가 만나는 사람 중에 미국에 친한 지인이 있었다면 역시 샀을 겁니다. 즉 자신의 인맥도 선택에 영향을 미칩니다.

결국 당신의 선택에도 당신 주위의 모든 것이 영향을 줍니다.

인생은 이처럼 '어찌될지 모르는 선택의 연속'인데, 당신은 참고할 나침반이 없습니다.

이때, 당신의 내면에서 들려오는 소리는 인생의 내비게이션이 될 수도 있습니다.

하지만 내면의 소리에 모든 것을 걸지는 마셔야 합니다. 내면의 소리가 전지전능하지는 못하니까요. 다만 어떤 방법을 택했을 때 당신이 덜 후회하게 될지가 중요합니다. 당신의 지식, 경험, 그리고 내면의 소리를 통틀어서 덜 후회할 선택을 하시길 바랍니다.

아까 말한 것처럼 우주의 모든 변화의 기준은 역시 확률입니다. 당신은 성공의 확률이 높아지는 패턴으로 삶을 바꿔야 하며, 그러기 위해서는 성공한 사람들을 벤치마킹하는 것이 훨씬 성공 확률이 높습니다.

크게 성공한 사람들이 단지 운으로 그리되었다면 몰라도, 그들만의 비법이 있다면 참고하세요. 만약 성공한 이들이 운만으로 좋아졌다면, 당신도 운을 좋게 하면 됩니다.

그럼 이제부터 성공한 사람들의 현실적인 비법을 살펴보겠습니다.

2장
돈 없는 사람의 재산 증식법
리셋

수입이 지출보다 작은 사람이 의외로 많습니다. 이러한 분들이 어떻게 하면, 생활고에서 벗어나서 부자가 될 수 있을까요? 사실 늪에 빠진 사람처럼 자력으로 빠져나오기가 정말 힘듭니다. 그렇다고 포기해야 할까요? 아닙니다.

우주의 모든 리듬은 상하 진동을 합니다. 하락하기만 하는 경우는 거의 없습니다.

동양철학에서 《주역》의 가장 중요한 사상은 '모든 것은 변한다'입니다. 즉, 하강이 극에 이르면 다시 상승으로 바뀝니다. 상승이 극에 이르면 다시 하강으로 바뀝니다. 이 원리는 우주의 모든 변화와 운에 다 적용이 됩니다.

인생도 마찬가지입니다. 추락만 하는 경우는 거의 없습니다. 소위 말해, 버티고, 또 버티다 보면 언젠가 기회가 오기 마련입니다. 그걸 저는 리셋이라고 부릅니다.

a) 2018년에 모 방송사에서 소개된 사연을 보면, 어떤 분이 요식업으로 승승장구해서 한때 강남 아파트 몇 채를 살 정도로 잘나가다가(상승 시기) 한순간 매출이 꺾여 그만 망해버렸다고 합니다. 그 뒤 7~8년을 노숙자로 살게 되었습니다(하락 시기).

8년이면 꽤 긴 시간입니다. 하지만 그는 산골에서 아이디어 하나로 다시 재기해서 월 1억 매출을 올리는 사장님으로 부활했습니다(다시 상승).

이분은 '자기의 재능(요리)과 아이디어'로 다시 기회를 잡은 경우입니다.

동양철학에서는 10년 주기로 대운이 바뀐다고 하는데, 이분은 거의 10년 만에 큰 운을 잡았습니다.

b) 뉴질랜드에 노숙자였던 '데미언 콜건Damien Colgan'이란 사람이 있습니다. 알코올중독자이며 은행강도 전과자로 인생 최하의 조건에서 3만 7천 달러(약 2천8백만 원)의 빚까지 지고 노숙자 생활을 하던 그는 10년 만에 주택 다섯 채의 주인이 되는 인생 역전을 했습니다.

그의 이 극적인 변화는 금전 관리 상담가를 만나면서 이뤄졌습니다. 그 후 상담가 덕택에 직장도 얻고 기존의 빚도 탕감받았습니다. 마침내 결혼도 하고 사업가로 성공하게 되었습니다.

본인의 노력도 있었지만, 자신을 이끌어줄 사람을 만나서 다시 기회를 잡은 경우입니다.

c) '크리스 가드너Chris Gardner'라는 분의 일화입니다. 그는 폭력적인 양아버지 때문에 불우한 어린 시절을 보냈습니다. 학비가 없어서 대학도 포기했습니다. 그 뒤 의료기 세일즈맨으로 일했지만, 찢어지는 가난 때문에 아내는 집을 나가고 아들을 혼자 키우게 되었습니다. 태어날 때부터 시작해서 30년 이상을 지긋지긋한 가난과 어려움에서 벗어날 수 없는 인생을 살았습니다. 아마 이 정도면 하늘을 원망할 법합니다.

그런 그가 어느 날, 멋진 스포츠카를 탄 젊은 남자를 보고 번뜩 생각이 스칩니다. '저 젊은 나이에 어떻게 저런 부자가 되었을까?' 상대는 주식 중개인이었고, 그 순간 그도 젊은 남자처럼 주식 중개인으로 성공하는 큰 꿈을 품었습니다.

혼신의 노력을 다한 결과 주식 중개 회사에 인턴으로 들어가는 데 성공했습니다. 그러나 꿈의 절반을 이뤘다고 생각했지만 너무 월급이 적었습니다. 집세를 못 내서 아들과 함께 집에서 쫓겨났습니다. 할 수 없이 지하철역 공중화장실에서 아들과 함께 문을 잠그고 잤습니다. 끼니는 노숙자 쉼터 음식으로 해결하며 공중화장실 세면대에서 아들을 목욕시키며 지냈습니다.

인생의 절반 가까이가 너무나도 끝이 안 보이는 늪의 연속이었던 셈입니다.

그러나 그는 포기하지 않고 그다음 단계로 나가기 위해, 밤새워 주식 중개사 공부를 했습니다. 드디어 그는 자격증을 따는 것에 성공하며, 좋은 분을 만나 일류 회사에 스카우트됩니다. 그리고 마침내 그는 백만장자가 됐습니다. 그가 보유한 자산은 1억 8천만 달러(약 2천억 원)입니다. 그의 이야기는 〈행복을 찾아서〉라는 영화로도 제작되었습니다.

이분은 내면의 소리를 듣고 강력한 꿈을 갖는 것이 인생 변화의 시작이었습니다. 끊임없이 꿈을 향해 노력해서 성공을 이뤄낸 사례입니다.

d) 영국의 제임스 보엔James Bowen이라는 분의 일화입니다. 그는 어릴 때 부모에게 버려져 홀로 힘겹게 살았습니다. 성인이 되어서도 마약중독자이자 노숙자로 지냈습니다. 인생에서 어떤 희망도 보이지 않았는데 그나마 거리 음악 공연으로 굶주림은 면하는 수준이었습니다.

그러다 우연히 마주친 고양이 때문에 인생이 변합니다. 그 고양이는 배와 다리에 큰 상처를 입고 있었습니다. 동물 병원으로 데려가니 치료비가 28파운드라고 합니다. 하루 벌어 하루를 먹고사는 그는 따로 모은 돈도 없는데, 하루에 기껏 25파운드 정도를 벌었다고 합니다.

쉽게 말해 내일이 불투명한 그가 자기가 지닌 돈을 다 털어야 고양이를 치료할 수 있었던 겁니다. 게다가 자기가 키우던 고양이도 아니고 그냥 길 고양이입니다.

고심 끝에 돈을 몽땅 털어 고양이를 치료합니다. 고양이를 키울 처지가 안 되는 그는 고양이를 거리로 돌려보냅니다. 하지만 고양이는 그를 떠나지 않고 쫓아와 거리 공연에까지 따라다닙니다.

신기한 일은 이때부터 벌어집니다. 거리 공연에서, 사람들은 그의 옆에 있는 고양이 때문에 주목하는 것이었습니다. 점점 고양이 덕택에 버는 돈이 늘어났으며 결국 이 사연이 책으로, 영화로 나오면서 그는 인생 역전을 합니다.

《거리의 고양이 밥A Street Cat Named Bob》(2010)이라는 책이 출간되어 영국 논픽션 부문 1위를 차지, 25만 부가 팔려 베스트셀러로 등극한 것이 그의 이야기입니다. 또한 영화 〈내 어깨 위 고양이, 밥A Street Cat Named Bob〉(2016)도 흥행에 성공했습니다.

이분은 너무나 어려운 삶 가운데에서도 소중한 돈을 베풀었는데 그게 인생 역전의 기회로 돌아왔습니다.

이렇듯 인생 역전의 사례를 찾아보면 끝도 없습니다. 자기 스스로 포기만 하지 않으면 이렇게 기회는 갑자기 올 수도 있습니다.

인생 리셋.

사람을 잘 만나거나, 스스로 변하거나 꿈을 키우거나, 어려운 가운데 베풀거나 이러한 것들이 인생의 전환점이 되었습니다. 당신도 이들이 했던 전환점의 요인을 적용해 인생을 바꿀 수 있습니다.

'부유함은 하늘의 도움이 필요하니 하늘에 요청하라.

이것은 보이지 않는 손길, 즉 마음의 힘을 믿어야 한다.

채널을 바꿔서 잠에 빠질 무렵, 반복해서 원하는 것을 주문하라. 강력하게 믿어라.

이렇게 당신의 무의식에 하나의 프로그램을 형성해야 부자 되는 시스템이 가동된다.'

또한 평소에 늘, 내면의 목소리를 들으려 노력하세요.

그러고도 뭔가 부족하신 것 같다면? 다음에 나오는 비결들을 실천하시길 바랍니다.

사람을 바꿔라

먼저 운에 대해 말씀드리겠습니다.

동양철학에는 운에 대해 연구하는 '명리학命理學'이라는 학문이 있습니다. 여기선 사주팔자라고 해서, 인간이 태어나는 순간부터 어느 정도 정해진 운명을 타고난다고 주장합니다.

과연 진짜일까요?

제가 물리학의 '불확정성의 원리'를 설명하면서 "미래는 정해지지 않았다. 다만 확률이 높은 것이 잘 일어날 뿐이다"라고 말했습니다. 현대 과학에서 미래는 정해지지 않았다는데, '사주'에서 말하는 것처럼 사람에게 정해진 운명 같은 게 있을까요?

상식적으로 봅시다. 당신의 인생은 지금 고정된 조건 안에 있을 겁니다. 어떤 직장, 어떤 직업, 고정된 가정환경 등등 만약 큰 이변 없이 그대로 산다면 미래도 지금과 비슷할 겁니다.

예를 들어 A, B 두 사람이 있습니다.

A는 직장이 있으며, 그대로 다닌다면 월급도 물가도 적당히 오를 겁니다. 그 흐름대로 노후를 맞이한다면 재산이 늘어봐야 큰 부자가 되기는 어려울 겁니다.

B는 노숙자인데 그 흐름대로 산다면 미래도 노숙자 상황에서 크게 달라질 것 없을 겁니다.

A, B 둘 다 상황이 역전되지 않습니다. 이런 고정된 흐름을 '패턴'이라고 부르겠습니다.

당신이 가는 길(패턴)을 알면 도착지가 어디인지(결과)는 미리 알 수 있습니다. 당신이 뉴욕행 비행기를 타고 끝까지 간다면 당연히 도착지는 뉴욕입니다. 오늘내일하는 시한부 목숨을 지닌 암 환자가 오늘부터 유기농 음식과 비타민을 열심히 먹는다고 살아날까요? 만약 몇 년 전, 병이 걸리기 전에 먹었다면 효과를 볼지 모릅니다. 아주 특별한 변수가 생기지 않는 한, 그 흐름에 한해서 이미 미래는 그 범위가 정해진 셈입니다.

이처럼 인생에는 어느 정도 패턴이 존재하며 다른 변수가 없는 한, 패턴의 도착지는 시간이 갈수록 거의 고정됩니다.

미래의 모든 세세한 흐름은 정해져 있지 않지만, 큰 흐름은 패턴처럼 존재합니다.

여기에서 주목할 것은 변수입니다.

변화가 없다면 결과가 빤히 보이는 것 같습니다. 그러나 인생에는 변수가 끼어들어 미래를 알 수 없게 만듭니다. 어떤 사람은 승승장구 성공의 길을 걷다가 갑자기 사고로 반신불수가 되기도 합니다. 반면에 어떤 이는 무시당하며 살다가 먼 친척에게 갑자기 유산을 물려받아 부러움의 대상이 되기도 합니다.

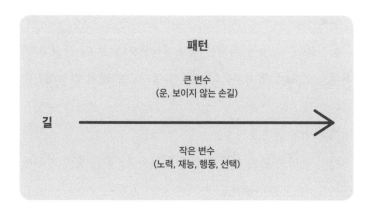

당신이 원하든 원하지 않든, 변수는 모든 사람들의 인생에 늘 이렇게 끼어듭니다.

지금까지 나름대로 만족스럽게 살았다고 안심할 수 없습니다. 만족하게 사는 것은 '상승'이며, 언제든지 다시 '하강'이 오기 마련입니다. 그럭저럭 살아도 더 '하강'이 와서 가난해지거나, '상승'이 와서 부자가 될 수도 있습니다.

만약 당신이 성공하는 삶, 부자가 되는 삶을 살기 위해, 변수를 좋게 조절할 수 있다면 얼마나 좋을까요? 불가능할 것 같지만 방법은 있습니다!

작은 변수는 본인이 통제 가능한 부분들을 말합니다. 그러나 큰 변수만큼 강력한 것이 없습니다. 만약 이 큰 변수를 좋게 한다면 당신은 엄청난 행운을 맞이하게 될 겁니다.

운運.

이것을 좋게 하는 비법은 동양철학에도 있고 각 종교의 비전에도 있으며, 동서고금의 깨달은 현자들도 많이 활용해왔습니다.

그 비법은 뭘까요?

어디 가서 영험한 부적을 얻으면 될까요? 좋은 곳에 기부를 할까요? 종교를 바꿀까요?

지금까지 알려진 동서고금의 비법 중에, 운을 바꾸는 가장 강력한 비법은 '자신을 바꾸는 것'입니다.

자신을 바꾼다? 이게 사실 가장 쉬워 보여도 가장 어려운 겁니다. 흔히 하는 말로 사람은 바뀌기가 제일 어렵다는 얘기가 그냥 나온 것이 아닙니다.

그래서 저는 당신에게 '두 번째로 강력한 비법'을 권해드립니다. 이건 비록 두 번째지만 실천하기가 매우 쉽기 때문입니다. 그 비법은 바로, '주위 사람을 바꾸는 것'입니다.

이 말에 혹시 당신은 '이참에 매일 바가지만 긁는 마누라를 바꿔야 하나?'라는 생각을 순간적으로 떠올릴지도 모릅니다. 주위 사람 중에 가장 가까운 사람은 바로 가족이니까요. 그러나 가족을 바꾸라는 말은 아닙니다. 하지만 극단적인 경우, 가족이라도 서로 조합이 너무 안 맞으면 잠시 떨어져 사는 처방은 운을 바꾸는 이 비법에 속합니다.

자주 만나는 사람을 바꿔라

지금의 친구, 지인들과 헤어지라는 말은 아닙니다. 새로운 변수를 맞이하기 위해, 새로운 사람을 만나는 것이 아주 강력한 비법이기 때문입니다.

물론 새로운 사람이라고 무조건 당신에게 좋은 것은 아닙니다. 새로운 사람이 오히려 더 큰 악운을 선사하기도 하고, 시간만 허비하게도 하니까요.

그럼에도 불구하고 당신은 새로운 사람을 만나는 시도를 해야 합니다. 예전부터 알고 있었지만 자주 만나지 않던 사람이라면, 이 사람도 해당합니다.

기준은 당신이 더 열정적으로나, 기분 좋게 바뀌는 사람이면 좋습니다. 또는 상대를 통해 자극을 받거나, 마음의 평화를 얻는 사람도 좋습니다. 배울 점이나 존경스러운 점이 있는 것도 좋습니다.

그렇지만 당신이 그런 기준으로 선택해서, 그 사람으로 인해 플러스의 운을 받을지 마이너스의 운을 받을지 정확하게 알 수는 없습니다. 패는 까봐야 아는 법이니까요. 그렇다 해도 혹시 미리 알 수 있는 방법은 없을까요?

하늘의 신이 가르쳐주지 않는 이상, 가장 좋은 조언자는 당신의 내면의 소리입니다.

내면의 소리가 '예스'라고 하는 사람을 가까이 두세요. 점차 운에 좋은 변화가 생기게 됩니다. 이 선택은 어떤 원리인지 궁금하실 겁니다. 왜 동양철학이나 동서고금의 현자들이 이 방법을 권했을까요? 물론 과학적으로 합당한 근거가 있습니다.

앞에서 말했던 유유상종의 교감 법칙, 파장은 같은 진동수끼리 공명한다는 법칙이 여기에도 적용됩니다.

그런데 사람은 하나의 파장만 발산하지 않습니다. 사람마다 다양한 특성, 가치관, 성격을 지니며 그에 맞춰 다양한 스펙트럼의 갖가지 파장을 발산합니다.

가령 A라는 사람에게 특성 1, 2, 3, 4의 파장이 있다고 칩시다. 그가 2021년에 B라는 사람을 만나니, 특성 2번 파장이 서로 맞아서 크게 공명을 일으켜 더 강해졌다고 칩시다. 특성 2가 하필 술을 즐기는 특성입니다. 두 사람은 술을 즐기는 것에 빠지고 점점 그런 자리를 만듭니다. 결국 A는 술을 즐기다 간에 큰 병을 얻어서 일찍 죽는 운명의 길로 바뀌게 되었습니다.

만약 A가 2021년에 B가 아닌 C라는 사람을 주로 만나게 된다면 또 달라집니다. 두 사람은 1번 특성의 파장이 잘 맞으며, 1번은 골프를 좋아하는 특성입니다. 두 사람은 시간만 나면 골

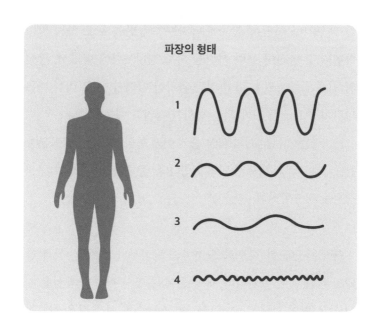

파장의 형태

1

2

3

4

프를 즐기러 같이 돌아다니게 됩니다. 돈은 좀 들지만 몸은 건강해지고 또한 사업의 새로운 파트너가 되는 사람들을 만나서 더 성공하는 운명의 길로 들어서게 됩니다.

만약 A가 2020년에 D라는 사람을 주로 만나는 경우. 그들은 3번 파장이 잘 맞으며, 3번은 바람둥이 기질입니다. 이 둘은 만날 때마다 바람피우는 걸 자랑으로 나누다가, 결국 각자의 가정에 풍파가 생기는 운명으로 들어섭니다.

옛말에 친구를 잘 사귀라는 말이 있습니다. 단지 친구에게 뭘 배우거나 어떤 관심사에 빠지는 현상만을 두고 하는 말이 아닙니다. 당신이 어떤 사람을 자주 만나느냐에 따라서, 당신의 인생에 주도권을 쥐고 있던 파장이 약해지며, 그 대신 다른 파장이 주도권을 쥐게 되는 변화가 생기기 때문입니다.

운이라는 것은 당신의 파장 중에 어떤 특성의 파장이 주도권을 쥐느냐에 따라서 바뀌게 되어 있습니다. 물론 전체 파장의 구성 상황도 중요합니다.

특성은 단순히 겉으로 드러나는 관심사나 가치관, 성격 등만 말하는 것이 아닙니다. 예를 들어 '술을 좋아하는 특성을 지닌 두 사람이 만나서 술에 빠진다'는 단순한 덧셈 같은 결과는 겉으로 드러나는 극히 일부분일 뿐입니다. 그러니 그냥 겉보기 취향으로 당신과 맞는 사람을 고른다고 해도, 그 결과는 당신이 예상 가능한 것이 아닙니다.

파랑과 노랑이 만나서 초록이 되듯이 파장의 특성은 섞여서 변화를 일으키기 때문입니다.

가령 A와 C 둘 다 횡재수(뜻밖에 재물을 얻는 좋은 운수)는 없습니다. 그러나 A는 C를 만나게 되면서, 없던 횡재수가 갑자기 생겨 로또에 당첨됩니다. 대신 C는 A가 아무 생각 없이 툭 뱉은 한마디에 좋은 아이디어가 떠오릅니다. 그걸로 대박을 내는 '사업의 대운'이 탄생합니다.

이것처럼 파장이 섞여서 새로운 파장을 얻게 되는 의외의 결과가 생깁니다. 이 두 사람은 소위 동양철학에서 말하는 '합'이 잘 맞는 관계입니다. 합은 동양철학에서, 남녀로 치면 '궁합'이 잘 맞는 관계를 말합니다.

이런 파장이 잘 맞는 관계는 각자의 파장이 서로 보완하거나 좋은 주도권을 서로 강화시켜줘서, 자기 안에 잠들어 있던 좋은 특성이 깨어나곤 합니다. 이러면 운이 크게 바뀝니다.

그러니 '저 사람은 학벌이 좋으니까', '배경이 좋으니까', '돈이 많으니까', '인기가 많으니까', 이렇게 단순한 덧셈 기준으로 친해져야겠다는 것은 어리석을 수 있습니다. 그러니 자기 내면의 소리에 귀를 기울여 신중히 선택하는 것이 좋습니다.

어떤 때는 자주 만나는 사이도 아니고, 일생에 딱 한순간 스쳐 지나가는 사람이 이런 파장의 합이 맞는 역할을 하는 놀라운 경우도 있습니다.

2015년에 있었던 미국의 '도널드 굴드Donald Gould'라는 노숙자의 사례입니다. 그는 길거리에 있는 피아노를 치다가 그것을 본 시민 덕분에 인생 역전을 하게 됩니다. 우연히 지나던 시민이 아름다운 피아노 연주에 놀라 동영상을 유튜브에 올렸습니다. 이것이 엄청난 조회수를 올리며 각계각층에서 굴드에게 지원과 격려가 쏟아졌기 때문입니다.

도널드 굴드는 세 살 때부터 음악 공부를 시작해서 대학까지 음악을 전공했습니다. 그러나 졸업을 앞두고 집안이 어려워져 모든 걸 멈췄습니다. 생계를 위해 돈을 벌려고 다녔지만 뜻대로 되지 않아 마약중독까지 되었습니다. 아내는 자살하고 3살 된 아들은 사회복지 기관으로 보내집니다. 얼마나 비참합니까? 그길로 노숙자가 되고 만 굴드는 노숙자로 7년을 살았습니다. 그런데 우연히 지나던 시민 덕분에, 단 하루 만에 인생의 전환점을 맞은 겁니다.

지난번에 말씀드린 사례 중에 뉴질랜드 노숙자, '콜건'에게는 금전 관리 상담사가 이런 합이 맞는 사람이 되었습니다. 금전 상담사가 직접 큰돈을 준 건 아니지만, 그녀가 아는 지식과 열정이 그에게 큰 변화의 실마리를 준 겁니다.

크리스 가드너Chris Gardner에게 주식 중개사의 꿈을 심어준 사람은 고급 스포츠카의 소유주였는데 그 사람은 정말로 단 한 번 스쳐 지나갔을 뿐입니다.

영국의 '제임스'에게는 사회복지사가 전환점이 되었습니다. 그녀는 잠시 쉴 수 있는 거주 공간을 줬는데, 그곳에서 제임스는 소중한 고양이 '밥'을 만났습니다. 사실 제임스에게 제일 중요한 전환점은 고양이 '밥'입니다. 제임스의 운명을 가른 건 겨우 고양이 한 마리였던 겁니다.

그러니 '새로운 사람을 자주 만나라'는 것은 사람이 아니라, 동물일 경우도 있습니다.

이렇듯 인생에서 지속적으로 만나든 잠시 스치든, 어떤 사람의 인생을 바꿔주는 인연들이 있습니다. 그러니 당신도 인생의 큰 변화를 원하면 그런 인연을 간절히 원하고, 진짜로 나타났을 때 놓치지 않고 알아볼 수 있도록 늘 마음을 기울이세요.

관심사를 바꿔라

처음에 말하길, 운을 바꾸는 가장 강력한 비법은 '자신을 바꾸는 것'이라고 했습니다. 이번에는 자신의 일부라도 바꾸는 비법에 도전해 보겠습니다.

그런데 자신을 바꾼다면 대체 뭘 바꾸라는 것일까요? 당신은 성형으로 얼굴을 바꾸거나, 운동으로 몸매를 바꾸는 것을 떠올릴지도 모릅니다. 물론입니다. 당신의 육체를 바꾸는 것도 자신을 바꾸는 것에 속합니다. 얼굴을 성형해서 인생이 바뀌는 경우는 정말 많습니다. 군이 관상학을 거론하지 않아도, 얼굴을 크게 고쳐서 인상이 바뀐 사람이 대인 관계에도 자신감을 갖고 주위에 인기가 높아져서 인맥도 달라지고 하는 일은 당신도 익히 들었을 겁니다.

그러나 단지 외모 이미지의 호감 정도를 말하는 게 아니라, 얼굴로 그 사람의 운명까지 판단하는 동양의 관상학이 완전히 허구만은 아닙니다. 예를 들어 얼굴에 좋지 않은 자리에 난 큰 점을 빼는 것도 그 사람의 인상만 바꾸는 것이 아니라 얼굴에서 풍기는 기운의 파장도 바꿉니다. 그 약간의 차이가 그 사람의 인생의 운에 영향을 미친다고 합니다. 그러니 외모를 고치는 것을 비난할 일만은 아닙니다. 하지만 그렇다고 해서 외모에만 매달리는 것도 결코 현명하지 못합니다. 왜냐하면 '외모' 이면에 자리 잡은 '마음의 파장'이 훨씬 더 강력하게 당신의 운을 지배하기 때문입니다. 그래서 관상학에서도 얼굴의 생김새를 보는 '관상'보다 마음의 생김새를 보는 '심상'이 훨씬 더 중요하다고 말합니다. 사실 관상학에서는 '관상觀相'보다는 '골상骨相', 골상보다는 '심상心相'이라고 합니다.

'골상'은 당신의 체격과 행동이나 걸음걸이에서 풍기는 기운을 말하는 것입니다. 전통 관상에서는 골격과 몸 기운을 살피는데, 현대적으로 보면 다이어트를 해서 군살을 빼고, 근육을 단련해서 몸의 라인line을 바꾸는 것이 운에 크게 작용합니다. 또한 자세 교정으로 척추의 균형을 잡는 것도 중요합니다. 건강한 라인, 균형 잡힌 라인이, 훨씬 좋은 운을 불러들입니다.

그런데 몸의 라인이 운과 무슨 상관이 있을까 의문이 들 수도 있습니다. 모든 물질은 라인의 구조에 따라 에너지가 달라집니다. 예를 들어 이집트의 피라미드는 특이한 삼각 피라미드 구조로 중심점에 있는 시체나 음식이 부패하는 속도가 아주 현저히 느려진다고 합니다. 만약 피라미드를 현대의 사각 빌딩 형태로 만들었다면 그런 특수한 파장이 나오질 않았을 겁니다. 마찬가지로 사람의 체형이나 몸에 품은 기운이 달라지면 파장도 달라지고, 곧 운도 달라지게 됩니다.

어쨌든 골상이 관상보다 운을 바꾸는 것에 더 강력하게 작용을 하는데, 그 골상도 심상을 따라가지는 못 한다고 합니다. 얼굴을 고치는 것보다 체형의 라인을 바꾸는 게 훨씬 더 좋고, 그보다 마음을 바꾸는 게 더 좋은 겁니다.

그러니 운을 바꾸는, 최고로 중요한 핵심은 '당신의 마음을 바꾸는 것'입니다. 당신이 마음먹기에 따라, 주도권을 쥔 파장이 바뀌기 때문입니다. 불교에서 말하는 '일체유심조一切唯心造'라는 것이 운에서도 똑같이 적용됩니다. '일체유심조'는 '모든 것은 오로지 마음이 지어내는 것'이라는 뜻입니다. 당신의 운은 모든 것이 '당신의 마음에서 비롯되는 것'이며, 마음이 운에서 비중을 가장 많이 차지합니다.

이렇게 마음을 바꾸자고 목표를 정하고 자신을 관찰하면,

바꿀 게 너무 많아 보이기도 합니다. 하루 종일 당신이 생각하는 것만 해도 얼마나 많습니까? 그중에 대체 뭘 바꿔야 할까요? 평소 당신이 하루에 생각하는 총합만 해도 얼마나 잡다하게 많습니까? 게다가 가치관, 성격, 취미, 무의식에 자리 잡은 본능 등 이런 기본적인 영역까지 다 따지면 이루 말할 수 없이 방대해집니다. 그중에서 뭘 중점적으로 바꿔야 할지 도무지 감이 잡히지 않을 겁니다.

그래서 제가 제일 쉽고 효과적인 목표를 말씀드리겠습니다. 당신의 관심사를 바꾸는 겁니다.

간단히 생각해봅시다. 당신의 관심사가 바뀌면 새 제품을 사기도 하고 새 모임에 가기도 합니다. 예를 들어 와인에 대한 관심이 생겨서 와인 모임에 갔다가 사업 파트너를 만나기도 하며 평생의 반려자를 만나기도 합니다. 이처럼 당신이 다니는 행선지와 만나는 사람이 바뀌는데 어찌 인생에 큰 영향을 미치지 않겠습니까? 예를 들어 평소에 다니던 A라는 목적지를 갔으면 사고가 났을 사람이, 관심이 바뀌어 B라는 목적지를 가는 바람에 오히려 행운이 생기는 경우도 있습니다. 이처럼 관심사가 당신 인생의 경로를 다르게 만듭니다.

또한 관심사가 바뀌면 당신이 평소에 보지 않았던 것을 보게 만듭니다. 그렇게 인터넷에서 잠깐 본 글, 기사 몇 줄이 당신의 인생을 완전히 바꿀 수도 있습니다. 예를 들어 우연히 본 인터넷 글 한 문장이, 며칠 뒤에 직장 면접에서 아주 좋은 답변을 만들어낼 수도 있습니다.

그러나 이게 그 힘의 전부가 아닙니다.

이쯤에서 우주의 법칙을 말씀드리겠습니다.

당신은 어릴 적 기억을 얼마나 갖고 계십니까? 사람에 따라서 다르지만 어떤 사람은 서너 살 때의 기억을 무려 여든 살 넘어서도 갖고 있다 합니다. 반면에 어떤 이는 초등학교 이전의 시기는 아예 기억나지 않는다고 합니다.

그러나 최면을 걸어보면, 당신이 기억나지 않는 것을 떠올리는 경우도 비일비재합니다. 사실 당신의 뇌세포에는 당신이 알지 못하는 엄청난 양의 정보가 평생 누적되고 있기 때문입니다.

무의식은 그 정보를 다 알고 있습니다. 당신 뇌세포에 정보가 있는데 무의식조차 모른다고 하면 뇌에 정보가 있다고 어떻게 말하겠습니까?

이처럼 무의식에는 다양한 기억과 한순간의 생각조차 지워지지 않고 평생 동안 흔적을 남깁니다. 그리고 그 흔적들은 특유의 미세한 파장을 끊임없이 외부로 분출합니다. 결코 지워지지 않는 당신의 우주적 기록을 어떤 종교에서는 '아카식 레코드'라고 부르기도 합니다.

이런 흔적이 죽어서도 보존되고 그에 따른 대가를 꼭 받는다는 것을 불교에서는 '업'이라고 부르고 기독교에서는 '하나님의 심판'이라고 부릅니다. 당신이 했던 모든 행동과 생각들이 죽어서도 보존되고 또 영향력을 갖고 간다는 것이 종교가 가진 공통적인 생각입니다.

서로 다른 종교들이 거의 공통적인 의견을 지니는 것은 반드시 이유가 있겠죠? 동서고금의 명상을 오래한 현자들도 역시 똑같은 주장을 합니다. 정신의 영역에서 기억들은 사멸되지 않고 남아서 끊임없이 파장을 낸다고 합니다.

그래서 인터넷에서 잠깐 본 글, 기사 몇 줄이 당신의 인생을 바꿀 수도 있다고 했습니다.

당신이 생각하고 보는 것들을 바꾸는 것만으로도 그것은 충분히 운을 바꾸는 효과를 발휘합니다.

우선 단순한 방법으로, 좋은 상상을 많아지게 하는 방법이 있습니다. 예를 들어, 당신이 매일 나쁜 뉴스와 글을 더 많이 보고 상상하는 것은 실제로 당신이 나쁜 일을 겪지 않아도 당신의 운을 마이너스의 기운으로 채울 수도 있습니다. 그래서 임신했을 때 태교를 위해 좋은 생각, 좋은 행동, 좋은 주변 환경을 만들라는 것은, 미신이 아니라 타당한 이유가 있습니다.

그렇다면 나쁜 것이 주로 이슈가 되는 뉴스를 당신은 외면해야 할까요? 운을 바꾸기 위해 뉴스를 외면하게 되면 사회 물정에 어두운 사람이 됩니다. 그러니 그건 아닙니다. 다만 자극적인 뉴스를 본 것만큼, 당신이 좋아하는 유머, 취미 글들도 찾아봐서 즐거운 상상으로 뉴스의 안 좋은 기분을 덮어버리라는 겁니다.

이런 식으로 관심사를 좋고 나쁜 것으로 양분해서, 좋은 느낌의 글을 더 보는 것도 운을 좋게 만드는 방법 중에 하나이기도 합니다. 그러나 진짜로 더 좋은 비법은 따로 있습니다.

세상의 관심사 중에 '평소에 자신이 접하지 않았던 분야에 관심을 가져보라는 겁니다.

색깔로 치면 흰색(플러스 에너지)을 더 보고 검은색(마이너스 에너지)을 줄이라는 것이 아니라, 새롭게 노랑도 보고 파랑도 보라는 것입니다.

평소에 늘 보던 관심사에서 긍정적인 것을 조금 더 본다 해도 관심사는 그대로일 겁니다. 이렇게 해서는 자신이 별로 바뀌지 않습니다.

가령 살인 사건 같은 눈살 찌푸려지는 뉴스를 보고 나서 고양이의 따뜻한 동물 관련 콘텐츠를 보던 당신이라면, 이번엔 운을 바꾸기 위해 평소에 보지 않았던 분야인 과학 뉴스, 건강 뉴스를 찾아보라는 겁니다.

단순히 다른 특성의 정보가 뇌에 쌓이고 끝나는 게 아니라 당신 의식의 파장 영역대가 바뀌어갑니다. 그렇게 당신 운의 리듬이 새롭게 변화하기 시작합니다.

이런 시도와 비슷한 방법으로 새로운 분야의 책을 읽는 것이 있습니다.

성공한 사람들이 지닌 공통적인 습관이 책을 엄청 많이 읽는 것이라는 사실은 우연히 나온 것이 아닙니다.

중국 고사성어에 '남아필독오거서男兒必讀五車書'라는 말이 있습니다. 남자가 세상에 나와 출세를 하려면 필수 조건으로 다섯 수레 정도의 책을 읽어야 한다는 겁니다.

당신이 평생 보지도 않았던 분야의 책을 읽고, 정보를 검색해보세요. 어쩌면 그 책은 당신과는 다른 영역에 선 사람들에게는 늘 관심이 가는 분야일지도 모릅니다. 그 말은 당신이 다양한 인간을 이해하는 좋은 기회가 된다는 말입니다.

이렇게 해서, 어떤 사람은 바둑 책에서 평생의 깨달음을 얻었다고 하고, 어떤 사람은 소설 삼국지에서 인생의 전환점을 찾았다고도 합니다.

관심사를 바꾸는 시도가 당신의 파장을 바꾸면 결정적인 새

기회를 만들기도 합니다.

한국의 어느 가난한 부부의 실화를 예로 들어보겠습니다. 가난한 분들은 삶의 여유가 없다 보니 오직 돈 벌 궁리만 하게 됩니다. 여유 있는 사람들이나 헬스장에서 개인 트레이닝을 받는 실정입니다. 이 부부는 가난해서 이런 여유가 없음에도 불구하고, 오히려 발상을 전환해서 '가난한 입장에서는 어떻게 몸을 가꿀까'라는 것에 관심을 가졌습니다. 그렇게 시작한 홈 트레이닝 과정을 블로그와 유튜브로 올렸는데, 그것이 그들의 인생 역전의 토대가 되었습니다.

러시아 노숙자의 실화입니다. 63세나 된 러시아 노숙자는 주식하고는 평생 거리가 먼 사람이었습니다. '레오니드 코노발로프Leonid Konovalov'라는 이 남성은 시베리아 동부 공업 도시 케메로보 출신의 엔지니어였습니다. 일찍이 실직하고 20년이나 구걸로 간신히 연명했습니다.

그랬던 그가 우연히 주식에 관심을 가지게 되었습니다. 돈이 없는 노숙자에게는 주식은 전혀 도움이 안 되는 관심사에 불과했습니다. 게다가 주식 거래를 할 돈조차 없었습니다. 그는 주식을 하고픈 충동이 들었고, 궁리 끝에 길에 버려진 빈 병을 모아 팔기로 작정했습니다. 하루에 2천여 개씩이나 되는 빈 술병들을 모아 팔아서, 그 돈으로 주식 거래를 했습니다. 의

외로 그는 주식에 숨은 재능이 있었습니다. 결국 그가 빈병을 판 푼돈이 엄청 불어나 큰 부자가 되었습니다. 그는 해외 화제 뉴스에까지 나오게 됐습니다.

생활 습관을 바꿔라

자기 자신을 바꾸는 것에서 또 한 가지 중요한 축은 생활 습관입니다. 사실 자기 자신을 바꾼다 해도 자신의 모든 걸 새롭게 바꿀 수는 없습니다. 그러나 어떤 사람이 관심사를 포함해 생각하는 바가 바뀌고 습관까지 바꾼다면, 주변에서 그에게 사람이 달라졌다고 말할 겁니다.

자신을 바꿔 운을 바꾸는 비법의 두 가지 축이 생각을 바꾸는 것과 습관을 바꾸는 것입니다.

습관을 바꾸는 문제는 운을 바꾸는 도전에 있어서 가장 거대한 장벽이기도 합니다. 습관이라는 단어 자체가 오랜 시간 동안 스스로를 길들였다는 말이지 않습니까? 당연히 단시간에 바뀌지 않는 항목이 많습니다.

그렇다면 그 많은 습관 중에 무엇을 바꿔야 당신이 부자가 되고, 성공하는 인생으로 살 수 있을까요? 게임을 끊는 것? 매일 운동하는 습관 만들기? 저축하는 습관 만들기?

아마도 막막하실 겁니다. 그러나 제가 근본 원칙을 말씀드리고 나면, 듣고 나니 너무 당연하다 여기실 겁니다. 이처럼 진리는 우리 현실에 뚜렷하게 드러나 있기 때문에, 듣고 보면 당연하게 여깁니다. 그러나 그 당연한 것의 미묘한 차이점을 알고 적용하느냐, 그렇지 않으냐가 성공의 갈림길을 만듭니다.

당신의 생활 습관에서 성공과 부와 제일 밀접한 항목은 바로 시간과 돈입니다.

시간을 낭비하는 사람은, 하늘이 매우 싫어합니다. 그래서 시간 낭비하는 사람에게는 들어올 행운도 나가게 되어 있습니다.

또한 돈을 낭비하는 사람에게는 하늘이 될 수 있는 한 큰 재물을 주지 않으려 합니다. (돈을 낭비하지 않는다는 것이 남에게 인색하게 구는 걸 말하지는 않습니다.)

시간과 돈을 잘 관리해야 성공한다는 것은 누구나 알고 있지만, 보이지 않는 손길도 특별히 더 도와준다는 사실은 아마 모르는 분도 많을 겁니다.

그렇다면 시간, 돈, 이 둘 중 부자 되는 운에 더 중요한 것이 있다면 뭘까요? 얼핏 돈이라 생각하기 쉬우나, 정답은 시간입니다.

시간 습관

당신의 인생에서 시간이 최고로 소중한 자산입니다.

이 책 서두에서 당신이 인간으로 태어나기 위해서 얼마나 어려운 확률을 뚫었는지, 그 행운을 말씀드렸습니다. 그리 어렵게 하늘의 축복을 받아 인생을 얻었는데 대부분의 시간을 낭비하고 있다면, 그 시간을 부여한 하늘의 입장에서는 어떠할까요? 모진 고난을 줘서라도 당신을 각성시키려고 할 겁니다.

어떤 사람 A는 부유한 집안에서 태어난 덕택에 서른이 넘어서도 빈둥거리며 삽니다. 직업을 가질 생각도 않고 매일 게임하고 술 마시고 살아도 언제나 부모님에게서 생활비가 풍족하게 나옵니다. 이 사람은 원래 사회에 크게 기여할 재능을 타고났지만, 관심도 없습니다. 이제 하늘은 어떻게 할까요?

하늘은 그의 부모님의 사업을 망하게 만들어 알거지로 만듭니다. 그제야 아들 A는 허둥지둥 뭐라도 하려고 난리를 칩니다. 이 비유는 실제 현실에서도 종종 벌어지는 현상입니다. 하늘은 사람을 각성시키기 위해서 시련과 고난을 준다고 합니다.

동양의 현자, 장자는 이런 말을 했습니다.

"생비여유, 시천지지위화야生非汝有, 是天地之委和也(당신의 삶은 당신의 소유가 아닙니다, 그것은 하늘과 땅이 부여한 화합물일 뿐입니다)."

지금 한 번 당신을 되돌아보세요. 그동안 얼마나 시간을 낭비하고 살아왔는지. 당신이 시간의 중요성을 알고, 시간을 헛되이 보내지 않는 습관으로 바꾸면 하늘은 당신을 돕는 방향으로 선회합니다. 운도 당연히 그렇게 변화해갑니다.

시간을 낭비하면 성공하기 힘든 건 초등학생도 알지만, 제가 말하려는 이야기의 요점이 아닙니다.

가치 있는 일에 사용하라 — 돈 쓰기의 기준

돈을 아끼라는 말이 단돈 1천 원도 무조건 절약하라는 말이 아닙니다. 가치가 있는 일이라면 1천만 원도 기꺼이 써야 하며, 가치가 없다면 단돈 10원도 아끼라는 말입니다.

즉, 기준은 얼마나 가치 있느냐 하는 겁니다.

아까 A의 부모님 입장에서는 자식을 위한 일이니, 무조건 용돈을 풍족하게 주는 것이 최고로 가치 있다고 여겼을지도 모릅니다. 그러나 더 큰 관점으로 보면 그것이 자식의 인생을 고인 물처럼 정체시킨다는 점을 간과했습니다. 팔이 안으로 굽는다 해서 자식을 무작정 귀하게 여기는 것만이 최고의 가치가 아닙니다.

그 결과로 A의 부모에게 사업이 망하는 불운이 닥치듯, 오히려 자신에게 화가 되어 돌아올 수 있습니다. 다시 말해 내가 선의로 하는 행동이 오히려 상대의 인생을 망치는 결과로 작용하기 때문에, 반대급부로 자신에게도 해가 되어 돌아오는 힘을 받을 수 있습니다.

그래서 사회적으로 성공한 재벌 중에는 자녀에게 어릴 때부터 경제관념과 교육을 매우 엄격하게 주입하는 경우가 많습니다. 부자라고 무작정 자녀에게 오냐오냐 잘해주다가 자녀가 안하무인으로 자라게 되면 결국 부모의 사업까지 망치게 되는 악영향으로 작용하기 때문입니다. 요즘 '갑질'을 하다가 사회에서 지탄을 받는 재벌 자녀의 사례를 많이 들어보셨을 겁니다. 이런 이유로 어떤 부자는 재력이 넘치는데도 자녀를 어릴 때부터 아르바이트로 용돈을 직접 벌게 만들며 스스로 돈과 시간의 존귀함을 깨우치게 합니다.

아마 당신에게 가치의 기준은 '내가 얼마나 소중히 여기나'일 수 있습니다. 그러나 인생을 좀 더 크게 보면 그 소중함의 기준이 잘못되었을 수도 있습니다. 당신이 지금 게임에서 좋은 아이템을 하나 얻기 위해서 고군분투하는 시간과 돈이, 세월이 지나고 나면 참으로 덧없는 노력을 했었다고 여길지도 모릅니다.

그러니 매사에 좀 더 당신에게 가치 있는 행동을 하도록 노력해보세요. 게임이 가치가 없다는 것이 아닙니다. 당신이 게임을 통해 얻는 기쁨과 만족감이 적절하다면 당신에게 좋은 파장이 될 수 있습니다. 다만 지나치지 않게 적절한 균형을 잡는 것은 당신의 몫입니다.

시간 쓰기의 기준

마찬가지로 시간을 사용하는 가치도 다시 생각해야 합니다.

가장 흔한 잘못된 유형은 돈 몇 푼과 시간을 교환하는 겁니다.

당신은 휴식할 때, 무슨 일을 하십니까? 대다수 사람들은 쇼핑하다 보면 몇 시간이 훌쩍 지난다고 말합니다. 요즘은 오프라인 쇼핑보다 온라인 쇼핑이 부쩍 늘어나는 추세라고 합니다.

당신이 쇼핑할 때 취향의 적합 여부나 상품의 품질을 고르는 데 시간을 사용하는 것은 괜찮습니다. 그러나 많은 이가 한 푼이라도 더 싸게 사려고 A사 온라인 마켓, B사 온라인 마켓, C사, D사…… 등등을 헤매다 보면 비슷한 상품을 고르는 데 너무 많은 시간을 할애하게 됩니다. 예를 들어 이쪽에서는 회원 포인트를 쓸 수 있고, 저쪽에는 할인 쿠폰이 있고, 또 다른 쪽에는 배송비가 무료, 다른 쪽에는 원래 가격 자체가 조금 더 낮게 올라왔고……. 이런저런 조건을 따지고 상품평까지 읽다 보면 대체 어느 것이 더 저렴한 건지 헷갈리기조차 합니다.

그러나 이제부터는 멈추십시오. 만약 단돈 몇천 원을 절약하기 위해 만약 당신이 몇 시간을 허비한다면 그것은 결코 아끼는 것이 아닙니다. 시간이 당신의 인생에서 가장 귀한 자원이기 때문입니다.

당신이 쇼핑할 때 바가지 쓰는 것만 면한다면, 약간의 금액 차이는 상인에게 베푼다고 생각하십시오. 상대에게 베풀고, 당신이 시간을 절약하고 돈을 조금 더 쓰는 것은 결코 돈 낭비가 아닙니다.

현명한 사람이라면 온라인 쇼핑몰 한두 페이지에서 구매 결정을 하고, 남는 시간으로 다른 것을 하는 자유를 누리기 바랍니다. 그 남는 시간에 책을 읽고 운동을 하고 명상을 한다면 훗날 훨씬 귀한 재산의 보답으로 돌아올 것입니다.

일주일에 몇 시간에 불과하더라도 그게 반복되어 1년, 10년 누적되면 결코 당신이 거금으로도 살 수 없는 긴 시간이 됩니다. 누군가에게는 오늘 하루를 더 살고픈 것이 최대의 소원이라는 것을 꼭 기억해주시길 바랍니다.

진정한 시간 낭비는 또 다른 의미다
비효율적으로 생활하지 말자

이번엔 가치를 떠나서 본질적인 문제로 들어가겠습니다. 당신은 시간 낭비라는 개념 자체부터 다시 생각해야 합니다. 시간 낭비를 '노는 것', '해야 할 일을 안 하고, 의미 없는 일을 하거나 아무것도 안 하는 것'이라고 생각한다면, 이걸 고치는 게, 성공의 필수 공식일까요?

아닙니다. 당신이 성공하거나 부자가 되기 위해서 반드시, 적게 놀고, 더 열심히 일할 필요는 없습니다. 확률적으로 조금 더 유리할 뿐, 더 일하는 것이 성공을 보장하지 않습니다. 자연의 법칙만 잘 알면, 당신이 지금보다 더 많이 놀고도 훨씬 성공할 수 있습니다.

오히려 쉬지 않고 일만 하는 것이 성공으로부터 멀어지게 할 수 있습니다. 왜냐하면 당신 내면의 일부분은 쉬고, 놀기를 끊임없이 원하기 때문입니다. 이걸 싹 무시하고 밀어붙인다면 당신 내면의 일부분은 어느 순간부터 방해 파장을 내기 시작합니다. 당신의 일이 잘 안 되어야 쉴 수 있다고 판단하기 때문입니다.

당신이 직장을 잃어야 쉬고, 당신 식당에 손님이 없으면 쉬기 때문에, 무의식은 그 안 좋은 목표를 달성하려고 합니다. 그렇다면 내면의 그 부분은 당신을 파괴하는 악일까요? 아닙니다. 무의식은 단순해서 당신이 마음속으로 잠시 생각했던 '쉬고 싶은 욕구', '놀고 싶은 욕구'를 명령으로 인식해서 달성하려 할 뿐입니다.

결국 모든 지금의 상황은 당신의 생각으로부터 나왔습니다. 인생은 당신 자신을 알아가는 과정입니다. 성공해서 잘 살고 싶은 마음이 당신을 한쪽 방향으로 몰면, 이번엔 당신이 놀고 싶은 마음이 당신의 일을 방해하는 파장을 냅니다.

슬기로워지려면 마음의 본질을 이해하고 조절해야 합니다.

여기에서 진정한 시간 낭비 개념이 등장합니다.

당신이 노는 게 시간 낭비가 아니라, 오히려 뭔가를 대충하는 것이 진정한 시간 낭비입니다. 당신이 무심코 해오던 방식이 실제로는 시간이 줄줄 새는 방식일 수 있습니다.

무난하게 책을 읽고, 무난하게 서류를 보고, 이렇게 하면 당신은 평범하게 살게 됩니다. 평범한 삶의 습관이 당신의 인생도 평범하게 만드는 겁니다. 특별한 인생을 살려면 당신의 습관도 보다 특별해야 합니다. 남보다 더 많이 일하는 것은 그리 특별한 것이 아닙니다.

뭔가를 할 때, 정신 에너지를 쏟아서 남다르게 하십시오.

정말로 인생이 남달라지는 법칙

슈퍼컴퓨터를 아십니까? 슈퍼컴퓨터는 우주의 생성 비밀을 분석하거나 희귀한 신약 개발을 하기도 하고 복잡한 유전자를 분석하는 데 쓰이기도 하는 엄청난 성능을 가진 컴퓨터를 말합니다. 만약 당신이 세상에서 드문 슈퍼컴퓨터를 가지고 있다면? 그러나 당신은 그런 슈퍼컴퓨터를 가지고 고작 한다는 것이, 매일 인터넷 뉴스를 보고 온라인 쇼핑만 한다면 얼마나 낭비겠습니까?

사실 당신의 뇌는 슈퍼컴퓨터로 비유할 만큼 엄청난 성능을 보유하고 있습니다.

아직까지도 컴퓨터는 사람의 뇌를 모방하는 것이 최대의 목표입니다. 당신이 알고 있는 '인공지능'이 바로 그것입니다.

과학이 눈부시게 발달해서 얼마 전에는 인공지능이 바둑에서 인간을 이기면서 컴퓨터가 인간을 따라잡았다고 했습니다. 그러나 아직 이런 인공지능은 초기 수준에 불과할 정도로 인간의 뇌는 신비한 대상입니다.

인공지능AI은 크게 '약한 인공지능'과 '강한 인공지능', 이렇게 둘로 나뉩니다. 약한 인공지능은 정해진 영역 내에서 해답을 얻는 기술입니다. 예를 들어 바둑판 안에서 어떤 수를 써야 이기는가에 대한 해답도 이런 영역입니다. 당신이 질문을 하면 검색을 해서 결과를 보여주는 것도 이런 영역입니다.

반면에 강한 인공지능은 마치 사람이 당신을 도와주듯이, 스스로 판단해서 결과를 줍니다. 미래의 로봇이 스스로 판단해서 사람 흉내를 낼 것이라고 여기는 것은 이런 강한 인공지능의 효과입니다. 아직 현재의 과학 기술로는 이런 수준으로 당신의 뇌를 모방할 수 없습니다. 현존하는 기술 수준은 거머리 같은 하등한 곤충의 뇌 수준이라고 합니다.

최고의 기술로도 '인공지능'이 따라잡지 못하는 '지능'을 갖춘 것이 바로 당신의 뇌입니다. 그러나 당신의 뇌가 가진 진정한 위력은 지능이 아닙니다.

당신 뇌의 가장 놀라운 능력은 창조력입니다. 뇌가 창조력을 지녔다? 이게 무슨 말일까요? 여기에서 말하는 것은 우리 뇌가 창조적인 상상을 할 수 있다는 뜻이 아닙니다.

당산의 뇌는 실제로 '미래를 창조하는 힘'을 지닌다는 뜻입니다.

예를 들어 성경에는 태초에 하나님이 빛이 있으라 하니 빛이 생겼다고 했습니다. 이를 현대인들이 곧이곧대로 믿지는 않겠지만, 그 구절은 '생각'이나 '말'이 물질을 창조했다고 비유한 내용입니다.

운을 바꾸기 위해서 알아야 할 우주의 핵심 법칙은 생각이 물질에 영향을 끼치는 것입니다.

책 앞에서 '생각은 파장을 일으키며 같은 파장끼리는 교감의 법칙이 일어난다'고 했습니다. 이 법칙을 정신은 정신끼리 교감한다고 받아들일 수 있습니다. 당신의 생각 파장이 전파처럼 멀리 퍼져나가면 타인의 정신이 받아서 교감한다고 이해하는 것이죠. 또는 우주의 파장인 보이지 않는 손길이 받아서 교감

한다고 여길 수 있습니다. 이것도 맞지만, 전부는 아닙니다.

정신뿐만 아니라 물질도 교감하기 때문입니다. 물질 역시 그것을 쪼개어나가면 파동 덩어리에 불과합니다. 그러니 우리 생각의 파장이 정신끼리만 교감하는 것이 아니라, 물질에도 파장의 흔적을 남기고 영향을 미칩니다.

만약 당신이 당신 차를 몰다가 한 번 안 좋은 일을 겪고선, '왠지 이 차는 재수가 없는 것 같다'는 생각을 하게 되면 그때부터 진짜로 그런 파장이 당신 차에 남습니다. 그렇게 되면 당신의 차는 점점 그런 재수 없는 일이나 물질을 끌어당깁니다.

물론 그렇다고 해도 일반인의 생각의 힘은 물질 간에 작용하는 힘에 비하면 미약하기 때문에 작은 변수 역할을 하는 것이지, 그 자체가 모든 일의 결과를 부르지는 못합니다.

그래서 미래는 보이지 않는 힘인 '생각이 불러일으키는 힘'과 보이는 힘인 '기존의 물질 간의 힘'이 서로 알력을 일으켜서 힘이 강한 쪽으로 끌려가는 결과가 일어나는 것입니다.

생각의 힘이 미치는 영향이 그리 미약하다면, 평소에 생각의 힘으로 소원이 이뤄지길 바라는 것 자체가 별로 의미가 없는 일이 아닐까 하는 의문이 들 수 있습니다.

그러나 생각의 힘이 일회성으로 그치면 그러하지만, 계속 누적이 되면 달라집니다. 또한 당신의 생각의 힘이 얼마나 강

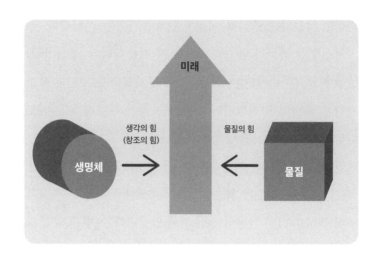

력한가에 따라 달라집니다. 그리고 우리 개개인의 생각의 힘은 물질 영향력이 약하지만, 운은 물질에 보다 훨씬 강력하게 작용합니다.

그러니 생각의 힘을 강화하고 운을 바꾸는 것이 당신의 미래를 보다 원하는 방향으로 바꿀 수 있는 지름길입니다.

생각의 힘이 단련되지 못한 사람들은 그 힘이 미약하다고 했습니다. 하지만 단련된 생각의 힘은 훨씬 강력합니다.

만약 그 힘을 온전히 다 사용한다면 우리가 평소에 불가능하다고 여기는 일까지 다 해낼 정도입니다. 그렇게 생각의 힘의 레벨이 달라지는 기법이 바로 '몰입'입니다. 앞 장에서 원하는 바를 상상할 때 몰입해야 한다고 잠깐 이야기했습니다. 그러나 여기에서는 명상뿐만이 아니라 일상생활에서도 몰입의 힘을 이용하는 것을 말하는 겁니다.

우리 인류 역사에 남을 발견이나 발명, 문화의 역사적인 작품들 거의 모두가 이 힘을 사용해서 탄생했습니다. 예를 들어 불멸의 예술 작품인 모차르트의 명곡, 셰익스피어의 소설, 아인슈타인의 물리학 이론 등이 이런 힘을 이용했습니다. 우리가 알지 못하는 불가사의한 화학구조를 풀거나 수학의 난제를 풀어내는 것 또한 몰입의 힘입니다. 그것은 그 사람이 천재라서 그러한 대업적을 이루는 것보다 그 사람의 능력을 몇 단계나 올려서 끄집어내는 몰입이 빚어낸 업적이기도 합니다.

아무리 진흙탕에서 바퀴를 꺼내려고 하더라도 힘이 분산되면 절대로 나오질 않습니다. 한 번에 그 이상의 힘을 집중해야만 나옵니다. 몰입은 당신의 뇌에서 이런 현상을 일으킵니다.

컴퓨터와 달리 몰입의 힘을 사용할 수 있는, 우주의 신비한 창조물인 뇌를 가진 것이 당신입니다. 그러나 당신은 태어나서 그 힘의 10분의 1도 사용하지 않고 살았을지도 모릅니다. 또한 당신이 아는 몰입이 기초 단계인데도 타인도 그 정도 수준만 이용한다고 여기고 살았을 수도 있습니다.

다시 말하지만, 몰입하면 작업의 질이 올라가는 수준 정도로 이해한다면 당신은 평범한 몰입만 아는 겁니다. 정말 몰입

다운 몰입을 해보면, 당신의 정신의 파장이나 능력이 점차 한 단계 레벨 업 되는 것을 느끼게 됩니다.

정신 에너지를 전쟁의 무기로 비유하자면, 어떤 군인은 맨주먹으로 싸우고 어떤 군인은 칼로 싸웁니다. 당신은 칼로 싸우는 단계인데 그게 전부가 아닙니다. 어딘가에서 누군가는 총을 사용하고 누군가는 미사일을 씁니다.

제가 책의 제일 앞에서 100층에서 본 풍경과 1층에서 보는 풍경이 다름을 비유로 표현했습니다. 사실 이 책의 비결 중에 각자 경험의 차이가 가장 많이 나는 영역이 바로 몰입입니다.

제 경험을 예를 들면, 대학교 시절에 사이클을 타고 달리다 잘못해서 잔디밭 화단의 턱에 걸려 넘어진 적이 있습니다. 순간적으로 붕 떠서 10여 미터를 날아 땅에 처박혔습니다. 아마 그 속도 그대로 땅에 머리를 박거나 팔을 짚었으면 크게 다쳤을 겁니다. 이때 저는 극단적인 몰입을 경험했습니다. 그 짧은 순간에 시간이 느리게 가는 것처럼 느껴지며 저는 몸을 동그랗게 말아서 어릴 때 호신술에서 배웠던 '회전 낙법'을 해서 떼굴떼굴 굴렀습니다. 몸이 바닥을 굴러서 일어났을 때에는 거의 다치지 않았습니다. 정말 천우신조였습니다.

그 뒤로 세월이 흐르는 동안, 자동차를 몰다가 교통사고가 날 위험한 상황에서 두 번 정도 더 이런 경험을 했습니다. 순간적으로 시간이 느려지는 것처럼 주위 상황이 한눈에 다 들어오는 느낌 덕분에 겨우 사고를 모면했습니다.

이것은 저만 그런 경험을 하는 것이 아니라 스포츠 선수들은 자주 경험하는 현상입니다.

예를 들어 야구 선수들은 타석에서 집중하다 순간적으로 공이 느리게 보이거나 더 커져 보이는 것 같은 착각이 드는 순간이 있다고 합니다. 이것 역시 몰입이 주는 현상입니다.

창조적 능력이 필요한 작업들에서도 마찬가지 현상이 보입니다. 몇 시간 동안에도 진척이 없던 것이 몰입하는 순간 한 번에 해결되는 경우도 빈번합니다.

그러나 매번 당신의 정신 에너지를 몰입해서 쏟아부을 수는 없습니다. 지쳐서 당신은 아무것도 하고 싶지 않을 수도 있습니다.

그래서 '몰입'에 꼭 필요한 것이 '이완'입니다.

운동을 떠올려보십시오. 신체를 단련할 때에도 휴식과 고강도 자극, 휴식과 고강도 자극, 이런 식으로 점점 더 강하게 만듭니다. 정신 에너지 단련도 마찬가지 원리가 적용이 됩니다.

정신은 단련입니다.

성공한 이들은 자신이 알건 모르건 그 힘을 너무나 습관적으로 잘 사용하고 있습니다.

몰입함으로써 당신은 내면에 숨은 잠재 능력과 정신 에너지를 무한히 끌어다 작업에 투여할 수 있습니다. 그것은 미래를 잘 빚어 당신이 원하는 쪽으로 만들어갑니다.

그 힘을 동원하지 않고, 작업하면 같은 시간을 해도 결과가 다릅니다. 그러므로 당신은 습관적으로 정신 에너지를 이용하는 것이 필요합니다. 제가 말하는 '몰입'은 흔히 일에 집중하는 상태보다 훨씬 강한 집중을 의미합니다. 이때 뇌파가 아래 채널로 떨어질 정도의 집중이어야 합니다. 앞서 말해왔던 잡념의 안전 박스 최하단까지 내려갑니다.

몰입하는 분들 중에는 깨어 있는데도 뇌파가 거의 알파파 상태로 떨어지는 경우도 빈번합니다. 어떤 일을 하는데, 어떤 책을 읽는데 뇌파가 거의 잠들기 직전 상태인 알파파가 나온다는 것은 그 효과가 정말로 대단합니다.

"아. 선생님. 그래서 저는 공부만 하면 조는가 봐요? 제가 공부에 몰입한 거죠?"

아닙니다. 그건 이완입니다.

몰입은 의식의 초점이 한 점에 찍혀서 잡념이 별로 없는 상태를 말합니다. 비슷한 파장의 뇌파가 나오지만 이완과 몰입은 다릅니다.

크게 성공한 사람들 중 다수가 부지불식간에 몰입과 이완을 이용하는 습관을 지니고 있습니다. 스포츠 스타는 특히 그렇습니다.

축구 선수가 그 짧은 순간에 공의 방향과 힘의 조절을 면밀히 해내는 것은 몰입의 힘을 가동하지 않으면 이뤄내기 힘듭니다. 이때 뇌파는 알파파에 가까운 파형이 나옵니다.

어떤 사람은 그 순간 상대 선수 움직임이 슬로비디오처럼 보인다고도 합니다. 초몰입이 가져오는 결과입니다.

알파파라고 해도 결코 이완으로 졸리는 상태는 당연히 아니죠. 생각해보십시오. 상대 공격수가 축구공을 몰고 오는데 골키퍼가 집중해서 공을 보다가 갑자기 꾸벅꾸벅 존다면 말이 되겠습니까?

야구 선수, 양궁 선수, 사격 선수, 심지어 피겨스케이팅 등등 스포츠 종목 대부분이 그 순간만큼은 내면의 능력을 모두 끌어내고 정신 에너지를 쏟아붓는 몰입 상태로 들어가야 큰 성공을 거둘 수 있습니다.

만약에 당신이 스포츠 선수인데 이런 몰입의 상태를 경험하지 못하고 일상생활과 비슷한 느낌으로 열심히 노력만 한다면 당신이 훈련하는 많은 시간들이 시간 낭비입니다.

재능도 중요하지만, 몰입의 힘을 평소에 얼마나 끌어내느냐에 따라서 성장이 달라집니다.

스포츠뿐만이 아닙니다. 학생이 공부할 때도 마찬가지입니다. 평소에 친구들과 잡담하고 떠들던 그 의식 상태에서 공부를 하면, 굉장히 비효율적입니다. 공부에 들어가는 순간, 스스로 몰입하는 명령을 내리고 몰입을 실제로 해보세요. 당신이 같은 시간을 공부하고도 라이벌을 뛰어넘지 못했던 것은 당신의 IQ 때문이 아닙니다. 몰입의 힘을 라이벌보다 적게 이용했기 때문입니다.

그리고 앞서 말한 것처럼 당신은 극단적 휴식이 필요합니다. 무한정 집중하고 몰입만 할 수 없기 때문에 몰입하지 않는 경우는 반대로 극단적으로 편하게 이완하는 것이 매우 중요합니다. 이때에도 뇌파는 알파파에 가깝게 떨어지지만 약간 졸리는 상태가 되어야 합니다.

여기에 필요한 것은 반드시 육체적 이완이 동반되어야 합니다. 가장 편한 자세에서 경추에 긴장을 풀고, 근육에 숨은 긴장까지 푸는 명상을 하며 쉰다면 그 쉬는 효율은 몇 배로 증가하여 당신을 더욱 활력 넘치는 존재로 만들 수 있습니다.

건강 편에서 말씀드리겠지만, 근육에 숨어 있는 긴장은 명상이나 물리적인 치료를 따로 해주지 않으면 수면이나 휴식으로는 절대로 풀리지 않고 긴장을 유지하는 습성이 있습니다.

그러니 완벽한 이완을 위해서는 숨은 긴장까지 찾아서 풀어주는 조치를 해야 합니다.

고3 수험생의 예를 들겠습니다. 주위에서는 당연히 깨어 있는 시간 내내 공부에만 몰두하기를 바랍니다. 본인 역시 그러한 강박관념에 사로잡혀 있습니다. 식사 시간, 화장실에서도 손에서 책을 놓지 않고 공부하기도 합니다. 푹 자는 것도 시간 낭비 같고, TV에 눈 돌리는 것도 시간 낭비 같습니다. 그러나 이 방법은 그를 점차 지치게 만들기 때문에 결국 에너지가 바닥이 납니다. 겉보기로만 매달리는 상황에 빠집니다. 지쳐 있기 때문에 몰입도 힘들고 이완도 힘듭니다. 악착같이 매달려 공부하는 것으로 보이지만, 결국 진도는 매우 느립니다.

이럴 경우에 필요한 것이 몰입과 이완입니다. 열여덟 시간 동안 매달릴 바에야, 열여섯 시간 몰입하고 두 시간 더 자는 것이 훨씬 발전합니다.

이런 몰입과 이완의 습관은 공부하는 학생, 업무를 보는 직장인, 연구직, 생산직 등 모든 이에게 필요합니다.

"선생님. 저는 경비직이라서 그냥 하루 종일 시간을 보내기만 하면 되는데 어떻게 합니까?"

이런 질문처럼 직업마다 자신의 업무에 몰입이 필요하지 않은 경우도 있습니다. 그렇다고 해도 당신은 생활에서 몰입할 수 있는 대상과 시간을 찾으십시오. 몰입과 이완을 반복하면 반복할수록 당신에게서는 특별한 에너지 파장이 나오기 때문입니다. 그 습관은 당신의 정신 에너지를 당신이 원하는 삶 쪽으로 투입해서 미래를 그쪽 방향으로 밀어갑니다.

성공을 위해서, 또 한 가지 고쳐야 할 시간 습관이 있습니다. 어떤 사람은 약속을 하면 매번 늦는 습관을 지녔습니다. 자신이 일찍 도착해서 기다리는 시간이 아깝기 때문에 생기는 습관입니다. 어떻게 생각하면 시간을 절약하는 습관 같지만, 당신의 시간이 소중하면 타인의 시간도 소중합니다. 타인의 시간을 낭비하게 만들면, 결국 그 대가는 당신에게 돌아갑니다. 그러니 약속을 하면 꼭 5분 먼저 도착하는 습관을 만드세요.

성공하는 사람은 대부분 약속을 잘 지킵니다. 그리고 남을 배려하는 것은 당신을 성공의 지름길로 인도할 겁니다.

습관 중에 가장 중요한 습관인 시간에 관한 습관을 말씀드렸습니다.

사실 운을 바꾸기 위해, 습관을 고치는 대상은 4대 습관이 있습니다. '시간'이 첫째이며, 둘째는 '중독이나 집착', 셋째는 '음식 습관', 넷째는 '자세 습관'입니다.

중독, 집착 습관

중독이나 집착 습관은 대부분의 사람들은 별로 갖고 있질 않습니다. 중독은 게임 중독 등 가벼운 중독부터 알코올중독, 도박 중독, 마약중독 등 심각한 중독이 있는 건 다 아실 겁니다. 이런 중독을 없애지 않고 인생을 바꾸는 것은 그야말로 낙타가 바늘귀를 통과하는 것보다 힘듭니다. 이 책에 나오는 여러 가지 기법으로 얼마든지 중독을 바꿔나갈 수 있습니다.

반면에 집착은 아주 많이 나오는 유형입니다. 집착을 좋게 말하면 소유욕, 의욕으로 포장되기도 하지만 그 정도가 지나치면 다 집착입니다.

집착을 비울수록 당신은 오히려 더 많이 가질 수 있습니다. 이성을 사귈 때 관심이 지나치면 상대가 부담스러워서 오히려 도망가듯이 복도 그러합니다. 너무 지나치게 집착하면 오히려 복이 달아납니다. 마음을 편안하게 먹고 노력하는 자세가 가장 행운이 찾아오기 좋은 토양입니다. 그러니 성공하거나 부자가 되려면 목표에 대해 너무 강박관념을 가지지 말고 항상 편안한 마음을 가져야 합니다. 현실적인 예로 당신이 너무 돈에 대한 집착이 강한 인상을 풍기면 상대방들이 사업이나 거래를 하기 꺼려 한다는 걸 떠올려보십시오.

앞에 말했던 '코닥'이 필름 카메라에 대한 집착을 버리지 못한 것에 비해, '후지'는 집착을 버리고 유연하게 대처해서 살아남았습니다. 어쩌면 당신이 지금 가고 있는 인생의 길에서 안 될 것을 집착으로 고집으로 붙들고 있어서, 성공과 멀어지는지 다시 살펴보시기 바랍니다.

음식 습관

성인이 된 이후로 많은 사람들이 거의 비슷한 식단을 반복합니다. 특히 집에서 먹는 음식들은 본인들의 기호에 맞춰 먹기 마련입니다.

음식 습관이 건강과 직결된다는 것은 기본적인 상식입니다. 또한 당신의 성격과 호르몬 분비에도 영향을 줍니다. 그러나 제가 말씀드리고 싶은 것은 그것보다 높은 레벨의 법칙입니다.

동양의 신비한 기법인 도가道家 명상법은 신선이 되기 위해 도를 닦았다고 합니다. 사실 신선은 상징적인 목표이고 실제로는 정신 에너지 단련의 비법입니다.

이 비법에서 가장 중요하게 여기는 것, 세 가지가 명상과 더불어 음식과 척추 상태입니다. 그렇다면 정신 에너지 단련에서 명상이야 필수적이겠지만 왜 음식을 중요시 여겼을까요?

앞에서 물질도 파장 덩어리라고 했습니다. 사실 우리가 음식을 섭취할 때 그 속의 영양분뿐만 아니라 기운 같은 무형의 에너지도 같이 섭취합니다.

여기에서 중요한 관점은 육식과 채식입니다. 도가에서는 육식을 줄이고 채식을 주로 하는 것을 정신 단련의 비법으로 여겼습니다. 왜 그랬을까요?

그건 생각의 파장 때문입니다. 식물은 사람의 관점에서는 거의 의식이 없지만, 동물은 그렇지 않습니다. 소나 돼지, 닭 모두 생각을 하는 동물입니다. 고기를 먹으면, 동물이 가진 생각의 파장이 에너지 흔적으로 남아서 같이 흡수가 됩니다.

"에이~ 선생님. 저는 평생을 육식을 하면서 살아왔는데 아무 이상 없는데요?"

아마 당신도 이런 의문을 지닐 겁니다. 사실 평소에 육식을 한다고 한들, 그것에 섞인 정신 에너지 파장은 매우 미미해서 무시해도 될 수준입니다. 당신이 살아가는 데 아무런 지장도 없습니다. 하지만 당신의 정신 에너지를 단련할 때는 당신의 파장이 혼잡해져서 잡념이 많이 생긴다고 합니다.

그래서 의식의 몰입이나 명상이 늘지 못하는 경우도 있으며, 내면의 목소리를 듣는 민감도도 떨어진다고 합니다. 즉 당신이 소원을 이룰 때 사용하는 정신 에너지의 질이 떨어진다는 겁니다.

이런 이유로 점을 치는 사람들은 한동안 육식을 멀리하기도 합니다. 불교에서 스님들이 육식을 금하는 이유도 살생 문제도 있지만 마음이 혼탁해지는 것을 줄이기 위해서입니다. 특히 아까 말씀드린 도가에서도 이것을 중요시 여깁니다.

그렇다고 무작정 당신도 육식을 줄이라는 것은 아닙니다. 단지 먹는 음식에 따라 이렇게 몸의 파장이 달라질 수 있다는 것을 강조하는 겁니다. 그런 이유로 당신이 중요한 시험을 앞두고 있다든지, 뭔가 중요한 아이디어를 집중적으로 떠올려야 하는 시기에는 육식과 술을 줄이는 것이 도움이 될 수 있습니다.

그리고 평소에 흥분을 잘 하는 사람이나 마음에 잡념이 많거나 꿈을 계속 꿔서 숙면을 못 취하는 사람들도 육식을 줄이는 것이 좋은 영향을 미칩니다.

반면에 마음이 너무 침울하거나 기운이 가라앉는 사람은 육식이 도움이 됩니다.

그리고 습관적으로 술과 고기를 너무 즐기는 사람은 그 패턴을 조절해보세요. 무엇을 자주 먹느냐에 따라서 당신을 주도하는 파장이 바뀌기 때문에 음식 습관을 바꾸는 것도 당신의 운에 크게 영향을 줍니다.

자세 습관

자세 습관은 체형이나 관절의 건강과 밀접하다는 것은 다들 아실 겁니다. 특히 자세 습관에 따라서 척추가 틀어져 몸의 균형이 무너지는 일이 많습니다. 고개를 숙여서 폰이나 책을 보는 일이 많아 일자목, 거북목 등이 생기고, 앉는 자세가 좋지 않아 일자 허리나 골반이 틀어지는 것은 상식적으로 알고 계실 겁니다.

그러나 척추 상태가 당신의 운과 밀접하다는 것을 아는 사람은 별로 없습니다.

척추가 어떻게 운과 연결이 될까요?

도가나 요가처럼 정신 수련을 하는 사람들은 척추를 매우 중요히 여깁니다. 도가는 '도인술' 또는 '동공'이라고 해서 특이

중요한 시험을 앞두고 당일 컨디션을 극대화하는 방법

1주일 전부터 육식의 비율을 줄입니다. 음식은 소화 잘 되는 음식 위주로 '소식(적게 먹는 식사)'을 합니다. 연뿌리 반찬같이 마음을 가라앉히는 효능을 지닌 음식을 먹으면 도움이 됩니다.

마음이 긴장되어서 숙면을 못 취하는 사람은 왼손 검지에 은반지를 낍니다. 검지는 불의 기운, 심장의 에너지를 조절하는데 은반지는 그 흥분도를 내려줍니다. 만약 반대로 마음이 조마조마해서 불안한 사람은 검지에 금반지를 낍니다. 심장의 에너지를 강화하여 마음에 용기를 줍니다.

경추에 긴장을 푸는 것이 매우 중요합니다. 목뒤에 경침같이 둥근 나무를 대고 누워서 최대한 머리를 뒤로 이완하여 하루 1회, 10분 정도 쉽니다.

매일 자기 전에 5분 정도, 이 책에서 언급한 것처럼 졸면서 원하는 바를 주문합니다.

구체적으로 자신이 시험에서 떨지 않고 웃으면서 시험에 응하는 장면을 상상하면 더 도움이 됩니다.

한 체조 같은 동작들로 몸과 척추의 균형을 조절해왔습니다.

요가 역시 명상을 위해 고안된 기법이지만 점차 척추에 관심을 기울이며 발전해왔습니다. 아마 당신도 요가 하면 특이한 동작들을 떠올릴 겁니다. 요가는 특수한 동작들로 척추를 바르게 하는 것에 크게 노력을 합니다. 단지 건강이 문제가 아니라 인체의 에너지 사이클이 척추의 균형과 매우 밀접하다고 여기고 있는 겁니다.

그 에너지 비법은 '차크라'라고 불립니다. 차크라는 '바퀴'나 '원반'이란 뜻인데 정신적인 힘을 각성시키는 작용을 합니다. 요가에서는 척추를 따라 여섯 개의 중요한 차크라가 있다고 합니다.

왜 동서고금의 명상법들이 유독 인체의 척추를 중요시 여길까요?

척추가 인체에서 '정신 파장의 안테나' 역할을 하기 때문입니다. 두개골 안에서 뇌는 '뇌척수액'에 둥둥 떠 있습니다. 뇌를 둘러싼 '뇌척수액'은 평소 뇌의 생각과 가장 밀접하게 접촉하는 물질입니다. 척추에는 '뇌척수액'이 흐르고 뇌의 연장선인 '신경 다발'이 지나갑니다. 이 '뇌척수액'과 '신경 다발'이 인체 내에서 길게 뻗어가며 흡사 핸드폰에 내장된 막대 안테나 같은 구조를 이루고 있습니다. 뇌가 신호 발생기라면 이와 연결된 긴 막대인 척추는 안테나입니다. 이 막대형 신경 구조가 정신 에너지에 민감하게 공명하기 때문에, 우주의 기운을 받고 당신의 생각을 퍼트리는 것에 척추가 뇌와 함께 위력을 더합니다.

이런 이유로, 척추의 상태가 균형이 잡혀 뇌척수액 순환이 원활할수록 당신은 정신 에너지를 외부로 더욱 강력하게 발산하고, 외부의 파장도 더욱 잘 받을 수 있습니다. 또한 보이지 않는 손길의 운 에너지와 잘 소통이 되어 원하는 바를 더 잘 이룰 수가 있습니다.

현대 의학적으로는 뇌척수액 순환이 잘 되어야 면역력이 올라가며 신진대사가 활발해집니다. 이는 요가나 도가에서 말하는 인체 에너지가 좋아진다는 측면과 일치합니다.

크게 성공한 사람들도 이 척추의 상태가 좋을 때에는 기운이 더 넘치고 일이 더 잘 되는 시기를 겪습니다. 그러니 당신이 평소에 활력 넘치게 살고 싶다거나 운을 더 좋게 바꾸고 싶다면 오늘부터 척추를 곧게 펴고 가벼운 체조나 요가를 해보길 바랍니다.

환경을 바꿔라

당신에게 영향을 끼치는 운은 시간, 공간과 크게 연관이 있습니다. 그래서 동양철학은 운을 알기 위해, 시공간을 분석하는 것이 주뼈대를 이루고 있습니다.

물론 당신이 골치 아프게 동양철학의 시공간 이론을 알 필요까지는 없습니다.

그러나 이쯤에서 운을 바꾸는 비법들의 전체 이론을 알려드리겠습니다.

운을 바꾸는 것은 당신의 파장을 바꾸든지, 당신 외부 환경의 파장을 바꾸든지 그 두 가지입니다.

당신 자신을 바꾸는 것은 아까 말씀드린 생각과 행동을 바꾸는 것이 주요 줄기입니다. 생각은 관심사를 바꿔서 변화를 주고, 행동은 습관을 바꿔서 변화를 줍니다.

외부 환경은 크게 천天, 지地, 인人으로 구성되어 있습니다. 하늘과 땅, 사람이 그것입니다.

하늘은 시간의 속성을 지니고 작용합니다. 땅은 공간으로, 지역의 속성이나 물건의 속성으로 작용합니다. 사람은 만나는 사람, 인맥 등이 속성으로 작용합니다.

우선 하늘에 해당하는, 시간 속성부터 볼까요?

쉽게 생각해봐도 운은 타이밍입니다.

언제 당신이 일을 도모하느냐에 따라서 큰 성공을 하기도 하고 실패를 하기도 합니다. 이는 이 책을 통하지 않아도 여러

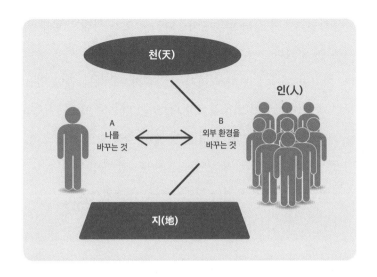

분이 익히 잘 알고 있는 이야기들일 겁니다.

어떤 사람은 시대를 앞서 사업을 벌였다가 망하기도 하고, 어떤 사람은 한 발자국 늦게 시작해서 특허를 선점한 업체 때문에 망하기도 합니다.

어떤 사람이 치킨집을 열었다가 조류독감 때문에 큰 타격을 받았습니다. 그래서 업종을 돼지고기 식당으로 바꿨더니 이번에는 돼지 열병으로 또 타격받아 결국 망했다는 사례도 있습니다. 운이 지독히도 안 따르는 경우입니다.

이런 식으로 인생에서 어떤 일을 도모할 때 타이밍이 중요하다는 것은 여러분도 공감하실 겁니다. 여기에서 한 가지 질문을 하겠습니다.

동양철학에서는 타이밍이 어긋나는 것조차 원래 그렇게 되게 되어 있었다는 주장이 있습니다. 흔히 팔자라는 말을 합니다. 이처럼 인생에 정해진 미래는 있을까요? 예를 들어 점을 보면 올해는 사업이 번창할 것이다. 또는 다음 주에 큰 다툼으로 다칠 운이 있다. 이번 달에 물에 빠져 죽을 운이 있다 등등. 어떤 시기에 특정한 일이 일어나는 이야기를 많이 합니다.

과연 그런 일을 일으키는 힘이 진짜로 존재할까요?

대답은 '예스'입니다.

앞서 말씀드리길 미래는 정해져 있지 않다고 했습니다. 그런데 인생에 정해진 미래가 있고, 그렇게 만드는 힘이 있다고요? 이 책의 주장이 왔다 갔다 하는 것 같지 않습니까?

아닙니다. 정확히 말씀드리겠습니다.

미래는 딱 하나로 정해져 있지 않다는 겁니다. 하지만 어느 정도 방향은 정해질 수 있습니다. 쉽게 말해, 당신이 뉴욕행 비행기를 탔는지, 런던행 비행기를 탔는지에 따라 미래의 도착 방향은 나뉘지 않습니까?

마찬가지입니다. 당신이 어떤 삶을 살고 선택하느냐에 따라 당신 주위의 파장이 달라지고, 그 파장들이 끄는 힘에 따라 당신의 인생 방향은 어느 범위 내에서 정해질 수 있습니다. 다시 말해 미래의 인생 패턴은 어느 범위 내에서 정해지지만 그게 무조건 하나의 결과로 확정되는 것은 아니라는 겁니다. 그래서 미래는 확률이라고 했습니다.

예를 들어보겠습니다. 평소에 당신이 물에 빠져 죽을 확률은 극히 드뭅니다. 아예 바다나 수영장을 가지 않는다면 거의 없다고 봐야 합니다. 극히 드물게 목욕탕에서 익사한 사례들도 있으니까요. 아무튼 이때 당신이 물에 빠져 죽을 확률이 0.0001퍼센트라고 칩시다.

그런데 당신 주위의 파장이 만든 패턴에 사고가 날 일의 에너지가 강해집니다. 그게 물에 빠져 죽을 확률로 나타나, 확률이 1퍼센트까지 올라갑니다. 이런 경우에, 동양철학에서는 물에 빠져 죽을 수 있다고 경고합니다. 그래도 사고가 나지 않을 확률이 99퍼센트입니다. 하지만 반대의 관점에서 보면, 평소보다 사고가 날 확률이 무려 1만 배가 강해졌습니다. 불길한 시기이지 않습니까?

실제로 어떤 사람은 물 근처도 가지도 않았지만, 정말 불운하게도 차량이 도로에서 강으로 떨어지는 바람에 물에 빠져 죽는 경우도 벌어졌습니다. 어쨌든 이건 확률입니다. 평소보다 훨씬 사고 위험이 높아졌다는 것이지, 조심하면 사고가 안 일어날 미래가 더 가능성이 훨씬 높습니다.

이런 식으로 당신의 인생 패턴은 좋고 안 좋은 일들 사이의 확률들이 높아졌다 낮아졌다 하는 풍랑을 뚫고 그동안 흘러온 것이라 보면 됩니다.

사실 각종 가능성이 완벽하게 0인 경우는 거의 없습니다. 당신이 로또에 당첨될 확률도 엄연히 존재하듯이 당신이 길을 가다가 벼락을 맞을 확률도 엄연히 존재하기 때문입니다. 그러나 그런 일들의 확률은 너무나 낮아서 당신은 그런 일들을 겪지 못하고, 확률이 높은 일만 주로 겪다 보니, 영화 같은 인생이 아닌 일반적인 인생을 살아오신 것이기도 합니다.

어쨌든 운은 시간과도 관계가 있습니다. 그렇다면 당신이 할 수 있는 것은 무엇일까요? 크게 두 가지가 있습니다.

우선 타이밍.

중요한 일을 앞두고 결정을 내릴 때, 눈앞에 보이는 꿈만 쫓지 말고 내면의 소리를 한 번쯤 귀 기울여 들어보는 것이 좋습니다. 그것이 시중에 유명하다는 점쟁이나 업계 선배들에게 조언을 듣는 것 이상으로 크게 도움을 줄 수도 있습니다.

두 번째는 당신의 시간 환경을 바꾸는 것입니다.

이것은 앞에서 말한 '습관을 바꾼다'는 것과도 비슷합니다. 당신의 시간 리듬을 바꾸는 것으로도 시간이 당신에게 영향을 끼치는 에너지가 많이 바뀝니다. 언제 일어나고 언제 자느냐. 흔히 말하는 '아침형 인간', '저녁형 인간'이 여기에 속합니다.

만약 당신이 퇴근 뒤에 이것저것 하다가, 자는 시간이 밤 12시 반이고 기상이 아침 7시 반이라면, 이제부터 취침 시간대를 바꿔보십시오.

예를 들어 11시에 자고 6시에 일어나는 겁니다. 아침형 인간 정도가 아니라 아예 새벽형 인간이 되는 것도 괜찮습니다. 사실 성공한 사람들의 대다수에는 아침형, 새벽형 인간이 정말 많습니다.

특히 경제 분야에서 그러합니다. 그 예를 찾아보면 우리 주위뿐 아니라, 인터넷이나 책에 수많은 사례들을 쉽게 볼 수 있습니다. 예를 들어, 한국 주식에서 단타 최고의 고수로 일컫는 분이 계십니다. 일명 '주식 시인詩人'으로 불리는 이분은 아주 적은 소액에서 시작해서 큰 빌딩도 다수 갖고 있는 입지전적인 인물입니다. 주식에서 '단타'라는 것은 '단기 매매'를 일컫는 말입니다. 이분은 오늘 주식을 사면 내일 파는, 정말 단타의 달인입니다. 이분도 처음부터 성공 원리를 깨달은 것이 아니어서, 소위 주식에서 말하는 깡통(빈 계좌, 파산)을 열 번 겪은 뒤에야 큰 성공의 가도를 걷게 되었다고 합니다.

제가 본 이분의 성공 요인은 통찰력, 부동심(흔들리지 않는 마음)도 있지만 운도 작용한다고 생각합니다. 이분의 운이 좋은 이유 중에, 한결같이 지키는 새벽 기상 시간을 말씀드리고 싶습니다.

이분은 늘 새벽 4~5시 사이에 기상합니다. 늦게까지 술자리에 있다가 밤 1시에 들어가도 변함이 없습니다. 그런데 이렇게 일찍 일어나서 주식 시황을 점검하는 것이 아니라, 부모님 댁을 방문해서 부모님을 새벽부터 챙기는 것이 하루 일상의 시작입니다. 즉, 새벽형 인간이 된 이유가 효심 때문입니다.

이런 지극정성인 생활을 하루 이틀이 아니라 5년, 10년 이상을 꾸준히 해왔습니다. 조금 남다르지 않습니까?

이분의 주식 능력도 능력이지만, 새벽에 일어나는 꾸준한 지극정성과 효심도 분명히 타의 모범이 될 정도입니다. 어쨌든 원인이야 뭐든 간에 이분의 재운은, 우스개 이야기로 '전생에 나라를 구한 등급'입니다.

이런 분 말고도 크게 부자가 된 분들 중에는 유독 이른 아침형 인간이나 새벽형 인간이 많습니다. 한국의 재벌 중에 현대 그룹의 정주영 회장도 새벽형 인간이었습니다. 국제적으로 최고 부자인 빌 게이츠도 새벽 3시에 일어나는 것으로 유명합니다.

그렇다면 새벽형 인간이나 아침형 인간은 잘될 이유가 있을까요? 서양 속담에 '일찍 일어나는 새가 벌레를 잡는다'라는 말이 있습니다. 이처럼 부지런해서 잘 된다는, 그런 평범한 이유 때문일까요?

아닙니다. 따로 이유가 있습니다. 동양철학에서는 '새벽이 자연의 양기陽氣가 솟아오르는 타이밍'으로 봅니다. 이때 일어나서 활동하면 자연의 양기와 더욱 공명해서 당신의 인체와 정신에 양적인 파장이 더 활성화된다고 보는 겁니다.

간단하게 생각한다면, 양은 창조, 발전을 만드는 에너지고 음은 파괴, 쇠퇴를 만드는 에너지입니다. 만물의 변화를 꼭 이렇게 단순하게 나눌 수는 없지만, 이런 경향이 제법 있다는 겁니다. 그래서 같은 값이면 양적인 에너지와 공명을 하는 것이 당신에게 좀 더 발전하는 운이 올 가능성이 높아지는 겁니다.

그렇다면 저녁형 인간은 무조건 안 좋은 걸까요? 그건 아닙니다. 아침형 인간으로 사는 것도 사실은 단점도 있고, 저녁형 인간도 나름 장점이 있습니다.

예를 들어, 저녁형 인간은 예술 쪽으로 훨씬 유리한 면을 지니고 있습니다. 그래서 작가나 작곡가, 화가 등등 뭔가를 자기 깊은 내면에서 *끄집어내는* 직업을 가진 분은 저녁형 인간일 때 더 높은 성취를 이루는 경우가 많습니다.

일단 아침형 인간이 부자가 되기에 조금 더 유리하지만 반드시 그런 것은 아닙니다. 그래서 운을 바꾸는 이번 파트의 비결이 '시간 환경을 바꿔보자'는 겁니다. 즉, 당신의 하루 시간 리듬에 변화를 줘, 운을 바꿀 수도 있다는 겁니다.

만약 당신이 이미 새벽형 인간인데도 현실이 엉망이라면 저녁형 인간으로 바꿔보는 것도 시도해볼 만합니다. 하지만 이 모든 것들이 앞에 나왔던 다른 비결들보다는, 운에 미치는 힘이 다소 떨어진다는 것은 기억하세요.

그리고 꼭 지켜야 할 것은 갑자기 새벽형 인간이나 저녁형 인간으로 바꾸려고, 당신의 생체리듬을 깨면 절대로 안 됩니다. 바꾸더라도 천천히 당신의 리듬을 바꿔야 합니다. 하루에 5분, 10분씩 기상 시간을 앞당기는 것도 좋은 시도입니다.

다음 이야기를 하겠습니다. 운에서 땅은 공간으로, 지역의 속성이나 물건의 속성을 말한다고 했습니다.

당신이 어떤 지역에 사는지도 운에서 큰 변수로 작용합니다. 또 당신이 어떤 집에 사는가도, 내부를 어떻게 하고 사는가도 어느 정도 작용합니다.

이와 관계되는 자연의 큰 법칙이 있습니다.

'모든 물질은 구조의 모양에 따라 내뿜는 파장이 달라진다'는 법칙입니다. 제가 이름 붙이길, '구조화의 법칙'입니다.

'어? 어려운 이야기네?'

여러분은 이렇게 생각하실 수 있습니다. 물질이 어쩌고, 구조가 어쩌고, 파장이 어쩌고…….

이런 용어만 나와도 머리가 지끈거리는 분도 계실 겁니다.

전문적인 이론까지 여러분이 다 알 필요는 없습니다. 쉬운 설명 하나만 기억해주세요.

예를 들어, 연필심으로 쓰이는 흑연과 다이아몬드는 똑같은 탄소끼리 뭉쳐진 물질입니다. 흑연은 탄소 한 개가 주위 탄소 세 개랑 뭉쳐져 있고, 다이아몬드는 탄소 네 개랑 뭉쳐진 점이 큰 차이점입니다. 이 작은 구조의 차이가 흑연은 쉽게 부서지지만, 다이아몬드는 세상에서 가장 단단한 물질의 성질을 갖게 만들었습니다. 같은 물질로 만들어도 구조가 달라지면, 성질이 달라집니다. 성질이 다르면 당연히 나오는 파장도 달라집니다.

그래서 '물질세계에서는 배치가 어떻게 되느냐에 따라, 성질이 달라지고 나오는 파장도 달라지는 것'입니다.

우주는 거대한 에너지 덩어리입니다. 또한 무한히 많은 파장들이 영향을 주고받는 공간입니다. 이는 우주를 구성하고 있는 모든 물질들끼리 서로 파장을 뿜고 영향을 주고받는다는 얘기입니다.

당신은 지구에 살고 있기 때문에 항상 지구 중력의 영향을 받고 있습니다. 그리고 지구의 중력에 묶여 있는 달도 지구에 영향을 줍니다. 지구 전역에 생기는 밀물, 썰물이 생기는 것이 바로 달 때문입니다. 그런데 달이 지구에만 영향을 줄까요? 아닙니다. 저와 당신에게도 영향을 주고 있습니다. 생체리듬에는 항상 그 영향력이 반영되어 있습니다.

여성들의 월경주기를 예를 들겠습니다. 월경은 평균 29~30일의 주기로 나타나는데 이는 달이 차고 이지러지는 주기와 일치합니다. 이 둘 사이의 정확한 영향력은 아직도 밝혀지지 않았습니다. 또한 유독 보름달에 출산이 많아지는 통계가 있습니다. 과학적인 이론이 명확히 밝혀지지 않았지만, 달의 당기는 힘이 작용한다는 달의 중력 이론이 있습니다.

인체의 80퍼센트 이상이 수분입니다. 아기가 있는 양수도 수분, 여성의 생리도 수분. 그래서 인체의 바다가 지구 바다의 밀물 썰물처럼 영향을 받고 있다고 봅니다.

스위스 바젤 대학이 실시한 실험에서 보름달 밤에 깊이 잠자는 시간이 약 20분 정도 단축된 것으로 나타났습니다. 또한 사람이 잠들 때 분비되는 호르몬, 멜라토닌 분비량도 보름달에는 줄어든다고 밝혀졌습니다.

이런 예를 당신이 달에 영향을 받고 있는 것 중에 지극히 일부입니다.

인체가 영향을 받으면, 정신은 영향을 받지 않을까요? 당연히 영향을 받습니다. 또한 당신 내부의 파장도 영향을 받고, 운영향을 받습니다.

그렇다면 달만 영향을 미칠까요? 지구를 중력으로 끌어당기는 태양은 영향을 주지 않을까요? 조수간만의 차이는 달이 제일 큰 영향력을 미치지만, 태양도 영향을 미칩니다. 또한 태양계를 도는 모든 행성들이 다 영향을 미칩니다.

달의 인력 : 태양의 인력 : 기타 행성의 인력 = 1 : 0.43 : 0.000052

그것들이 모두 지구의 거대한 바다를 쥐고 흔드는데, 당신에게는 영향력을 미치지 않을까요? 분명히 평생 24시간 내내 영향을 미치고 있습니다. 당신이 의식을 못 하고 있다고 해서 그 영향력이 사라지는 것은 아닙니다.

그래서 동양철학과 서양의 점성술은 그런 힘들을 상징으로 운을 점치기도 합니다. 그 내용이 꼭 맞다고 하는 말은 절대 아닙니다. 다만 당신에게 서로 영향력을 주고받는 거대한 힘이 존재하는 것만은 분명한 사실이라는 겁니다.

달과 태양, 그리고 나머지 행성들이 그 멀리에서 지구의 자연 전체에 영향력을 늘 끼치듯, 당신 주위의 자연환경이나 물질도 당신에게 분명히 영향을 미칩니다. 다만 그 영향력이 절대적이지 않을 뿐입니다. 어떤 경우에는 큰 영향을 미치지만, 어떤 경우에는 무시해도 아무 문제 없을 만큼 영향이 없습니다.

이걸 여러분의 현실에 응용해보겠습니다. 지역마다 특징적인 기운이 있는데, 해당 장소의 산과 강, 도로, 마을의 배치에 따라서 조금씩 다른 기운을 갖고 있습니다. 그래서 당신이 어느 지역에 사느냐, 어느 지역을 자주 가느냐에 따라, 운이 미세하게 영향을 받습니다. 다른 지역으로 이사를 하고 나서, 일이 잘 된다 안 된다가 전혀 근거 없는 미신만은 아니라는 겁니다.

어떤 사람은 도시에서 직장을 잃고 시골로 갔다가, 귀농 사업에서 큰 대박을 터뜨려 제2의 인생을 사는 분도 계십니다. 또한 어떤 분은 시골에서 평범하게 지내다가 도시에서 큰 성공을 한 분도 계십니다.

이렇게 지역 특성을 단지 에너지 파장이 아니라, 전체 문화 환경, 경제 환경의 요인으로만 봐도 당신에게 맞는 지역이 따로 있을 수도 있습니다.

이번에는 범위를 좁혀서 보겠습니다. 당신이 집 안의 가구를 바꾸거나 배치만 바꿔도, 집 안의 기운이 조금씩 바뀝니다. 오래된 물건을 쌓아두면 당신의 파장이 정체되니 오래된 물건을 버리는 것만으로도 당신의 운이 호전됩니다. 화장실을 깨끗이 청소하는 것을 강조하는 풍수지리학도 있습니다.

그러니 운을 바꿀 때에는 당신이 사는 집의 내부 인테리어를 바꾸는 것도 당신이 자주 가는 식당이나 미용실을 바꾸는 것도 어느 정도 작용을 할 수 있다는 말이니 참고만 하세요.

제 말은 동양철학의 풍수지리학과는 다른 관점입니다. 당신 집, 사는 지역의 파장이 당신과 맞지 않을 수도 있다는 가능성을 염두에 두란 말입니다. 그런 것이 전혀 미신만은 아닙니다.

또한 당신이 늘 가지고 다니는 물건도 영향을 끼칩니다. 핸드백, 지갑, 핸드폰, 시계, 신발, 반지, 목걸이, 귀걸이 등을 바꾸는 것도 당신의 파장에 일정 부분 영향을 미칩니다. 심지어 반지 같은 경우, 반지를 어느 손가락에 끼느냐에 따라 운을 바꾸는 방법도 있습니다.

이 반지 요법은 사람에 따라 특성을 탑니다. 크게 효과를 본 사람도 많으나, 어떤 사람은 별 효과를 못 보는 경우도 있습니다. 반면에 만약 당신이 최근에 어떤 반지를 끼고 나서부터 몸이 안 좋아지거나 일이 안 풀리는 경우에는 아래 이론을 보고 혹시 자신에게 안 좋은 쪽으로 반지를 끼고 있는가를 검토해보는 것이 좋습니다. 반지가 당신 신체의 에너지 밸런스를 무너트리거나 에너지 밸런스를 조화롭게 만들 수도 있기 때문입니다.

손가락이 엄지부터 목木, 화火, 토土, 금金, 수水로 동양철학의 음양오행 순서대로 돌아갑니다.

목은 '간', 화는 '심장', 토는 '위장', 금은 '폐, 대장', 수는 '콩팥, 방광, 자궁'입니다. 그래서 해당 장기가 약한 사람은 금반지를 그곳에 끼고, 해당 장기가 너무 민감하거나 염증이 있으면 은반지를 그곳에 끼면 됩니다.

금반지는 일반적으로 기운을 넣어주는 작용을 하고, 은반지는 기울을 빼주는 작용을 한다고 봅니다. 그러니 그 장기에 에너지가 모자라면 금반지, 그 장기가 너무 과민하거나 염증이

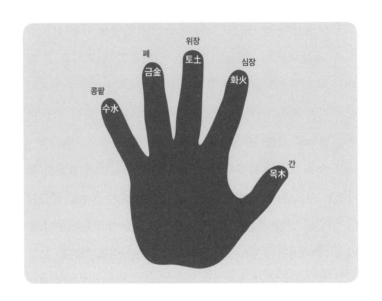

있으면 식히는 의미에서 은반지를 낍니다.

예를 들어, 소화력이 떨어지면 중지에 금반지를 끼고, 위장에 염증이 있으면 중지에 은반지를 끼는 겁니다. 만성피로에는 간을 도와줘야 해서 엄지에 금반지를, 간을 혹사해서 머리로 열이 올라오면 엄지에 은반지를 끼는 요법입니다. 이런 종류의 요법은 며칠만 반지를 끼면 효과의 유무가 드러나니, 시도해보고 자신에게 맞는 요법이면 계속 착용하면 됩니다.

이것이 운을 바꿀 때에는 동양철학에서 자신의 생일이 불이 부족한 사주이면 검지에 금반지를 끼면 운의 조화를 맞출 수가 있습니다. 마찬가지로 불이 너무 많으면 검지에 은반지를 끼면 됩니다. 물이 부족한 사주는 새끼손가락에 금반지를 끼면 됩니다.

이 이론은 반지 요법을 통해서 당신의 운을 더 좋게 만드는 관점도 중요하지만, 반지를 끼고 나서 더 나빠지는 것을 막기 위해서 말씀드리는 겁니다. 반지가 별것 아니지만 분명히 당신의 몸에 늘 부착되어 있기 때문에 그 시간이 누적되면 분명히 당신 에너지에 영향을 끼칩니다. 저 같은 경우에는 반지나 시계 같은 액세서리를 착용하면 몸의 에너지 순환이 떨어지는 것을 느껴서 아예 착용하지 않는 편입니다. 그런 사람도 있을 수 있으니 특성을 탄다고 말씀드린 것이며, 무조건 반지 착용을 권하는 글이 아니라는 것을 알아주십시오.

결론적으로 당신 주위의 시공간, 물질 등의 외부 환경을 바꾸는 것은 어느 정도 변수가 된다는 것이지, 핵심적인 본질은 당신 내부의 파장이 훨씬 중요합니다.

부자가 되려는 시도를 하라

지금까지 당신 내면과 외부의 운을 바꾸는 노력을 했다면 가장 중요한 시도를 할 차례입니다.

어떤 사람이 하나님께 매일 기도를 합니다.

"하나님. 저 로또에 당첨되게 해주세요."

어느 날, 그 사람은 기도 중에 기적처럼 하나님의 목소리를 듣게 됩니다.

"로또나 사고, 당첨되게 해달라고 해라."

이건 우스개 이야기지만, 실제로 어려운 경제 상황에 처한 사람들 중 다수가 실의에 빠져서 부자가 되려는 시도는 엄두도 내지 못하고 있습니다. 하루하루를 견디기에도 힘들기 때문에 미래를 꿈꾼다는 것조차 사치같이 느껴진다고 생각하는 분도 계십니다. 그렇지만 그런 상황에서도 시도라도 해봐야, 나중에 큰 변화가 일어날 수 있습니다. 만약 당신이 만약 힘든 경제 사정에 허덕인다면, 그 늪에서 탈출한 사람들의 방법을 따라해보세요.

로또

냉정히 말하면, 로또 1등 당첨은 당신에게 거의 불가능한 꿈입니다. 벼락 두 번 맞는 것보다 확률이 낮다는 이야기도 있으니, 그게 이뤄지겠습니까? 그러니 인생 역전의 희망을 오직 로또에만 거는 것은 어리석은 일입니다. 현실적으로 봤을 때, 당신이 가난을 탈출할 방법 중에서 가장 실현되기 힘든 방법이 로또 1등 당첨이니까요.

하지만 돈 없는 사람이 부자가 되기 위해서 가장 많이 시도하는 방법이 복권 구입입니다. 시도조차 안 하면 가능성은 제로입니다. 당첨이 거의 불가능한 확률이지만 오늘도 누군가는 당첨의 기쁨을 누리고 있으며, 매주 당첨자가 한국에서 몇 명 이상 탄생하고 있습니다. 그러니 소액 투자는 해볼 만합니다. 로또를 살 때 즐길 수 있는 금액만 투자하고 그 결과 역시 너무 기대하지 말라는 말입니다.

여러분의 흥미를 돋우기 위해, '로또 당첨 확률을 더 높이는 명상'을 해보겠습니다. 다음 페이지를 참고하세요.

이 방법은 앞 장에서 했던 전통적인 이완 명상법의 응용입니다.

로또 명상법으로 당첨을 기대해도 될까요? 세상의 법칙을 잘 살펴보면, 반은 맞고 반은 틀렸습니다.

우선 명상으로 미래를 예측하는 것에, 부정적인 면부터 설명하겠습니다. 솔직히 내면의 목소리로, 번호 여섯 개를 다 맞출 수는 없습니다. 만약 그게 가능하다면, 용하다는 점쟁이들이 왜 로또에 도전하지 않고 당신의 주머니 속의 돈을 더 기대하겠습니까?

미래를 족집게같이 맞추는 예언 능력이 있다면, 점을 보는

이완 로또 명상법

1단계 - 육체의 부분 긴장 풀기

의자에 앉거나 침대에 앉은 자세로 시작합니다. 의자에 앉으면 넘어질 수 있으므로 침대에 앉는 것을 더 추천합니다. 누워서 해도 되는데, 그러면 명상 도중에 실제로 잠들어 숫자를 보지 못하는 경우가 많기 때문에 앉아서 하는 방법을 권합니다. 몸이 뒤로 넘어가는 것을 방지하기 위해 엉덩이 쪽에 베개나 방석을 살짝 받칩니다. 상체를 살짝 앞으로 숙여서 조는 자세를 합니다.

온몸의 긴장을 푸는 단계입니다. 아래에 제시된 말을 하며 긴장을 풉니다.

1. "이마의 긴장을 풉니다."(이마가 편안한지 어디가 굳었는지 느낌을 관찰하며 힘을 뺍니다.)

2. "눈의 긴장을 풉니다."(눈이 편안한지 어디가 굳었는지 느낌을 관찰하며 힘을 뺍니다. 특히 현대인은 가까운 것을 너무 오래 보기 때문에 눈 근처의 근육 긴장이 심합니다. 눈 주위를 가장 신경 써서 긴장을 풀어야 합니다.)

3. "입 주위의 긴장을 풉니다."(주로 평소에 인상을 쓰면서 입 주위가 굳습니다. 입 주위가 편안한지 어디가 굳었는지 느낌을 관찰하며 힘을 뺍니다. 이때 입술은 가볍게 미소 짓는 듯이 하며, 혀는 앞니와 잇몸 사이에 붙입니다.)

4. "목 주위의 긴장을 풉니다."(목 주위가 편안한지 어디가 굳었는지 느낌을 관찰하며 힘을 뺍니다. 특히 뒷목의 긴장을 푸는 데 중점을 둬서 두세 번 반복해 이곳을 풉니다.)

5. "어깨에서 팔꿈치, 손목까지 긴장을 풉니다."

6. "가슴과 배의 긴장을 풉니다."

7. "허벅지, 무릎, 발가락까지 긴장을 풉니다."

이렇게 순서대로 몸의 긴장을 풉니다.

2단계 - 전체 긴장의 레벨 떨어트리기

1단계를 완료했으면 이어서 2단계로 진입합니다.

숫자를 10에서부터 1까지 순서대로 세면서, 다음과 같이 말합니다.

"10. 몸이 점점 편해진다. 몸이 가벼워진다."

같은 내용을 반복할 때마다 앞의 숫자만 9, 8…… 이런 식으로 줄어듭니다. 그리고 마지막 1이 되었을 때는 다음과 같이 말합니다.

"1. 이제 내 몸은 아주 편한 상태다."

이런 식으로 육체의 긴장을 푸는 사이에 정신의 긴장도 같이 풀립니다.

3단계 - 무의식에 주문하기

이제 당신의 무의식에게 원하는 바를 주문할 차례입니다.

"나의 무의식은 나를 도와서 프로그램화하여, 로또 당첨 정보 신호를 받는다."

4단계 - 원하는 바를 반복해서 상상하기

눈을 감고 숫자를 떠올리는 단계입니다. 각자 알아서 숫자를 떠올려도 좋지만 적당한 방법이 없는 경우엔 다음과 같이 합니다.

마음이 안정되어서 졸음이 올 무렵 다음과 같은 상상을 합니다.

당신 앞에 큰 구슬이 놓인 것을 생각합니다. 이것이 깨지는 순간 안에 든 로또 숫자가 보이는 것을 상상합니다. 구슬이 깨질 때마다 보이는 숫자를 옆의 종이에 기록합니다. 만약 가능하면 여섯 개를 다 보고 기록하는 것이 명상의 뇌파 레벨을 유지하기에 더 좋습니다. 간단해 보이지만 숙달되면 누구나 숫자를 볼 수 있는 명상법입니다.

현실적으로 번호 여섯 개를 당신이 모두 예측하기는 어렵기 때문에, 가장 먼저 떠오르는 번호 세 개만 선택하기를 권합니다. 그래서 로또 용지에 그 번호 세 개만 적고 반자동으로 구입하는 것이 훨씬 현명합니다.

여섯 개 중에 당신이 두세 개 정도는 명상으로 맞추는 경우가 있습니다. 그렇게 되어서 세 개가 맞는 경우, 당신이 산 로또는 기본적으로 세 개 당첨으로 본전은 확보합니다. 게다가 평소 자동으로 세 개가 맞는 확률까지 같이 오면 당신은 나머지 세 개가 더 맞아서 1등에 당첨되는 운이 오는 것입니다.

만약 당신의 명상이 다 틀려서 세 개가 다 안 맞아도 나머지 중에서 세 개가 맞아 본전을 찾을 확률도 남아 있으니 재미있지 않습니까?

비용으로 복채 몇만 원을 받을 게 아니라 로또만 맞춰도 금방 부자가 될 겁니다. 주식을 사도 부자가 될 겁니다. (그렇다고 점쟁이가 미래를 '전혀' 맞출 수 없다는 건 아닙니다. 그 이유는 조금 뒤에 나옵니다.)

어쨌든 당신의 내면 목소리가 아니라, 세계에서 가장 용한 점쟁이나 알라딘 램프의 지니가 와도 로또 번호를 미리 알기가 거의 불가능합니다. 미래가 모두 정해져 있지는 않기 때문입니다. 앞에 제가 열심히 강조했지만, 모든 미래가 정해져 있고 우리는 시나리오대로 움직이는 것이 아니라고 했습니다.

미래는 시시각각 변하는 확률로 정해진다고 했습니다. 이것은 저의 주장이 아니라, 현대 과학이 보는 관점입니다. 볼이 뽑히는 그 순간에 임의로 정해지는 것이라면 미리 예측하는 것 자체가 의미가 없습니다.

하지만 이번엔 명상으로 미래를 예측하는 것에, 긍정적인 면을 설명하겠습니다. 정말로 미래를 미리 아는 것이 불가능할까요? 이것이 어쩌면 이 책에서 가장 중요한 핵심일 수도 있습니다.

어떤 일이 벌어질 때, 보이지 않는 에너지가 미리부터 작용을 합니다.

만약 당신이 차를 몰고 가는데 간판이 떨어져 차를 덮치는 사건이 벌어집니다. 이게 과연 순전히 우연에 의한 일일까요?
자세히 살펴보겠습니다. 두 가지 타이밍이 맞아야 이 사건이 당신에게 닥칩니다.
간판이 떨어지는 타이밍, 당신이 차를 몰고 가는 타이밍.

먼저 간판의 타이밍을 봅시다. 간판의 이음새가 노후되거나 나사가 조금씩 풀려가는 것이 오랜 시간 누적됩니다. 그러다가 바람에 흔들리면서 마침내 떨어지는 순간이 옵니다. 이것은 단순한 물리적인 누적이기 때문에 어느 정도 예상이 가능할 수도 있습니다. 그러나 그 순간 바람은 어떻게 예측할까요?

바람이 좀 더 일찍 세게 분다면 그 이전에 떨어질 것이고, 바람이 늦게 분다면 나중에 떨어질 거니까요.

그리고 당신이 차를 몰고 가는 타이밍은 좀 더 극적입니다. 당신이 출발하는 시간에 좀 더 늦장을 부렸다면 훨씬 뒤에 지나갈 것이고 중간에 차가 끼어들어 신호를 하나만 더 받았어도 그 지점에 늦게 도착할 겁니다. 아니면 당신이 액셀을 조금만 덜 밟거나 더 밟거나 해도 지나가는 타이밍이 달라집니다.

당신의 차가 간판에 맞는 사건은 지극히 짧은 두 타이밍이 맞아야만 성립하는 겁니다. 그러니 정말 우연의 일치일까요?

불교에서는 인과관계에 의해서 일어나는 걸로 봅니다. 어떤 원인이 있어서 그 사건을 불러왔다는 겁니다. 기독교에서는 하나님의 뜻이라고 합니다. 힌두교 역시 신의 뜻이라고 하며, 이슬람교에서는 알라의 뜻이라고 합니다. 그리고 동서고금의 수많은 지혜서와 현자들은 보이지 않는 손길 때문이라고 합니다. 그리고 어떤 이들은 운이 나빠서 그랬다고 합니다.

이 모든 것의 공통점은 어떤 힘의 관여입니다.

결코 우연히 일어난 것이 아니라 그 사건을 불러일으키는 뭔가가 있었다는 겁니다.

만약 이런 것은 존재하지 않고, 그냥 우연의 일치라고 하면 여러분들은 이 책을 볼 이유가 없습니다. 또한 뭔가를 열심히 바라거나 종교를 믿을 이유도 없습니다.

우주는 다만 우연의 산물에 지나지 않을 테니까요. 기계의 톱니바퀴처럼 맞물려 힘이 작용하고, 확률의 주사위가 미래를 결정하는 물질세계. 이러한 세계에는 영혼이나 정신의 영역, 보이지 않는 손길 따위는 인정하지 않는 셈입니다.

흔히 이런 관점의 가치관을 '물질주의'라고 부릅니다.

그러나 이런 물질주의는 이제 물질을 연구하는 과학의 영역에서도 점차 밀려나고 있습니다.

상대성이론, 양자역학, 카오스이론과 최근의 초끈 이론으로 발전 중인 과학은 이 우주가 아무런 목적도 없이 기계적으로 움직이는 미세한 알갱이들의 우연한 집합체라는 개념이 아님을 밝혀나가고 있습니다. 기계론적 유물론 철학의 기반이 되었던 물리학이 이제는 그 반대의 증거들을 보여주고 있는 셈입니다.

당장 인터넷만 검색해도 넘치도록 많은 사례들이 보이지 않는 힘이 존재함을 나타냅니다.

제가 이 책을 쓰는 이유 역시, '보이지 않는 힘들이 존재하니 그것을 이용하거나 순응하는 것이 더욱 행복하게 사는 지름길'임을 말해주고자 함입니다.

그럼에도 불구하고, 어떤 분들은 이러한 힘이 존재한다는 것을 믿지 않을 겁니다. 우주에는 오직 물질만 존재하고 영혼이나 신은 없다고 생각하시는 분들이 많으니까요.

그래서 이 책에서 말하는 '더 룰', 우주의 법칙을 믿지 않아도 할 수 없습니다. 어차피 로또도 확률이지, 운이 좋다고 당첨되는 것이 아니라고 여겨도 할 수 없습니다.

하지만 가장 중요한 것은 당신이 믿는 우주의 실체입니다. 만약 당신이 영혼이나 정신세계가 없다고 생각한다면, 죽어서 영혼이 사라질 거라고 생각할 겁니다. 그것은 당신에게 가장 비극적인 결과를 부여할 수 있습니다.

우주의 가장 강력한 법칙으로 생각은 창조하는 힘을 지니고 있습니다. 생각은 에너지 파장을 내며, 동일한 파장이 반복되면 점차 '물질이 모이는 무형의 설계도를 형성'합니다.

당신이 어떤 미래를 생각하면 그것을 창조해서 형상화하는 힘을 갖고 있다는 말입니다. 그러나 앞서 말한 것처럼 자연의 인과관계를 무시할 수 없기 때문에, 자신이 만들고 싶은 미래보다 주위 환경이 더 강력하면 그렇게 끌려가서 다른 결과가 나올 수도 있습니다.

하지만 죽음은 다릅니다.

당신이 죽음 뒤에 사멸을 선택하면, 당신의 영혼은 사멸을 창조해냅니다.

그래서 원래 영혼이 존재할 수 있지만 당신의 영혼만은 없어질 수도 있습니다.

그것은 당신이 창조한 길입니다.

그래서 종교에서는 사후 세계를 이야기하고, 그것을 믿으라고 그토록 주장합니다. 원래 가는 방향에는 자연의 인과관계를 따라 죽음 뒤에 또 다른 인식의 세계로 갈 수 있지만, 당신이 강력하게 믿는다면 사멸도 가능하다는 겁니다.

그래서 기독교에서 예수는 "나는 길이요, 진리요, 생명이다"라는 명언을 남겼습니다.

이는 우주의 가장 강력한 법칙을 쉽게 설명한 겁니다.

더 설명하고 싶지만, 여러 종교들의 논점 차이를 생각해서 여기에서는 이만큼만 하겠습니다.

어쨌든 당신은 이 책을 통해서 당신이 죽고 나서도 당신의 정신은 불멸한다는 사실만큼은 믿기를 바랍니다. 설혹 당신이 인생을 더없이 불행하게 살더라도, 불멸을 믿는 것 하나만으로 당신은 유종의 미를 거둘 수 있기 때문입니다. 만약 불멸에 대한 믿음에서 끝나지 않고, 정신세계를 믿고 보이지 않는 손길도 믿는다면 앞으로 당신의 인생은 완전히 달라질 겁니다.

당신의 길이 바뀔 것입니다.

생각이 창조한다는 법칙을 받아들이면, 당신은 인생의 황금률을 얻은 것입니다. 사실 이 힘은 로또 1등 당첨보다 더 강력하게 당신의 인생을 성공으로 이끌어줄 겁니다. 생각이 당신의 미래를 창조하는데 관여하고, 물질의 미세한 흐름을 창조하고, 운명을 창조할 것입니다.

물론 그것이 앞에 말한 안전 박스 내의 잡념의 영역보다, 더 깊은 내면의 영역에서 이뤄진다면 훨씬 강력해집니다.

끌어당김의 법칙은 이에 비하면 부차적인 힘입니다.

모든 것은 당신 내면에서부터 비롯됩니다.

주위에서 주어지는 것보다 더 강력한 것은 당신 내면으로부터 나옵니다. 심지어 신의 힘도, 운의 강력한 힘도 당신 내부에서부터 나올 수 있습니다.

당신은 신의 일부이기 때문입니다.

사실은 로또 명상 또한 이러한 힘을 끌어내기 위한 것입니다. 그냥 명상을 하라고 하면 재미가 없어서 잘 하지 않기 때문에, 재미있는 대상을 통해 어떤 감각을 끌어내는 훈련입니다.

그렇다고 로또 명상이 기대할 것 없는 엉터리는 아닙니다.

그럼 근거를 말씀드리겠습니다.

로또 명상을 통해 미래를 예측해서 당첨 확률을 올릴 수 있을까요? 어떤 일이 벌어질 때, 보이지 않는 에너지가 미리부터 작용한다고 했습니다. 그래서 징조라는 현상이 생깁니다.

징조. 예를 들어 큰 지진이 일어나기 전에, 사람들은 모르지만 동물들은 미리 징조를 알아차린다는 말이 있습니다.

1975년에 중국 하이청海城에서 겨울에 뱀이 도로로 나와 얼어 죽고 말이 날뛰었는데 사흘이 지나자 규모 7.3의 대지진이 발생했습니다.

2008년 중국 사천성에서 지진이 일어나기 4일 전에 진원지 근처 마을에서 무려 10만 마리가 넘는 두꺼비가 대규모 이동을 했다고 합니다. 이때 도로의 많은 두꺼비들이 사람들과 차에 밟혀 죽었지만 꾸역꾸역 한 방향으로 이동을 해서 이상하다고 사람들이 여겼는데 그 뒤 대지진이 일어났습니다.

2011년 미국 워싱턴 D.C에서는 국립 동물원의 붉은목도리여우원숭이가 지진 발생 15분 전부터 소리를 질러댔고, 5~10분 전에는 유인원 여러 마리가 먹이를 팽개치고 우리에 있는 나무처럼 생긴 구조물 꼭대기로 기어올라갔다고 합니다.

이렇듯 지진을 앞두고 동물들이 미리 감지하고 이상한 행동을 한 것은 너무나 사례가 많습니다.

옛날 속담에 배가 침몰하기 전에 쥐들이 먼저 탈출한다는 말이 있습니다. 또 도살장으로 끌려가는 소가 죽음을 예견하고 눈물을 흘린다는 일화들도 있습니다. 이런 이야기들이 많다는 것은 사람들이 봤을 때 어느 정도 그럴 법하게 여겨지는 사례가 많았다는 겁니다.

어쨌든 이런 특이한 능력은 동물에게만 있겠습니까?

사람에게도 육감이 있습니다. 잘 생각해보면 당신도 사는 동안, 이런 경험을 했을 수도 있습니다. 어떤 일이 벌어질 것 같은 느낌이 들었는데, 나중에 진짜로 그런 일이 벌어지는 경우 말입니다. 수많은 사람들이 경험하는 이런 현상은 당신의 무의식이 감지하는 어떤 정보 때문입니다.

어떤 사건이 일어나기 전에 이미 에너지가 쌓이는 흐름이 징조로 나타납니다. 또한 이런 에너지의 조짐을 무의식이 감지하는 것이 육감, 촉입니다.

그런데 무의식은 의식이 없다는 뜻입니다. 즉, 무의식은 의식이 없는 영역이기 때문에 어떤 정보를 감지해도 당신은 불분명하게 느낍니다.

현실에서 길의 신호등에 빨간색이 들어오면 당신은 명확하게 알 수가 있습니다. 이것은 의식의 영역입니다. 그러나 무의식에 켜지는 신호등은 불분명해서 당신은 얼핏 이상한 느낌으로 지나가기 때문에 잘 알아차리기 힘듭니다. 그래서 현실적으로 사람들이 잘 활용할 수 없는 부분이기도 합니다. 그 느낌도 명확하지 않은 데다가 무의식의 영역이기 때문에 당신이 육감의 응답을 받기를 원한다고 해도 그때마다 어떤 반응이 오는 것도 아닙니다.

당신 의식 : 야, 무의식. 내가 진짜 궁금하니까 이 일과 관련된 촉을 보여줘!

무의식 : ⋯⋯.

이렇듯 매번 느낌도 다르고 어떤 때는 반응이 있는 듯하다가 어떤 때는 전혀 없습니다.

더 중요한 것은 잡념에서 오는 가짜 정보를 육감으로 착각하는 경우입니다. 이게 촉인가 하여 의미를 부여하지만 나중에는 그게 헛된 상상이었다는 것을 깨닫게 됩니다. 이런 경우 아예 육감 자체를 엉터리라고 믿게 됩니다. 그러니 논리적이고 이성적인 사람일수록 육감이란 것은 도무지 알 수 없는, 그래서 무시해야 할 착각으로 생각하는 경향이 있습니다.

그러나 명상을 많이 해보신 분들은 이러한 육감을 다양하게 경험하고, 활용합니다. 분명한 것은 징조가 존재하고, 그것을 육감이 알아챌 수도 있다는 사실입니다.

그렇다면 로또 당첨 원리를 살펴보겠습니다. 당연한 이야기지만, 왜 로또의 미래를 예측하기 어렵다고 하는가 하면, 당첨이 '확률 뽑기(추첨)'이기 때문입니다. 이게 우리 주변 일의 미래를 예측하는 것과는 다릅니다.

"선생님. 한국 프로야구 국가 대표 팀과 전국의 직장인 동호회 야구 대표 팀이 친선경기를 하는데 누가 이길까요?"

이런 종류의 미래 예측은 대다수 사람들이 프로야구 국가 대표팀이 이긴다고 할 겁니다. 선수 구성의 현격한 실력 차이가 명확한 근거가 되기 때문입니다.

비슷한 예로, 우리나라 축구 대표 팀과 브라질 축구 대표 팀이 경기를 한다 합시다. 그런 경우 선수 명단의 실력을 근거로 여러분은 어느 정도 승패 예측이 가능합니다. 물론 그 예측이 모두 적중하지는 않더라도 어느 정도는 현재 있는 근거를 기반으로 예측을 하는 겁니다.

그래서 스포츠 베팅은 당연히 그럴 것 같은 결과에는 보상이 거의 없고, 나오기 힘들 결과에는 아주 높은 보상이 따릅니다.

하지만 주사위 굴리기 같은 실험은 데이터 근거가 따로 없고, 무엇이 나올지는 확률이 동일하기 때문에 예측이 거의 불가능하다고 보는 겁니다.

그래서 용하다는 점쟁이를 찾아가서 당신이 하고 있는 사업의 승패를 가르쳐달라고 하면, 진짜 용하게 맞추는 경우는 종종 있지만, 주사위를 두 개 갖고 가서 A B 주사위의 결과값을 미리 가르쳐달라고 하면 아마 쫓겨날 겁니다.

"하하. 당신이 용한 점쟁이입니까? 제가 주사위를 굴릴 테니 뭐 나올지 알아맞혀보세…… 아야! 왜 때리십니까? 저랑 내기를 합시다. 주사위를 맞추면 제가 복채를 드리고, 못 맞추면 당신이 복채의 두 배를 저한테…… 아야. 왜 때립니까?" 이런 말을 하게 될지도 모릅니다.

이처럼 즉석에서 뽑기를 하는 로또는 당연히 아무런 예측의 근거가 없습니다. 어떤 사람들은 예측의 근거가 있다고 주장합니다. 그 사람들이 말하는 것은 통계학입니다. 통계적으로 이러니 이번에는 몇 번이 나올 확률이 높다.

만약 지난주 당첨 번호가 '3, 4, 14, 18, 30, 42' 이렇게 나왔습니다. 짝수가 다섯 개입니다. 그런데 그 앞 주의 당첨 번호를 보니, 3주 연속으로 계속 짝수가 다섯 개씩 나왔습니다. 그렇다면 이번에는 홀수를 많이 찍어보자고 예상을 하는 겁니다. 어차피 짝수나 홀수나 나올 확률이 반반이니, 균형을 맞추려면 이번에는 홀수가 많이 나올 거라고 예상하는 겁니다.

똑같은 예로, 당신이 친구와 내기를 하는데 친구가 던진 동전이 일곱 번 연속으로 앞이 나왔습니다. 당신은 이번 여덟 번째 시도에서 앞뒤 중에 어디에 돈을 걸겠습니까? 똑똑한 당신뿐만 아니라 상당수의 사람들이 뒷면에다 겁니다. "이번에는 뒷면이 나올 차례야"라고 말하면서.

이걸 '도박사의 오류'라고 부릅니다.

1913년 8월 18일 모나코 몬테카를로의 카지노에서 있었던 일입니다. 룰렛 게임에서 구슬이 스무 번이나 연속으로 검은색으로 떨어지는 믿기지 않는 일이 벌어졌습니다. 이렇게 되자 카지노는 난리가 났습니다. 검은색과 빨간색의 확률은 반반인데 열 번도 아니고 스무 번이나 같은 색으로 구슬이 떨어진 겁니다. 그래서 카지노에 있는 웬만한 도박사들이 다 몰려와 빨간색에 돈을 걸었습니다. 통계적으로는 이번에는 빨간색이라고 생각했기 때문입니다.

하지만 구슬은 또다시 검은색 위로 떨어졌습니다. 그러자 더 많은 사람이 몰려들어 빨간색에 더 큰 돈을 걸었습니다. 그러나 또 구슬은 검은색 위로 떨어졌습니다. 그렇게 게임은 이어졌고 결국 스물일곱 번째에 가서야 구슬은 빨간색에 멈추었습니다. 그러나 그때는 이미 대다수 도박사들이 돈을 다 잃은 뒤였습니다. 이것이 그 유명한 도박사의 오류 사례입니다.

앞에 어떤 결과가 있었더라도 이번 뽑기는 저번과 아무런 연관이 없기 때문입니다.

결과적으로 동전의 앞면이 일곱 번 나와서, 당신이 뒷면에 걸더라도 이번에 동전의 앞면이 나올 확률은 여전히 2분의 1입니다. 앞에 일곱 번이 나왔다고 해서 이번에 동전 앞면이 나올 확률이 3분의 1, 또는 10분의 1로 줄어드는 일은 결코 없다는 말입니다.

마찬가지로 지난주 로또 번호가 '3, 4, 14, 18, 30, 42' 이렇게 나왔다고 해서 이번 주에도 똑같이 '3, 4, 14, 18, 30, 42' 번호가 나올 확률은 여전히 8백만분의 1로 동일합니다.

그러니 수학자들이 보는 견해로는 통계학적으로 로또 번호를 분석하는 것이 별로 근거가 없다고 합니다. 결국 로또는 예측할 수 있는 근거가 아무것도 없는 뽑기입니다.

그런데도 명상으로 예측을 한다고요?

여기서 여러분은 중요한 사실 한 가지를 아셔야 합니다.

'로또는 의미 있는 도박이다.'

로또는 그냥 확률 추첨이 아닙니다. 의미 있는 확률 추첨입니다. 이게 무슨 말일까요?

당신이 방구석에 앉아 주사위를 굴리는 실험을 한다고 합시다. 이때 '아무런 의미 없이' 그저 주사위를 굴리며 나오는 숫자를 기록합니다. 굴리는 횟수가 많아지면 많아질수록 1부터 6까지 각 숫자가 나올 확률은 비슷해집니다.

그러니 당신이 어떤 사람과 같이 주사위를 굴려서 숫자 높은 사람이 이긴다고 하면, 이길 확률은 동일합니다.

그러나 당신이 전 재산을 걸고 다른 사람과 내기를 하기 시작하면 약간씩 달라집니다.

운이 개입하는 겁니다.

우주에는 '의미가 있는 일'에는 그와 연관되는 '인과관계의 힘'이 작용하기 시작합니다.

흡사 관찰자의 법칙처럼, 신이 관찰하면서 가산점과 벌점을 매겨 적용하는 듯 희한하게 작동합니다. 그것을 우리는 운이라고 부릅니다. 그래서 운이 다한 사람은 도박의 고수라도, 귀신같이 좋지 않은 패가 나와서 그날 패하게 됩니다.

로또는 '의미가 큰' 도박입니다. 한 사람의 일생을 좌우할 만한 거금이 굴러들어오는 일입니다. 게다가 여기에 인생을 거는 사람들이 수십만 명이 넘습니다. 그들의 가족까지 포함하면 무려 수백만 명의 운이 좌지우지되는 큰 의미가 있는 일입니다.

관찰하는 사람들이 수십만이 넘고, 그들의 정신 에너지가 집중됩니다. 보이지 않는 손길이 크게 작동될 수밖에 없습니다. 운 역시 강력하게 적용됩니다.

그리고 중요한 인과관계에는 반드시 그에 필적하는 에너지가 집중됩니다.

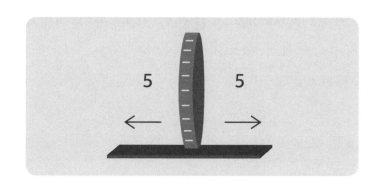

　그럼 확률이라는 것을 마저 살펴보겠습니다. 흔히 확률이라고 하면, 딱 정해진 확률을 생각하는 분들도 계십니다. 동전의 앞뒤 확률이 반반이면, 확률이 딱 반반으로 균형을 이루고 있다고 생각하는 겁니다. 만약 동전이 앞으로 넘어질 힘이 5, 뒤로 넘어질 힘이 5가 완벽히 균형을 이루고 있다면 동전은 넘어지지 않을 겁니다. 이를테면 동전을 던졌는데 서 있다는 겁니다.

　실험 기계가 있어서 동전이 위에서 미끄러져 내려올 때 정확하게 딱 중앙을 유지한 채 바닥으로 떨어지게 한다고 합시다. 그 동전은 바닥에 튕겨 오르면서 회전을 하다가 바닥에 쓰러집니다.

　아주 똑같이 조건을 줬음에도 불구하고 이 동전 던지기의 실험은 1천 번을 해도 완벽하게 반반이 나오지 않습니다.

　앞, 뒤, 앞, 뒤, 앞, 뒤, 앞, 뒤, 앞, 뒤, 앞, 뒤……

　이렇게 규칙적으로 나오는 경우는 거의 없습니다.

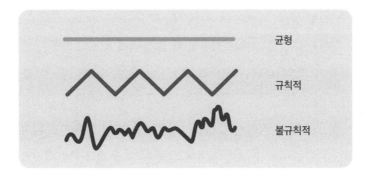

균형

규칙적

불규칙적

뒤, 뒤, 앞, 앞, 앞, 앞, 앞, 뒤, 앞, 앞……

이런 식으로 불규칙적으로 나옵니다.

"선생님. 이런 당연한 이야기를 왜 하세요? 이건 초등학생들도 아는 건데요?"

네. 당연합니다. 자연의 법칙은 우리가 일상에서 경험하는 것이기 때문에 여러분도 익히 아는 겁니다. 제가 말씀드리는 건 그 안에 내포된 원리를 정확하게 이해시켜드리려고 하는 겁니다.

자연에서 확률은 '불규칙적'인 리듬입니다.

위의 그림처럼 '균형'은 동전이 쓰러지지 않고 서 있는 상태입니다.

'규칙적'은 반반, 앞뒤 리듬이 마치 음악의 '쿵작쿵작' 박자처럼 일정하게 나타나는 경우입니다. (앞, 뒤, 앞, 뒤, 앞, 뒤, 앞,

뒤, 앞, 뒤, 앞, 뒤……)

'불규칙'은 말 그대로 평균은 중앙 절반에 있지만 도무지 종잡을 수 없이 나타난다는 겁니다. (앞, 앞, 앞, 앞, 앞, 뒤, 앞, 앞, 뒤……)

어느 구간만 끊어서 보면, 동면 앞면이 30번 연속으로 나와서, 그 구간에서 동전의 앞면이 나올 확률은 결국 1백 퍼센트가 되는 경우도 있습니다.

그래서 자연의 흐름을 예측하기가 힘든 겁니다. 가령 기상 예측은 슈퍼컴퓨터로 최신 데이터를 넣어도 많이 빗나가는 경우가 많습니다. 이렇게 불규칙적인 리듬이 나타나기 때문입니다.

만약 동전을 30회 던지는데, 동전 앞면 나올 확률이 1백 퍼센트의 결과로 나올지 누가 알겠습니까? 원래 확률은 50퍼센트지만, 이 시기에 불규칙적인 리듬은 앞면에 강세가 나와서 이런 결과를 내는 겁니다.

마찬가지로 로또에서 볼의 추첨을 시작할 때 모든 숫자는 45분의 1의 확률을 가지고 있습니다. 하지만 이때 요동치는 확률의 변화는 모든 볼이 동일하게 45분의 1. 즉 2.22퍼센트의 추첨 확률을 유지하고 있는 것은 아니라는 겁니다.

어떤 볼은 나올 확률이 기하급수적으로 높아지고, 어떤 볼은 나올 확률이 팍 낮아지고 이런 요동 속에서 결국 높은 확률의 볼이 나오게 됩니다.

그렇다면 이 확률의 불규칙한 변화가 순전히 우연이라고 보는 관점과, 이것은 보이지 않는 에너지의 파장이 영향을 줘서 그렇다는 두 가지 관점이 있을 수 있습니다.

그래서 우주의 모든 것이 우연이라고 보지 않는다면, 어떤 '인과관계의 에너지'가 작용해서 당첨 확률에 변화를 준다고 보는 겁니다. 그것이 우리가 '운'이라고 표현하는 것의 정체입니다.

우주에는 '의미가 있는 일'에는 그와 연관되는 '인과관계의 힘'이 분명히 작용합니다.

"선생님. 자연에서야 그렇다고 치고, 컴퓨터 게임에서 대박 아이템 얻는 것도 그런 보이지 않는 힘이 작용하나요? 딱 정해진 프로그램대로 받는 거 아닌가요? 그런데 왜 친구는 매번 좋은 것 받는데, 저만 안 좋은 것이 걸리는지 모르겠습니다."

옛날에는 사람의 주위 환경에 자연만 있었지만, 요즘은 사이버 세상, 온라인 세상도 있습니다. 사이버 세상에서 컴퓨터 프로그램이 추첨하는 복권이 있다면 그것도 운이 관계가 된다고 할 수 있을까요?

게임의 경우, 전설 아이템을 받으면 그 게임 내에서의 가치뿐만 아니라, 다른 사람에게 비싼 값에 팔 수 있는 현실의 재산이 되기도 합니다. 그런 가치가 높은 아이템일수록 게임 회사에서는 추첨 시스템을 대충 만들지 않습니다.

가령 예를 들어 일반 아이템의 꽝(낙첨)과 당첨의 확률이 50:50이라고 합시다. 프로그램에서 딱 50 가운데 값이 나오면 어떻게 결정할까요? 낙첨과 당첨이 공존하니 프로그램이 알아서 선택해줄까요?

게임 시스템 : '……나보고 어쩌라고? 나는 컴퓨터임.'

컴퓨터 프로그램에서는 중간이란 것이 없습니다. 예스면 예스, 아니면 아닌 겁니다. 그런데 컴퓨터는 주어진 조건을 계산하는 기계이지 스스로 결정하는 기계가 아닙니다. 스스로 결정하려면 앞에서 말한 '강한 인공지능' 단계가 되어야 하니, 아직은 먼 미래의 이야기입니다.

그러니 프로그램에서는 이런 중간값의 경우에 순간적으로 재추첨을 반복해서 중간에서 조금이라도 낮거나 높은 값이 나와야 꽝과 당첨이 결정됩니다. (균형이 없다는 말입니다.) 그런데 이렇게 반복되는 추첨이 어떤 규칙적인 리듬을 따르면, 그를 이용한 반칙이 생길 가능성이 있습니다. 해킹이 좋은 예입니다. (규칙적 리듬을 안 쓴다는 말입니다.)

그래서 추첨 시스템은 자연의 원리처럼 확률이 요동치는 '불규칙한 리듬'을 이용하는데, '난수'라는 것을 씁니다. 난수는 랜덤으로 즉, 무작위로 불규칙하게 생성하는 숫자입니다. 예를 들어 같은 시간에 아이템 뽑기를 동시에 눌러도, 사람마다 다른 숫자가 무작위로 나오도록 프로그래밍되어 있습니다.

이런 원리로 당첨 확률이 0.00001퍼센트의 초대박 아이템도 운 좋게 적절한 숫자를 얻는 사람이 받게 만들어져 있습니다.

여기에 관여되는 것은 '불규칙한 리듬'입니다. 즉, 게임의 추첨 시스템 스스로도 당신이 어떤 아이템을 받게 될지, 결과를 미리 예상할 수 없는 리듬에 의해 결정됩니다. 이것은 게임뿐 아니라 당신이 은행 사이트에서 사용하는 OTP카드나 각종 보안 시스템에도 난수를 확률적으로 뽑아서 사용합니다.

주목할 것은 난수를 어떻게 뽑는가 하는 겁니다. 컴퓨터는 근본적으로 모든 결과값은 계산해서 냅니다. 그러니 어떤 계산 방식을 쓰는지 들키면 해킹의 위험이 있습니다.

그래서 요즘은 난수 만드는 것에 실제 세상의 양자를 이용하는 단계까지 왔습니다. 양자 암호, 하면 어려운 전문 분야이기 때문에 이 정도만 설명하겠습니다.

아무튼 기존의 컴퓨터 확률 추첨 역시 자연의 원리를 그대로 적용했기 때문에, 보이지 않는 손길의 운이 작용하는 패턴입니다.

또한 사이버 세상의 일도 현실에서 이쪽의 당신이 어떤 시각에 뭘 입력했는지가 영향을 미칩니다. 저쪽의 게임 시스템에서 누군가 뭘 설정했는지도 영향을 줍니다. 그러니 현실의 양쪽 다 개입하는 겁니다. 결국 현실의 보이지 않는 손길이 영향을 미칠 수 있습니다.

그러니 대박 아이템을 뽑는 것도, 사이버 복권에 당첨되는 것도 운이 작용합니다.

이제 다시 로또 이야기로 돌아가겠습니다.

자. 여기 한 사람이 있습니다. 그는 보이지 않는 손길에 의해 이번에 1등으로 당첨될 운이 아주 높은 사람이라고 칩시다. 그렇다면 그가 산 로또 번호 중에 1등이 나올 확률이 높아야 합니다. 만약 그가 로또를 추첨 하루 전에 샀다면 이미 1등의 강력한 후보 번호는 이때 정해집니다.

그러니 운의 힘은 로또 당첨 전부터 특정 숫자의 에너지가 강하게 작용합니다.

즉, 징조처럼 미세한 에너지 파장이 생기기 시작합니다. 만약 명상을 통해서 이 에너지 파장을 무의식이 읽어내면 당첨 번호를 예측할 수 있습니다.

물론 이건 '운'이란 것이 있어서 특정 번호를 이번에 당첨시키려는 힘이 작동한다는 가정하에 성립하는 이론입니다.

어쩌면 세상에는 '보이지 않는 손길이 관여하는 운' 따위는 진짜로 없을지도 모릅니다. 이렇게 믿는 사람들의 눈에는 운이 존재하지 않는다는 증거가 점점 더 보이게 될 겁니다.

반대로 운을 믿는 사람들의 눈에는 운이 존재한다는 증거가 점점 더 보일 겁니다.

앞서 말하는 것처럼 '생각의 창조 능력'과 '끌어당김의 법칙'으로 자기의 생각에 맞는 사례가 점점 더 보이게 됩니다. 그렇다면 당신은 보이지 않는 손길을 믿지 않고 모든 것이 우연이라고 생각하고 살겠습니까? 아니면 보이지 않는 손길을 믿고 그것을 활용하여 당신에게 큰 이익을 주는 방향으로 살겠습니까?

어쨌든 성공한 많은 사람들이 보이지 않는 손길과 운을 믿고 그것을 좋게 만드는 방법을 사용했습니다. 운의 존재 여부를 떠나서 결국 그들은 좋은 결과를 얻었습니다.

저는 그러한 비결들을 여기에 적는 겁니다.

"선생님. 저는 로또 명상을 해도 전혀 맞지 않습니다. 왜 그럴까요?"

제대로 명상을 했는데도 숫자가 전혀 맞지 않는 것은 세 가지 이유가 있습니다.

첫째, 당신이 들은 것이 내면의 소리가 아닙니다.

이게 가장 많은 유형입니다.

보통 명상을 하게 되면, 생각을 멈추고 가만히 있어야 합니다. 그런 상태에서 저절로 들리는 소리가 내면의 소리입니다.

그러나 로또 명상을 하게 되면, 번호를 떠올려야 한다는 마음에 기대 심리가 생깁니다. 그것이 스스로 상상하게 되어, 별의미 없는 잡념을 신호로 여기게 됩니다.

사실 집중해보면 로또 번호가 떠오르기도 하고 머릿속에서 생각이 말처럼 떠돕니다. 그런데 대부분이 실제로 당신의 잡념 영역에서 벌어지는 당신의 마음속 허상들에 불과합니다.

사실 로또 명상법은 내면의 소리를 듣는 훈련을 하기 위해, 추천드린 겁니다.

내면의 소리는 어떤 것일까요? 앞에서도 자세히 설명드렸지만 다시 정리하자면 '본능적으로 드는 느낌', '내가 하는 생각에서 다른 층에서 들려오는 생각'이 포인트입니다.

명상을 하면 주로 이런 형태로 많이 인식하는데, 당신의 평소 생각과 내면의 소리의 미세한 차이는 집중하지 않으면 구분되지 않습니다.

사실 당신은 명상을 하지 않아도 평소에 늘 무의식으로부터 이야기를 듣고 있습니다.

그걸 당신이 알아차리지 못했을 뿐입니다. 그러나 관심을 기울이면서부터 조금씩 다양한 느낌을 받게 됩니다. 느낌의 형태를 나눠보면 아래와 같습니다. 이런 반응이 생길 때 잘하고 있는 건지 못하고 있는 건지 판단하는 게 중요합니다.

어떤 경우에는 눈을 감은 상태에서 꿈을 꾸듯 시각적으로 장면을 보기도 합니다. 예를 들어 로또 명상을 하면 로또 숫자가 보인다든지, 로또 당첨 공이 보인다든지 하는 상상의 장면입니다. 이게 가장 보편적인 방법입니다.

또는 신체감각으로 오는 정보도 있습니다. 앞에 말한 '오링 테스트', '엘 로드', '펜듈럼 요법'으로 감각의 미묘한 변화를 감지하는 방법도 있습니다. 이런 종류의 방법은 본인 스스로의 선입견으로 답을 정해놓고, 그쪽으로 유도해가는 경향만 줄이면 됩니다. 현실에서 이 방법을 잘 이용해서 크게 성공한 사람도 제법 있습니다.

또는 그냥 직관적으로 바로 아는 경우도 있습니다. 우리가 왠지 그럴 것 같다는 느낌을 받는 것이 이런 경우입니다.

어떤 경우는 청각적으로 소리로 들립니다. 이렇게 명상 중에 어떤 음성이 들리는 기분이 든다면?

바로 멈추십시오. 잘못하면 가짜 목소리를 상상한다든지, 환청을 듣는다든지 해서 정신적인 문제가 생길 수도 있습니다. 이 방법은 명상을 제대로 배운 사람이 아니면 절대로 추천드리지 않습니다.

명상에서 가장 중요한 룰을 말씀드리겠습니다.

룰 1 나의 주인은 나 자신입니다.

룰 2 모든 것은 저절로 자연스럽게 이루어져야 합니다.

1번 룰은 명상을 할 때 가장 기준점이 되는 법칙입니다. 명상은 자기 마음을 탐색하는 과정을 거칩니다. 그러다 보면 희한하게도 다른 목소리가 들리는 경우도 있습니다.

이때 중요한 것은 우주의 신이 당신에게 자유의지를 부여했다는 점을 기억해야 합니다. 즉 당신이 당신 자신의 주인인 권한을 갖고 있습니다.

그러니 다른 목소리가 들리더라도 당신이 주인인 입장에 서서 판별해야 합니다. 그 목소리가 단순히 당신 내면의 생각에 불과한지, 아니면 다른 영적인 파장인지를 우선 구분합니다.

당신과 다른 영적 파장이라고 판단되면 바로 무시하셔야 합니다. 무시하는 순간 파장 주파수가 바뀌면서 대부분 다시는 들리지 않습니다.

만약 그러지 않고, 무턱대고 어떤 목소리를 믿고 따르면 정신 분열이나 사이비 종교에 빠지기 쉽다는 것은 상식적으로 아는 사실 아닙니까?

그러나 어떤 분은 호기심에서 대화를 하고, 그러다가 그 목소리로부터 들었던 어떤 미래 정보가 현실에서 맞아떨어지게 되면, 점차 그것을 더 믿고 끌려가는 경우가 생깁니다. 이러면 흔히 신들렸다는 상황이나 정신 질환증에 걸린 사람들의 초기 반응과 유사해집니다. 그러니 아예 배제하고 명상하여야 합니다.

정식으로 명상을 배우지 않은 사람도 이 책에 소개한 간단한 이완 명상을 통해 얼마든지 깨달음도 얻을 수 있고, 성공으로 가는 좋은 파장도 얻을 수 있습니다. 이 룰만 지킨다면 부작용 없이 하는 만큼 이득이니까요.

제가 내면의 '소리'라고 표현한 것은 엄밀히 말하면 내면의 '생각'입니다.

명상 역시, 당신의 무의식인 아래 레벨(알파파 영역)에 초점을 맞춰, 깨달음을 얻거나 당신이 원하는 바를 좀 더 강하게 파장을 공명시키는 작업입니다.

명상은 자기를 찾는 과정이지, 당신 내면의 다른 어떤 존재를 찾는 과정이 결코 아닙니다.

당신이 힘들다 보면, 당신이 명상할 때 자신도 모르게 어떤 영적 존재가 와서 도와주기를 원하거나 어떤 신비한 능력이 생기길 기원할 때가 있습니다. 그것이 끌어당김의 힘을 발휘하여 실제로 이상한 현상이 생기는 경우도 드물게 있습니다.

그러나 이런 현상은 인생의 결과가 나쁘게 되는 경우가 많으니 애초부터 그런 기원은 삼가하고 명상하셔야 합니다.

"선생님. 그럼 기도할 때 누군가의 응답을 원하는 것도 나쁜 것인가요?"

이렇게 생각할 수도 있습니다. 기도는 당신이 주인인 입장에서 신이나 신의 대리인을 호출하여 소통하는 과정이니 명상과는 조금 다른 영역입니다. 이는 그래도 전통 종교에서 잘 정의되어 있고 대부분 안전한 방식으로 진행하니 크게 걱정하시지 않아도 됩니다.

2번 룰, '모든 것은 저절로 자연스럽게 이루어져야 한다는 것' 역시 명상에서 가장 중요한 비결입니다. 동양의 도가 사상에서 비롯된 단전호흡이나 인도의 요가 호흡, 그 어떤 명상법도 이론을 들여다보면 한결같이 이 법칙을 적용하고 있습니다.

우주의 법칙은 자연법칙입니다. 자연이라는 말에 그 핵심이 다 담겨 있습니다. 자연自然은 '스스로 그러하다'는 한자입니다.

그러니 명상의 과정이든 깨달음이든 자연스럽게 저절로 생겨야 합니다. 그것이 당신이 얻을 수 있는 진짜배기입니다.

자. 그럼 다시 명상하는 법을 보겠습니다. 마음을 고요히 하고 긴장을 풀면 저절로 알파파 아래 레벨로 내려갑니다. 이것이 바른 방법입니다.

그리고 당신이 바라는 바(예를 들어 로또 명상법이라면 로또 번호)를 명상 시작할 때 본인의 무의식에 명령하여 주문한다고 했습니다. 그렇다면 그다음에는 긴장을 풀고 고요히 졸음이 오는 단계까지 기다리면 됩니다. 그렇게 해서 가만히 조는 단계까지 가다 보면 뭔가 저절로 떠오를 겁니다. 그게 숫자라면 당신의 무의식이 일종의 반응을 보낸 겁니다.

중요한 것은 여기에도 저절로 떠오르는 걸 기다리는 겁니다. 만약 그렇지 않고 눈을 감고 끊임없이 로또 번호를 떠올리려고 하면 그것은 가짜 정보, 즉 당신의 평소 생각 영역에 있는 잡념이 적당히 번호를 떠올리는 것에 불과합니다.

깨달음이나 중요한 결정에 대한 당신의 내면의 판단을 얻고 싶을 때에도 마찬가지입니다. 당신이 명상 전에 주문을 하고 그냥 생각을 없애고 고요하게 있어야 합니다. 그러다 졸음이 올 무렵 저절로 뚜렷한 생각이 떠올라야 합니다.

명상으로 당신이 무엇을 기대하든 모든 게 저절로 이뤄져야 합니다. 이는 종교의 기도도 마찬가지입니다. 종교에서 기도의 어떤 응답을 받기를 원하는 사람들이 스스로 다그치다 보면, 자기 잡념의 생각이 그 흉내를 내게 되기 때문입니다.

- 머리에서 발끝까지 신체의 부위를 생각하며 힘을 뺀다.
- 마음을 고요하게 한다.
- 무의식에 주문을 강력하게 한다. (예: '나의 무의식은 이번 주 로또 당첨 번호에 대한 정보를 가르쳐준다.')
- 숫자가 보이는 것을 계속 강력하게 마음속으로 말한다.
- 무의식을 믿고 졸음에 빠져든다.

앞의 명상법을 분석해봅시다.

여기에서 무의식을 믿고 졸음에 빠진다는 항목은 여러분에게 명상의 아주 간단한 스킬을 가르쳐드린 겁니다.

이 부분에서 졸음에 빠지는 게 아니라, 고요히 신체 부위 한 곳을 마음으로 응시하면서 호흡을 천천히 반복하면 고급 명상 스킬이 됩니다. 이때 마음으로 집중하는 신체 부위가 배꼽 아래 부위이면 단전호흡이고, 척추의 한 부분이면 요가 호흡 중에 하나일 수도 있고, 어떤 명상법에서는 코끝, 어떤 명상법에서는 눈과 눈 사이…… 이렇게 어떤 부위에 집중하는가에 따라 그 명상법이 추구하는 바가 다릅니다. 어쨌든 신체 부위에 마음을 집중하고 호흡을 하다 보면 자기도 모르게 마음이 가라앉으면서 무의식의 레벨로 들어가게 됩니다.

어떤 명상법들은 신체 부위가 아니라 특정 글자를 떠올리기도 하고, 특정 장면을 떠올리게도 합니다. 또한 어떤 명상법은 바깥에 있는 사물이나 예를 들어 촛불, 태양, 숲의 나무, 벽에 찍힌 점 등에 초점을 고정시킨 채 가만히 있다 보면 알파파 레벨로 의식이 떨어집니다.

어떤 명상법을 하든, 아니면 제가 가르쳐드린 기초 스킬로 하든 중요한 것은 당신이 당신 자신의 주인이라는 원칙과 저절로 일어나기를 기다리는 것이 핵심입니다.

이외에도 꿈의 상징으로 오는 정보도 있습니다. 그래서 어떤 꿈을 꾸면 어떻다는 해몽을 많은 사람들이 이야기합니다. 그러나 이 경우에는 평소 기억과 욕망이 주로 꿈으로 나타나므로, 그런 장면과 구별하기가 쉽지 않습니다. 게다가 꿈의 상징의 의미라고 알려진 것이 반드시 맞는 데이터는 아닙니다. 그러니 본인의 경험상 어떻다는 수준으로 가볍게 참고 정도만 하는 게 현명합니다.

어쨌든 내면의 생각을 듣는 것은 당신과 세상을 알아가는 과정입니다.

둘째, 당신의 운이 약하다.

앞에 제가 운을 좋게 하는 방법들을 말씀드렸습니다. 그런데 이런 실천 없이 명상 한 번만 잘해서 로또 1등에 당첨될 수 있다면 그런 수고를 왜 하겠습니까?

자신을 바꾸고 좋지 않았던 습관을 바꾸고 그렇게 치열하게 노력해도 운을 바꿀까 말까 한데 그런 노력 없이 간단하게 로또가 당첨되어 인생 역전을 하고 싶다면 욕심입니다. 끊임없이 좋은 요소들을 끌어당기고 자신을 바꿔나가면서 명상을 하면 인생이 바뀝니다. 로또 당첨이 안 되더라도 좋은 일이 생기기 시작할 겁니다.

다시 말해, 로또 1등 당첨은 자신의 운이 크게 받쳐줘야 합니다. 그렇지 않다면 명상 잘하는 사람이 매번 당첨을 독차지할 겁니다. 아무리 용한 점쟁이도 당첨 번호를 맞추지 못하는 결정적인 이유입니다.

당신도 마찬가지입니다.

운이 따라주지 않으면 보이지 않는 손길의 힘이 개입해서 정보를 보호합니다. 즉 결정적인 숫자 정보 몇 개가 가로막혀 들어오지 않습니다. 그럴 때 당신이 보기를 원하면 숫자가 왜곡되어 다른 숫자가 보이기도 합니다.

그러니 당신의 운을 강화하는 데 집중하세요.

"선생님. 정말 지름길은 없습니까?"

사실 있습니다. 주위 사람을 바꾸고 환경을 바꾸고…… 이런 노력까지 일일이 하지 않더라도 제일 중요한 핵심인 당신 자신이 바뀌기만 해도 운은 바뀝니다. 그게 아니라면, 당신의 정신 에너지만 강력해져도 운을 끌고 옵니다. 반대로 당신의 정신 에너지가 약하면 운에 끌려 다닙니다. 당신의 정신 에너지가 강력해지는 비법은 깨달음과 명상이 가장 효율적입니다.

셋째, 톱니바퀴가 딱딱 맞는 것처럼 운이 번호를 무조건 확정할 수 있는 것은 아닙니다.

로또 정보를 당신이 제대로 받았다고 하더라도 당첨이 안 될 수도 있습니다. 보이지 않는 손길이 이번에 숫자 9를 나오게 할 확률을 90퍼센트까지 높이더라도 정작 그 순간에 이변이 발생할 수도 있는 것이 우주입니다. 그러나 이런 일은 드물게 일어날 겁니다. 확률 높은 일이 항상 적게 일어나면 그게 확률이 높은 것이겠습니까?

로또 당첨은 사실 명상으로 추구할 궁극적인 목표가 아닙니다. 명상으로 당신이 깨달음을 얻거나 성공의 에너지를 얻는 것이 궁극적인 목표입니다. 그러나 당신이 중도에 쉽게 흥미를 잃을까 봐 로또 명상법을 설명해드린 겁니다. 그래도 로또에 도전해보시고 당신이 좋은 결과를 얻길 기원합니다.

주식

많은 사람들이 재산을 불리는 방법으로 선택하는 것이 주식입니다. 주식을 안 해본 사람은 막연하게 주식은 어려운 것이라 여깁니다. 주식은 전문가나 하는 것, 또는 큰돈이 있어야 하는 것으로 생각하기도 합니다. 그래서 선택하는 것이 전문가가 매매를 대신해주는 펀드도 있습니다. 그마저도 어려우면 저축이나 적금을 선택합니다.

사실 무난한 재테크는 저축이나 적금입니다. 그러나 저축 이자는 거의 물가 상승률과 비슷하니, 그냥 자기 돈만큼만 재산이 증가하는, 제일 단순한 재테크입니다. 그러나 정말 돈이 모자라서 빚도 못 갚고 하루 벌어 하루 먹고사는 가난한 사람의 경우, 저축으로 언제 부자가 되겠습니까? 돈을 모으기는커녕 버티기도 쉽지 않은데요.

저축으로 1백억 부자가 되려면 1백억을 어쨌든 자기 손으로 벌 수 있어야 합니다. 쉽게 말해 1년에 무려 1억씩 저축해도 1백 년입니다. 산술적으로 생각해봐도, 수입이 지출을 따라가기 힘든 사람들은 평생 1백억 부자가 될 수 없습니다. 그렇다면 1백억은 거창하니 1억만 있어도 소원이 없겠다고요?

어떤 분들은 능력이 좋아 이걸 쉽게 달성할 수도 있습니다. 하지만 이런 분들은 1억이 소원이 아니겠죠? 1억만 모아도 소원이 없겠다는 분들은 소득이 적거나, 처한 환경에 지출이 많은 분들입니다. 이번 파트 강의 주제인 인생 리셋을 원하는 분들이 여기에 해당합니다.

이런 분들이 1년에 1천만 원 모으기는 결코 쉽지 않습니다. 한 달에 수입이 2백만 원인 경우, 지출을 제하고 나면 50만 원 모으기도 빠듯합니다. 이걸 꾸준히 20년 가까이 모아야 1억이 됩니다.

만약 한 달에 10만 원 저축하기도 쉽지 않은 경우는 거의 1백 년이 걸려야 1억입니다. 이렇게 1억 모으기도 힘든데 언제 도심 한가운데에 내 집을 마련하겠습니까?

이런 분들은 단순 저축이나 적금으로는 평생 부자가 될 수 없습니다. 그러니 다른 수단이 필요합니다. 로또보다 훨씬 현실적인 수단이 바로 주식입니다.

로또는 거의 운에 맡기지만, 주식은 본인의 요령이 크게 작용하기 때문입니다. 주식은 단돈 1만 원, 10만 원으로도 얼마든지 재산을 불릴 수 있습니다. 또한 몇 가지 요령만 알면 전문 지식이 없어도 참여 가능한 시장입니다.

"에이~ 신생님. 1만 원이나 10만 원을 불려서 무슨 부자가 되어요?"

이렇게 생각하실 수도 있습니다. 그러나 주식의 수익은 복리로 누적되는 겁니다. 이 점이 가장 중요합니다. 수익이 꾸준하게만 난다면. 눈덩이처럼 돈이 어마어마하게 불어납니다.

당신에게 주식의 요령이 생겨서 1주일에 딱 1퍼센트 수익을 낸다면 어떻게 될까요?

1주일에 1만 원이 1만 1백 원이 되는 겁니다. 이건 별것 아닙니다. 겨우 1백 원이니까요. 그런데 만약 당신이 1주일로만 그치는 게 아니라, 꾸준히 같은 수익을 낼 수 있다면 어떨까요? 이렇게 되면 정말로 어마어마한 부자가 됩니다.

계산해볼까요?

한 달이면 4주, 1주일당 1.01퍼센트의 수익이니, 이걸 네 번 곱한 것 즉, 1.01×1.01×1.01×1.01의 수익이 누적됩니다. 그래 봐야 거의 4퍼센트입니다. 여기까지도 별것 아닙니다. 그러나 이러한 수익의 행진이 1년 동안 계속된다면?

무려 60퍼센트의 수익을 거둘 수 있습니다. 저축이나 적금과는 비교도 안 됩니다.

그런데 이 수익 행진이 5년이 되면 원금의 딱 10배가 됩니다. 무려 1천 퍼센트의 수익률.

10년이면 약 1백 배. 20년이면 대략 1만 배가 됩니다. 단돈 1만 원이 20년 뒤에 1억, 30년 뒤에는 백억이 가능합니다. 산술적으로는 그러합니다. 저축이나 적금으로는 이론적으로도 힘든 1백억 부자의 가능성이 주식시장에는 열려 있습니다.

이게 현실에서 정말 가능하냐고요?

실제로 주식에서 크게 성공한 사람들은 이것보다 훨씬 빠르게 돈을 불렸습니다.

한국 주식 고수들의 기록들을 보면 단 2~3개월에 두 배, 세 배 수익을 내는 것은 예사이며, 심지어 3개월에 20배가 넘는 수익률을 내는 경우도 있었습니다.

앞에서 말한 러시아 노숙자가 주식으로 대박 난 일화를 기억하십니까? 거리에 버려진 빈 술병 하나당 우리 돈 80원 정도를 받았는데 술병 2천 개를 모은 돈으로 주식을 사서 단 기간에 8천7백만 원의 수익을 올렸다고 합니다. 술병 2천 개, 즉 16만 원의 자본금으로 8천7백만 원을 만든 겁니다.

이 정도로 단기간에 자산이 급증한 사례는 주식시장에선 비일비재합니다.

물론 이 정도의 수익률은 평범한 일반인은 상상도 못 할 수준입니다. 2개월에 20배는 꿈도 못 꿀 수준이지만, 그래도 일반인도 운 좋게 기회만 잘 잡으면 1년에 60퍼센트 수익은 거둘 수 있습니다. 1년에 60퍼센트의 수익이 누적되면 아까 계산한 것처럼 20년 뒤에 만 배도 만들 수 있습니다. 만약 당신이 1년에 30퍼센트의 수익만 거둬도 20년 뒤에 거의 2백 배 가까이 됩니다. 원금의 2백 배가 된다는 것. 저축이나 적금과는 완전히 다른 장점입니다. 이것이 아주 많은 사람들이 부자가 되는 수단으로 주식에 매달리는 이유입니다.

이 책에서는 당신이 주식시장에서 운 좋게 기회를 잘 잡는 비법에 대해서 말씀드릴 것입니다.

사실 일반인은 매일 매매를 할 필요도 없고, 매주 1퍼센트의 수익을 거둘 필요도 없습니다. 당신이 주식으로 먹고사는 전문 투자가가 될 게 아니라면, 더욱더 그러합니다. 일반인이 매일 매매를 하면 거의 원금을 다 까먹고 돈을 날리기 좋은 것이 주식시장입니다. 그러니 일반인은 기회가 올 때까지 매매하면 안 됩니다.

단지 마치 새로운 취미 생활처럼, 시간 날 때마다 주식에 관심을 기울여서 보기만 하면 됩니다. 그러다 기회가 왔을 때 잡는 요령을 익혀야 합니다.

게임에 빠진 사람들만 봐도 틈만 나면 핸드폰의 게임을 들락날락합니다. 그런데 인생의 큰 부흁를 이루는 일인데, 게임 정도의 시간도 주식 관찰에 시간 투자를 못 하겠습니까?

엄밀히 말하면 시간을 게임의 반에 반도 투자 안 해도 됩니다. 직장인이라면 점심시간이나 업무를 잠시 쉬는 틈에 가끔씩 주식시장을 살피는 것만 해도 충분합니다. (소위 개미라 불리는 개인투자가들은 대부분 이런 형태로 주식시장에 참여합니다.)

중요한 것은 당신이 주식시장에 관심을 가지고 뭔가 지식을 배우기 시작했다는 겁니다.

그렇게 도전한 주식시장. 어쩌면 1년에 10퍼센트의 수익만 내더라도 저축이나 적금보다 훨씬 낫습니다. 현실적으로 일반인은 이 정도만 해도 만족할지도 모릅니다. 이렇게 40년이 누적되면 원금의 45배로 불어나니까요. 즉 최초에 한 번만 투자하면 적금처럼 매년 돈을 넣지 않더라도 45배가 되는 겁니다.

그런데 이 정도가 아니라, 제가 말한 것처럼 당신도 1년에 30~60퍼센트 수익이 가능할까요?

네. 충분히 가능합니다. 일반 개인투자가 중에 이런 분들이 제법 있으니까요. 주식시장에는 며칠 만에 20~30퍼센트 오르는 일은 아주 흔합니다. 1년에 이렇게 오르는 것 딱 두 번만 성공하면 됩니다. 한국에서 상한가는 30퍼센트입니다. 없는 날도 있지만, 보통 하루에도 몇 종목의 상한가가 나오곤 합니다.

즉, 하루에도 30퍼센트 오르는 것이 자주 나오기 때문에 당신이 요령을 익혀서 1년에 두 번만 성공하시면 됩니다. 이것이 일반인들에게서 제일 많이 나오는 주식 성공 패턴입니다.

한 번에 30퍼센트 수익이 힘들다면 2개월에 10퍼센트 오르는 것 한 번씩만 성공하면, 1년 뒤에는 오히려 더 높은 수익인 77퍼센트 수익률이 나옵니다.

주식시장을 찾아보면 아시겠지만 2개월에 10퍼센트 이상 오르는 종목은 정말로 많이 나옵니다. 단지 그 요령을 아느냐 모르느냐 그 차이는 시간이 갈수록 어마어마하게 달라집니다. 이렇게 2~3개월 정도에 사고파는 것을 단기 투자, 즉 '단타'라고 합니다.

만약 당신은 이렇게 자주 신경 쓰는 것이 싫은 유형이라면, 2년에 두 배 이상의 수익을 내는 유형의 매매도 있습니다. 흔히 말하는 장기 투자, '장타'라고 불리는 매매입니다. 사실 종목만 잘 잡으시면, 2년에 두 배 이상 오르는 종목이 참 많기 때문에 충분히 가능한 매매입니다.

단기 매매의 경우, 아래와 같은 극적인 사례도 있습니다.
'이화공영'이라는 종목인데 6개월 만에 무려 약 27배가 올랐었습니다.

2007년 8월에 938원이던 주식이 2007년 12월에 25,538원이 되었습니다. 그래프의 좌측 첫 번째 원에서 매수한 사람이 두 번째 원인 매도 지점에서 팔아서 6개월에 25배 이상의 차익

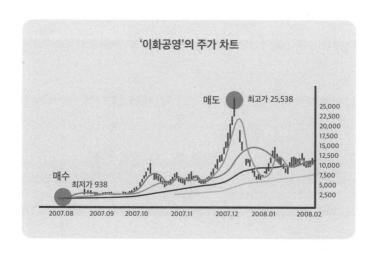

'이화공영'의 주가 차트

매도 ● 최고가 25,538
25,000
22,500
20,000
17,500
15,000
12,500
10,000
7,500
5,000
2,500

매수 ● 최저가 938

2007.08 2007.09 2007.10 2007.11 2007.12 2008.01 2008.02

을 거두었습니다. 1억을 투자했던 사람이 반년 만에 25억이 된 겁니다.

위와 같은 극적인 사례 말고도 흔히 말하는 급등주, 테마주에서는 단기간인 몇 개월 사이에 두세 배 오르는 종목이 정말 수도 없이 나옵니다. 그래서 개인투자가들이 이런 종목에 잘 몰려듭니다. 하지만 정확한 요령을 모르고 들어갔다간 큰 손실을 입기도 합니다.

장기 투자로 2년에 두 배 이상 오르는 것은 너무너무 사례가 많고 주식시장에서 흔한 일이라서 굳이 언급하지 않겠습니다.

만약 장기 투자도 잘 몰라서 사고팔기가 어렵고 그냥 한번

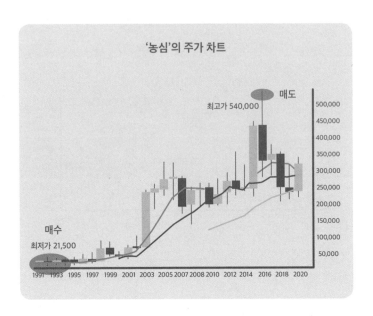

'농심'의 주가 차트

매도

최고가 540,000

500,000
450,000
400,000
350,000
300,000
250,000
200,000
150,000
100,000
50,000

매수
최저가 21,500

1991 1993 1995 1997 1999 2001 2003 2005 2007 2008 2010 2012 2014 2016 2018 2020

사서 10년 이상 묻어두는 경우는 어떨까요?

예를 들어 '고려아연'이라는 종목이 있습니다. 야연 같은 금속을 취급하는 회사입니다. 2001년에 1만 원(정확히 11,500원)으로 시작했는데 2015년에 57만 원을 찍었습니다. 거의 15년 만에 57배가 난 겁니다. 전문적인 종목이라 실감이 잘 안 나실 수도 있습니다.

그렇다면 과자나 라면으로 유명한 '농심'을 보실까요?

96년에 1만2천 원 정도였는데, 2016년에 54만 원이 되었습니다. 20년 만에 거의 50배입니다.

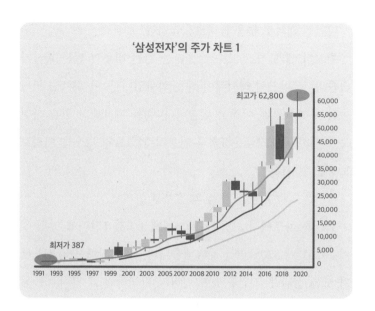

'삼성전자'의 주가 차트 1

여러분이 잘 아시는 '삼성전자'는 어떨까요?

92년에 387원 하던 것이 2020년에 62,800원을 찍었습니다.

30년이 채 안 되어서 무려 162배가 났습니다. (원래 1주에 무려 2백만 원대가 넘었다가 1주를 잘게 쪼개는 분할을 시행해서 단가가 6만 원대입니다.)

어떠십니까? 적금보다 리스크는 있지만 그 수익은 천양지차이지 않습니까?

이번엔 해외로 눈을 돌려보겠습니다.

주식의 세계 최고 고수로 불리는 워런 버핏이 만든 회사가 있습니다. '버크셔 해서웨이'라는 회사입니다. 이 회사는 50년 동안 무려 3만 배 이상 올랐습니다. 젊을 때 1백만 원을 사신 분이 계시다면 지금은 3백억 이상이 되었으니 노후는 이걸로 보장된 셈입니다.

아이폰으로 유명한 '애플'의 경우를 볼까요?

오른쪽 차트에서 보듯이 2003년에 1주당 1달러에 있던 것이 2020년에 320달러를 돌파했습니다. 17년 만에 무려 3백 배가 오른 겁니다. 기간을 1982년까지 확대하면 그 당시 0.19달러, 즉 0.2달러 정도였는데 2020년에 320달러이니 40년 정도에 무려 1천6백 배가 올랐습니다.

어떻습니까? 그냥 묻어두는 투자 전략도 종목을 잘 고르기만 하면 상상을 초월하는 수익이 나는 것이 주식시장입니다. 물론 잘못 고르면 상장폐지라는 것이 있어서 휴지 조각이 될 수도 있으니, 고르는 요령이 꼭 있어야 합니다.

그렇다면 이제 당신은 어떤 요령으로 주식시장에 접근하면 좋을까요? 그에 대한 내용은 뒤에서 자세히 말씀드리겠습니다.

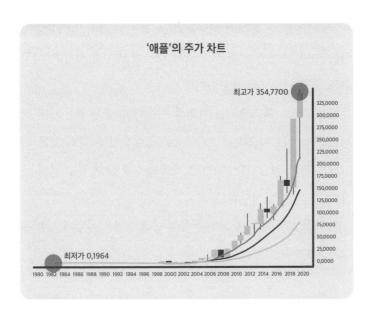

'애플'의 주가 차트

최고가 354,7700

최저가 0,1964

베풂

앞에서 보이지 않는 손길에 대한 이야기를 할 때 운이라는 개념을 말했습니다.

운을 좋게 하기 위해서, 사람을 바꾸고, 관심사를 바꾸고, 습관을 바꾸고, 환경을 바꾸라고 했습니다. 그리고 이것들만큼 강력한 힘을 가진 것으로 '베풂'이 있습니다.

'베푸는 것'. 그 행위가 당신의 운을 바꿉니다.
이 지혜는 너무나 중요한 비결입니다.

"네 이웃을 내 몸같이 사랑하라"는 성경 구절처럼 기독교에서는 사랑을 베푸는 것을 수없이 강조했습니다. 사랑은 기독교를 관통하는 핵심 사상입니다.

마찬가지로 불교에서는 자비를 베풀라고 했습니다. 자비 역시 용어만 다르다 뿐이지 그 내용을 들여다보면 거의 같은 이야기를 하고 있습니다. 주위 존재에게 사랑을 베푸는 것이 곧 자비이기 때문입니다.

왜 기독교와 불교 같은 대부분의 종교에서는 사랑과 자비를 강조했을까요?

사랑은 당신이 행복해지는 우주의 첫째 에너지이기 때문입니다. 신과의 소통 에너지이기도 하고, 우주와의 소통 에너지이기도 합니다. 이로 인해, 당신이 세상으로부터 받을 수 있는 혜택은 끝도 없습니다. 이런 주장은 그냥 종교의 교리일 뿐일까요? 아닙니다. 우주가 돌아가는 원리에서 나온 지혜입니다.

우주는 크게 두 가지 패턴의 에너지로 대비됩니다.
플러스, 마이너스.
이걸 동양철학에서는 음陰과 양陽이라고 표현합니다. 플러스 에너지는 '창조적'이며 '생명'의 에너지이며, '확장'의 에너지입니다. 마이너스 에너지는 '파괴적'이며 '사멸'의 에너지이며,

'축소'의 에너지입니다.

앞에서 제가 모든 에너지는 그 파장과 비슷한 것끼리 공명한다고 했습니다.

당신이 플러스 에너지로 당신을 채우면 채울수록 세상에 가득한 플러스 에너지가 당신과 더 높은 수준으로 공명하기 시작합니다. 그것은 당신에게 더 풍요로움과 생명의 에너지를 이끌고 올 것입니다. 그 플러스 에너지가 정신적으로 표현되는 것이 사랑이며, 마이너스 에너지가 정신적으로 표현되는 것이 증오와 비참함입니다.

만약 당신이 처한 상황이 가난하고 희망이 없을 때, 그것에 초점을 맞추게 되면 증오나 슬픔, 비참함 등이 당신을 지배하게 될 것입니다.

그것은 아이러니하게도 세상에 가득한 마이너스의 기운과 공명하여 더 좋지 않은 미래를 끌어들일 수 있습니다. 역설적으로 당신이 가난하고 희망이 없다고 해도, 마음의 초점을 반대편에 맞춰야 합니다.

풍요로운 상상을 하는 겁니다.

지금은 풍요롭지 않지만 풍요로워질 당신을 최대한 실감 나게 상상을 하세요.

그때 느낄 당신의 기쁨, 그리고 벅차오르는 세상에 대한 사랑과 감사함의 감정으로 당신 내면을 채우셔야 합니다. 또한 당신이 맛볼 맛있는 요리나 당신의 코끝에 와닿는 향기로운 향으로 가득한 집안을 상상하는 것도 좋습니다. 최대한 오감을 좋은 것에 맞춰서 당신이 기뻐하는 장면을 상상하세요. 그리고 이런 상상에서 중요한 것은 당신 혼자가 아닌, 당신과 함께 기뻐할 사람을 같이 상상하는 것이 더 효과적입니다. 플러스 에너지는 확장이라고 했습니다. 널리 퍼져나가는 성질의 플러스 에너지는 사랑이 사람을 통해 더 퍼져나가는 상상을 할 때 더 효과적으로 위력을 발휘합니다.

이러한 당신의 상상은 당신으로부터 멀어졌던 플러스 에너지도 다시 끌어들일 겁니다.

자. 이제 당신의 내면을 플러스 에너지로 채웠으면 보다 더 강한 단계로 나아가야 합니다.

그것은 마음의 '상상'보다 더 확실한 표현인 '행동'입니다.

당신이 마음만 사랑을 상상하고, 행동은 반대로 하면 운의 손길은 당신을 반대쪽에 있는 존재로 봅니다. 당신의 행동에 사랑이 결여되어 있는데, 당신이 상상으로만 사랑에 차 있어야 봐야 그것은 진정한 사랑이 아니기 때문입니다.

예를 들어, 당신이 어떤 연예인을 사랑한다고 표현하거나, 어떤 여인을 짝사랑한다고 해서 당신이 진정한 사랑으로 차 있다고 할 수 없습니다. 그런 사랑은 사실 사랑이 아니라 당신의 욕심의 다른 표현인 경우가 많기 때문입니다. "나는 ○○를 사랑해." 과연 이것이 사랑일까요? 어쩌면 당신 내면에 욕망과 욕심을 좋게 포장한 것에 불과할지도 모릅니다.

당신이 정말 플러스 에너지로 가득 차고 싶다면, 사랑을 실천해야 합니다.

그리고 사랑의 실천은 '베푸는 행위'로 시작됩니다.

남에게 당신의 마음과 노력, 물질을 베풀어서 표현하지 않으면 세상은 응답해주지 않습니다. 당신이 정말 행운을 얻고 더 풍요로워지고 싶다면 작은 베풂 하나부터 실천해보세요.

물론 자기 분수에 맞지 않게 막 퍼주라는 이야기는 절대로 아닙니다. 당신이 당장 먹을 것도 없는데, 주머니를 털어서 남만 도우라는 이야기도 절대 아닙니다. 당신이 아무리 가난해도 당신의 처지에서 다른 사람에게 도움이 될 물질이나 행동이 있을 겁니다.

그런 작은 배려 하나가 당신에게 큰 행운을 가져다줄 겁니다.

2017년에 미국 필라델피아에서 있었던 일화입니다.

고속도로를 달리던 여인이 차의 휘발유가 떨어져서 갓길에 멈추고 발을 동동 구르고 있었습니다. 이때 한 노숙자가 다가와서, 사정을 물었습니다. 그리고 노숙자는 그녀 혼자 주유소까지 가는 건 위험하다며 자기가 대신 다녀오겠다고 했습니다. 노숙자는 자기 수중에 있던 마지막 20달러를 털어, 휘발유를 사 왔습니다. 어떤 대가도 바라지 않고 도와준 이 노숙자 이야기가 인터넷에 알려지자, 노숙자를 돕자는 기부금이 무려 4억 이상이 모였습니다.

사실 이 훈훈한 미담은 뒷날, 노숙자를 이용한 사기극으로 밝혀졌습니다.

그럼에도 불구하고 우리가 주목할 것은 사람들이 느끼는 감동을 불러일으킨 요소입니다.

자기가 어려운 처지여서 도움을 받아야 할 사람이 오히려 다른 사람을 돕는다는 이야기에 많은 사람들이 눈물을 흘리고, 호주머니를 털어서 돈을 보내준 겁니다. 이런 일이 정말 실제로 벌어진다면 사람들조차 이렇게 감동을 하는데, 하늘이 감동하지 않겠습니까?

'하늘은 스스로 돕는 자를 돕는다'고 했습니다. 이 말에는 많은 의미가 내포되어 있습니다.

스스로 위기를 극복하기 위해 최선을 다해야 하는 것도 그 중 하나입니다. 그리고 또 다른 의미는 스스로 돕는 자는 곧 '돕는 마음으로 가득 차 있어야 한다'는 겁니다.

스스로 돕기도 하고, 남도 돕는 마음으로 행동하기 시작하면 하늘이 도울 것입니다.

만약 그럼에도 불구하고 상황이 바로 나아지지 않는다면, 당신이 앞으로 더 추락할 에너지가 강한 상태에서 시작한 겁니다. 당신이 느끼지 못하더라도 하늘이 그 비극적 미래를 꾸준히 없애고 있는 과정이라고 생각하세요. 언젠가는 희극이 비극을 역전해서, 당신이 실제로 좋아지는 순간이 벌어질 것입니다.

그러나 이런 베풂의 행위가 당신에게 즉각 보답으로 돌아올 것을 기대하지는 마세요.

그건 순수한 베풂이 아니기 때문에 진정한 플러스 에너지의 진동 공명에서 멀어지게 합니다. 대가를 바라지 않고 그냥 순수하게 하면 할수록 더 높은 진동 공명을 얻을 수 있습니다.

그러다 보면 어느새 당신의 나아진 미래를 발견하실 수 있을 겁니다.

어떤 관점에서는 당신이 남에게 베푸는 것이 그 상대에게는 행운이 될 것입니다. 마찬가지로 어느 날 당신에게 갑자기 행운이 오는 것도 어떤 상대방의 베풂으로부터 비롯될 겁니다.

세상은 돌고 도는 것이니까요.

2018년에 인도에서 있었던 사례입니다. 인도 북부 우타르 프라데시주에 사는 농부 A씨는 매일 희망이 없는 하루를 살고 있었습니다. 뼈 빠지게 농사를 지어도 수입이 번번찮아, 빚의 굴레를 벗어날 방법이 없었기 때문입니다. 그러던 어느 날, 은행으로부터 당신의 빚이 없어졌다는 연락을 받습니다. 그럴 리 없다고 뭔가 착오가 있는 것이 아닌가 여기던 그는 뜻밖의 설명을 듣습니다. 인도에서 제일 잘나가는 톱스타 배우 '아미타브 바찬(76세)'이라는 사람이 자신의 빚을 대신 다 갚아준 겁니다. 그와는 전혀 모르는 사이인데 말입니다. 놀랍게도 그 배우는 그 사람뿐만 아니라, 그 지역의 농부 1천398명의 은행 대출을 한 번에 다 갚아주는 선행을 했습니다.

실제로 인도에서는 1995년 이후 30만 명이 넘는 농부가 생활고를 견디다 못해 목숨을 끊은 것으로 알려져 있습니다. 그런 사람들을 불쌍히 여겨서 바찬은 수시로 그런 선행을 하고 있었던 겁니다.

바찬은 2015년 8월 미국 경제지 〈포브스〉가 공개한 '세계에서 수입이 가장 많은 남자배우' 리스트에서 1년간 3천350만 달러(약 378억 4천5백만 원)를 벌어들여 공동 7위에 오른 바 있습니다.

이분처럼 베풂을 실천하는 부자들은 정말 많습니다. 부자여서 베푸는 것이 아니라, 플러스 에너지가 넘치기 때문에 베풀기도 잘 베풀고 그러기에 부가 더 상승하는 겁니다.

세계적인 주식의 대가인 워런 버핏은 "내 재산의 1퍼센트를 쓴다고 해서 내가 더 행복해지지는 않지만, 내 재산 99퍼센트를 사회에 환원하면 많은 다른 사람들의 행복에 큰 영향을 줄 수 있다"고 말해 화제가 되었습니다. 그는 실제로도 〈포브스〉에서 선정한 세계 기부자의 순위(2017년 기준)에서 4년 연속 1등을 할 정도로 많은 기부를 실천하고 있습니다.

워런 버핏은 매년 1조 원이 넘는 돈을 자선사업을 위해 내놓고 있습니다. 지금까지 버핏이 사회를 위해 내놓은 돈이 45조 원이 넘어가고 있습니다. 1조만 해도 개인이 소유하기에는 상상도 못 할 거액인데, 무려 45조를 기부하고 있는 겁니다. 지금 그의 재산이 약 103조(863억 달러)이니 재산의 거의 절반에 달하는 금액을 기부한 겁니다.

이렇게 많은 돈을 소유하고 있는 사람이지만 실제 그는 참

검소하고 소박하게 삽니다. 그가 사는 집은 60년 전에 구입한 아담한 집으로 시가 7억 정도에 불과하다고 합니다.

흔히 졸부라고 하면 주위에 돈 자랑하면서 흥청망청 돈을 쓰는 사람이 많지만, 그는 정말로 검소하게 살면서 타인을 위해 엄청난 돈을 기부하는 재벌입니다. 최근까지 세계 부자 순위 5위권에 늘 포진하는 사람입니다.

그렇다면 세계 부자 순위 1, 2위를 다투는 사람은 어떨까요?

빌 게이츠.

당신이 쓰고 있는 컴퓨터와 밀접한 '마이크로 소프트'를 모르는 분은 안 계실 겁니다. 그 회사의 창업자 빌 게이츠가 워런 버핏을 능가하는 부자입니다.

그도 역시 현재까지 약 41조 원(350억 달러) 이상을 기부해, 세계 기부 순위에서 1, 2위를 다투고 있습니다.

그는 죽기 전까지 재산의 95퍼센트를 사회에 환원하겠다고 약속했으며, 기아와 백신, 과학 등 광범위한 분야에 걸쳐 전 세계 곳곳에 기부를 행하고 있습니다. 워런 버핏과 함께 '기부 약속 운동The Giving Pledge'을 만들어 전 세계 부호들에게 기부 동참을 권유해서 지금까지 무려 542조 원 이상이 모였다고 합니다.

실로 어마어마한 금액이 이들의 마음으로부터 시작해서 베풀어지고 있는 겁니다.

세계적인 사람뿐만 아니라 제 주위의 큰 부자들도 사실 남몰래 기부 선행을 정말 많이 하고 있습니다. 주식 천재를 비롯한 그분들의 사례는 본인들이 밝히기를 꺼려 해서 책에 적지는 않겠지만 제가 그동안 너무 큰 감동을 받기에 충분할 정도의 역대적인 규모였습니다.

어떻습니까? 이렇게 부자들이 베푸는 행위를 많이 하는 것을 보면서, 부의 원리를 당신도 실천하고 싶지 않습니까?

저는 돈이 별로 없습니다. 저는 오히려 도움이 필요한 처지입니다. 이렇게 말씀하실 수도 있습니다. 그러나 앞에서 말씀드렸던 것처럼 당신의 처지에서, 당신의 상황에서 누군가에게 도움이 될 수 있을 만한 것을 찾아보십시오. 그것이 물질이든 노력 봉사든 아니면 단지 작은 관심의 말 한마디든 그 무엇이라도 좋습니다. 당신 주위의 사람에게 관심을 가지고 건네는 따뜻한 말 한마디조차 소중한 베풂의 시작입니다.

오늘부터 베풂을 실천해보세요.

그로 인해 당신의 플러스 에너지는 차오르고 점차 당신의 인생이 멋지게 변화될 것입니다.

강력한 진동

지금까지 가난한 분이 인생 역전을 하기 위한 많은 비결을 이야기했습니다.

생각을 바꾸고 아래 채널에 집중해서 무의식의 힘을 이끌어내며, 당신의 의식에 플러스 에너지로 채운다는 것이 지금까지 설명드린 실천법의 핵심이었습니다. 여기에 하나 더 추가해서, 마지막 방점을 찍을 룰을 말씀드리겠습니다.

룰 ─ 당신의 육체에 플러스 에너지를 채우는 것

플러스 에너지를 몸에 채운다?

"선생님. 내 몸에 플러스 에너지를 채우려면 뭔가 특별한 음식을 먹는 걸 말하나요?"

아마 상식적으로 이런 의문을 가질 분도 많을 겁니다. 물론 플러스 에너지가 든 음식이 있다면 그것을 드십시오. 그것도 당연히 도움이 됩니다. 고추나 부추 같은 음식도 속하며, 한의학에서는 인삼, 녹용을 비롯한 여러 귀한 약재들을 플러스 에너지의 음식이라고 봅니다.

하지만 플러스 에너지로 육체를 채우는 것은 뭔가를 먹어서 만드는 의미만은 아닙니다. 한 발 더 나아간 방법으로 당신의 육체를 플러스 에너지로 채워야 합니다.

생각은 파장을 발산한다고 했습니다.

그래서 생각의 파장을 개선하고 좋은 쪽으로 바꾸는 작업에 대해 계속 말씀드렸습니다.

그렇다면 당신의 정신만 파장을 낼까요? 모든 물질에서 파장이 발생합니다. 육체도 물질이고 끊임없이 파장을 냅니다. 육체에서 뿜어져 나오는 파장을 동양에서는 기氣라고 표현합니다. 서양에서 오라aura라는 것이 비슷하지만, 약간 다른 개념입니다. 오라는 인체 주위로 미세하게 번지는 마치 정전기 빛 같은 개념이라면 제가 말하는 파장은 우주 멀리까지 퍼지는 신호 같은 것입니다.

아무튼 물질세계에서 정신은 희미한 그림자 파장을 낸다고 하면, 육체는 물질이기 때문에 훨씬 뚜렷한 파장을 발산합니다. 그렇기 때문에 정신에만 플러스 에너지를 채울 것이 아니라 육체에도 플러스 에너지를 채우면 채울수록 보이지 않는 손길로부터 더 강력한 반응을 얻을 수 있습니다.

육체에 플러스 에너지를 채우는 방법은 사실 매우 다양합니다. 그것에 대해선 뒤의 건강 편에서 자세히 다룰 겁니다. 우선 여기에서는 가장 핵심적인 비결을 가르쳐드리겠습니다.

'플라세보효과Placebo effect'를 아십니까?

일명 '위약 효과'라고 불리는 이 현상은 의사가 가짜 약을 주면서 치료제라고 말하면 희한하게도 환자가 진짜로 효과를 느끼는 현상을 말합니다.

예를 들어 임상에서 소화제를 주면서 이것은 새로 개발된 항암제라고 말하면, 암 환자의 상태가 실제로 호전되는 반응을 보이는 경우가 종종 생기는 겁니다. 의사들도 이게 어쩌다 한두 번 생기는 현상이 아니라서 새로운 약을 개발할 때마다 이 가짜 약 효과를 대조군으로 비교해보는 실정입니다. 엉터리 약을 주면서 치료제라고 말했을 때보다, 적어도 조금이라도 나은 효과가 나오는 것이 신약 개발에서 참 중요한 항목입니다.

다시 말해 만약 맹물을 당신에게 주면서, 두통약이라고 말했는데 실제로 당신의 두통이 사라지는 현상이 생기기도 합니다. 이것이 플라세보효과입니다.

이런 현상을 현대 의학에서는 단지 심리적인 효과에 불과하다고 말합니다. 당신이 그런 암시를 받고 맹물을 먹어도 몸에서 두통이 사라지는 반응이 생긴다면 그냥 심리적인 거란 겁니다. 나중에 자세히 다루겠지만, 바꿔 말하면 마음먹기에 따라 얼마든지 병이 치료될 수 있다는 것을 현대 의학이 역설적으로 인정하고 있는 부분이기도 합니다.

이렇게 광범위하게 보고되는 현상이 그저 심리적인 현상에 불과할까요?

사실은 의사에게서 당신이 약을 받아들 때, 맹물에 어떤 특별한 변화가 생깁니다.

당신이 의사의 말에 맹물을 두통약이라 믿습니다. 그 순간, 믿음이 지닌 확고한 의식의 에너지 파장이 맹물에 투영됩니다. 맹물은 그때부터 진짜 두통약의 파장과 유사한 파장을 담은 상태가 됩니다. 그것이 당신의 몸속으로 들어가면 실제로도 그런 유사한 효능을 발휘하게 됩니다. 물론 플라세보효과는 심리적인 요인도 작용합니다만 실제 물에도 이러한 변화가 생깁니다.

만약 1백 퍼센트 심리적인 요인으로 생긴 변화라면, 이번엔 약을 받는 상대가 그런 걸 모르는 상태라면 어떨까요?

어떤 사람이 비닐하우스 재배를 하는 친구를 놀리려고 장난을 칩니다. 맹물을 주며 이게 이번에 새로 개발된 식물 영양제다. 비닐하우스 작물에 이걸 준 것과 주지 않은 것이 얼마나 성장이 다른가 봐달라고 합니다. 부탁을 받은 친구는 식물의 절반에는 가짜 영양제를 섞은 물을 주고, 절반은 그냥 물을 줬습니다. 그랬더니 한 달 뒤에 가짜 영양제를 준 식물들이 그렇지 않은 식물들보다 훨씬 더 잘 자란 겁니다.

이런 경우에 식물에 플라세보효과가 적용될 수 있을까요? 물을 주는 사람이 마음속으로 이 물에는 영양제가 섞였다는 생각을 하고 줬다는 것이 차별점입니다. 즉 농부의 마음에서 비롯된 에너지 파장이 들어간 물과 그렇지 않은 물이 조금씩 영향력의 차이가 났던 겁니다.

이걸 '피그말리온 효과'라고 부르기도 합니다. 그러나 단지 긍정이 주는 피그말리온 효과, 즉 '기대 효과'에 불과한 것이 아니라, 미세하게나마 마음이 입력한 에너지 파장이 물질에 담겨 있었기 때문에 벌어진 현상입니다.

이런 현상은 기를 느끼는 사람들이 아주 많이 응용하는 방법입니다.

예를 들어, 물을 마실 때 '이것은 건강해지는 물이다'라고 물에다 특별한 정보를 입력하고 나서 마시는 겁니다.

물론 건성으로 생각하는 것은 효과가 거의 없습니다. 보통은 한발 더 나아가, 손바닥을 물 위에다 대고 기운을 집중하는 동작을 병행하면서 합니다. '이것은 건강해지는 물이다'라고 생각하면서요. 중요한 핵심은 진심으로, 간절하게 생각을 물에다 투입하면 할수록 더 효과적이라는 겁니다.

이것은 마치 천주교의 신부님이 물을 기도를 통해 성수로 만드는 것도 동일한 원리입니다. 신의 에너지가 들어갔다는 성수를 만드는 행위도 과학적으로 근거가 없는 이야기는 아니라는 말입니다.

이렇듯 물에다 어떤 특정 파장을 넣은 것은 비단 '건강해진다'는 효능만 가능한 것이 아닙니다. 이걸 먹으면 '젊어진다', '병이 낫는다', '위가 튼튼해진다', '행복해진다', '행운이 온다', '부자가 된다' 등등 무엇이든 가능합니다.

이 방법으로 당신의 몸에 플러스 에너지를 쉽게 채울 수도 있습니다. 물을 마시거나 음식을 먹을 때마다 당신은 강력하게 긍정적인 생각을 하거나 말을 하고 먹는 겁니다. 특히 그 행위가 효과가 있을 거라고 믿는 마음이 강할수록 훨씬 더 효과를 발휘합니다. 이는 기독교에서 식사를 앞두고 음식에다 신의 축복을 요청하는 것과 같은 행위입니다.

반대로 물이나 음식을 먹어서 과연 그런 효과가 있겠는가 여기는 순간, 아무런 효험을 볼 수 없습니다. 플라세보효과가 의사가 주는 약이 가짜 약이라고 생각하는 순간에 효과가 없어지는 것과 똑같은 이치입니다.

당신이 물이나 음식에 대해 축복을 하는 행위는 그것이 효과가 있다는 '강력한 믿음' 없이는 쓸데없는 시간 낭비에 불과합니다.

이렇게 보면, 기독교 같은 종교에서 식사 전에 하는 기도는 그 나름대로 대단한 효능을 지닌 행운의 비결이기도 합니다. 우주 창조주의 축복을 음식에다 간절히 투영하는 행위이기 때문입니다.

그렇다면 우리 몸에 들어가는 물질(물, 음식)에만 이런 원리가 적용될까요?

아닙니다. 우리 몸을 이루는 세포들과 물(체액)에도 당연히 같은 법칙이 적용됩니다.

당신은 당신 육체를 생각이나 말로써 축복할 수 있습니다.

"나는 건강하다." 이런 식도 괜찮고 "나는 점점 더 부자가 되고 있다." 이런 미래지향형도 좋습니다. 내용도 아까 물을 먹을 때와 마찬가지로, '젊어진다', '병이 낫는다', '위가 튼튼해진다', '행복해진다', '행운이 온다', '부자가 된다' 등등 긍정적인 내용이면 무엇이든 가능합니다. 이 역시 그에 대한 믿음을 가지고 행해야 합니다.

이런 행동으로 몸에 플러스 에너지를 채우는 것은 특히 아침 기상 직후, 밤 취침 직전이 더 효과적입니다. 이때가 앞서 말씀드렸던 것처럼 알파파가 나오는 시간이기 때문입니다.

그렇게 본다면, 기독교의 기상 직후 기도나 취침 전 기도가 굉장히 의미가 있는 행동입니다. 신의 축복을 자신에게 투영하는 시간대가, 우주의 원리를 정확하게 적용하고 있기 때문입니다. 이는 기독교뿐 아니라 다른 많은 종교에서도 그렇게 하고 있습니다.

아무튼 당신이 스스로에게 긍정의 에너지를 이런 방식으로 채울 수 있습니다. 그런데 여기에서 매우 특별한 방법을 가르쳐드리겠습니다.

동양의 도가에서 명상을 할 때 두 가지 패턴이 있습니다. 하나는 단전호흡처럼 앉아서 정적으로 하는 명상법이고 하나는 태극권처럼 체조하듯이 움직이면서 하는 명상법입니다. 이걸 '정공', '동공'이라고 구별합니다. 마찬가지로 서양의 요가에서도 명상을 할 때 앉아서 하는 명상이 있으며 요가 체조처럼 움직이면서 하는 명상법이 있습니다. 다음 페이지를 참고하세요.
원래 플러스는 동적이고, 마이너스는 정적입니다.
그래서 인체에 플러스 에너지를 채우는 방법으로 동적으로 움직이며 하는 비법이 있습니다. 앞에 말했던 이완 명상법이 정적이라면 다음의 방법은 동적입니다. 그리고 아주 손쉽게 인체에 긍정 파동을 축적시키는 방법입니다.

지금까지 가난한 사람이 인생 역전을 하기 위한 비법들을 말씀드렸습니다.
사실 가난한 사람이 위기를 극복하기 위해서, 자신의 모든 것을 걸고 노력하는 태도가 필요합니다. 그럼에도 길이 안 보여서 막막한 경우가 너무 많습니다.

플러스 진동법

1. 편안하게 서서 온몸에 힘을 뺍니다.

2. 두 팔을 아래위로 가볍게 툭툭 털면서 "좋아"라는 말을 반복합니다.

"좋아, 좋아, 좋아, 좋아, 좋아……"

팔을 터는 동작은 손에 묻은 물을 바닥으로 터는 것처럼 움직이면 됩니다.

3. 이번엔 무릎을 살짝살짝 굽혔다 폈다 하는 동작까지 같이 하면서 '좋아'라는 말을 반복합니다. 이 동작은 마치 발을 땅에 붙인 채로 줄넘기를 가볍게 하는 동작을 생각하시면 비슷합니다. 이때 팔은 힘을 빼고 아무 데나 흔들어도 되고, 아니면 상체 위로 만세 하듯이 들어서 털어도 됩니다.

4. 이 동작을 조금씩 빨리 하면서 몸에 굳은 부분이 어디인지 느껴봅니다. 어깨가 굳었는지 목이 굳었는지, 배가 굳었는지 살피면서 합니다. 그리고 그 굳은 부분이 부드러워지도록 힘을 빼면서 온몸을 기분 좋게 아래위로 흔듭니다. 최대한 힘을 뺀 사지들을 자유롭게 흔들며 편안함을 느껴보십시오.

중요한 핵심은 몸에 힘을 빼고 기분 좋은 상하 진동을 계속 반복해주는 겁니다. 또한 '좋아'라는 단어를 계속 반복하면서 그것이 진짜로 당신의 기분까지 좋아지게 해야 합니다.

이때 사용하는 단어는 '좋아' 말고도 긍정적인 단어는 무엇이든 가능합니다. '된다', '최고', '행복' 등이 그 예입니다. 또는 당신이 되고 싶은 상태를 말씀하셔도 됩니다. '성공', '부자', '합격', '결혼'처럼 당신이 단기간에 달성하고 싶은 좋은 목표를 반복해서 말합니다.

처음에는 간단히 5분 정도만 하고 종료합니다. 익숙해지고 나면 나중에는 땀이 가볍게 날 때까지 하면 더욱 좋습니다.
하루에 2회 정도만 반복해도 몸이 점점 가벼워지고, 당신의 체액과 세포는 보다 긍정적인 에너지의 파장을 축적하게 됩니다.
이왕이면 몸을 보다 빠르게 흔들며, 몸에 강한 진동을 걸어야 합니다.
원래 양(플러스)의 에너지는 발산 진동의 성질을 지니고 있습니다.
그래서 플러스 에너지를 당신의 몸 여기저기에 채우려면 이처럼 발산 진동의 운동을 하면서 반복적으로 자신에게 암시를 하는 게 아주 효율적입니다.

같은 위기를 극복했던 사람들이 어떤 방법으로 이겨나갔는지를 참고하면, 당신도 결국 해낼 수 있습니다.
세상은 당신을 저버리지 않을 겁니다.

3장
돈 있는 사람의 재산 증식법
리스크와 안전의 밸런스

사실 앞에서 말했던 가난한 사람의 인생 역전 방법들만 그대로 실천해도 돈이 있는 사람이 부자 되는 방법으로 이미 충분합니다.

다만 여기서 다룰 다른 조건이 하나 더 있다면 가난한 사람과 달리 돈이 있는 사람의 리스크(위험성)입니다. 돈이 있다는 점은 잘못하면 돈을 잃을 가능성도 존재한다는 것을 말합니다.

그래서 돈을 불리는 것도 중요하지만, 가진 돈을 지키는 것도 너무나 중요합니다.

마냥 돈을 불리기 위해서 무리하다가 보면, 있던 돈도 다 날리는 일이 부지기수이기 때문에 위험과 수익성의 밸런스를 잘 조절하는 것이 핵심입니다.

"선생님. 저는 위험하지 않고 수익성 높은 방법으로 돈을 불리고 싶습니다."

아마 그런 방법이 존재한다면 당연히 모두 그렇게 해야 합니다.

예를 들어 은행에 저축을 하는 경우 1년에 세 배씩 이자를 준다고 하면 모든 사람들이 은행에 저축을 할 것입니다. 누가 위험한 주식을 하며, 누가 위험한 사업 투자를 하겠습니까?

그러나 보통은 안전한 투자일수록 사람들이 몰리기 때문에 이익이 낮은 경우가 많습니다.

만약 신용이 좋은 당신에게 서로 돈을 빌려준다고 하면 당신은 당연히 이자를 가장 적게 부르는 사람의 돈을 빌릴 겁니다.

마찬가지로 경제의 원리가 그러합니다. 안전한 상대에게 돈을 빌려주는 은행권은 이자가 저렴하고, 은행권보다 돈을 떼일 리스크가 높은 사람들을 상대해야 하는 사채는 이자가 더 비쌉니다.

그러니 당신은 돈을 불릴 때, 안전함과 수익성을 두고 고민을 해야 합니다.

저축이 제일 안전하지만, 이익이 거의 없습니다. 반면에 지인에 대한 사업 투자는 잘 되면 대박이 나지만 잘못하면 전액을 날리기도 합니다.

하이 리스크 하이 리턴 High Risk High Return

당신이 염두에 둘 자본 증식의 가장 기본적인 룰입니다. '위험도가 높은 것으로 고수익을 얻는다'는 뜻인데 차라리 아래 뜻으로 해석하세요.

수익이 높은 것은 위험도도 높다.

이것은 거의 예외가 없습니다. 만약 위험도가 높지 않아 보이는데 수익을 높게 준다고 접근해오는 것은 99.9999퍼센트 사기거나 희망 사항일 뿐입니다. 흔히 말하는 기획 부동산 사기, 다단계를 가장한 사기들이 보통 이런 식으로 당신에게 접근을 합니다.

세상에 정말 수익률이 높고 안전한 투자처인 부동산이 있으면 자신의 가족이나 투자 전문가들과 상의하지, 무작위로 전화를 돌려서 생전 보지도 못한 사람에게 그런 혜택을 줄 리가 없습니다.

만약 당신에게 새로운 투자 제의가 왔는데, 큰 수익이 기대된다면 반드시 어떤 위험이 숨어 있다고 가정하는 게 좋습니다. 아무리 살펴봐도 위험이 높지 않다면 정말로 행운입니다.

그러나 세상에는 수익은 높은데 위험도가 없는 투자는 거의 없다고 보시면 됩니다.

반면에 돈을 잃을 위험도가 높음에도 이익이 낮은 것은 정말로 많이 있습니다. 당연히 이런 투자는 쳐다보지도 말아야 합니다.

　"에이~ 선생님. 누가 바보같이 그런 투자를 한대요?"

　정말 그렇게 여길 만합니다. 하지만 실제로는 이런 사례들이 너무 많이 벌어집니다.

　소탐대실小貪大失.

　작은 이익을 바라다가 큰 손해를 보는 경우를 보지 않으셨나요? 가령 아는 사람이 은행보다 이자를 더 준다고 해서 돈을 빌려줬는데 이자는커녕 원금마저 떼이는 경우.

　또 주식에서 계속 오르는 종목을 보고, '어차피 계속해서 오르는 중이니 나는 지금 들어가서 조금만 수익을 먹고 나와도 괜찮겠다.' 이렇게 생각하고 돈을 넣었다가 갑자기 폭락을 하는 바람에 엄청난 손실을 보는 경우는 비일비재합니다.

　그러니 이런 인생의 지뢰를 어떻게 피해가는가가 재산 증식의 중요한 요령이기도 합니다.

　어쨌든 리스크가 있다면 수익도 높아야 합니다. '그런 것'과 '지뢰'를 감별한 뒤에 도전을 하더라도 해야 합니다.

　그럼 출발 준비가 되었습니다.

　이제 당신이 선택할 것은 리스크가 있더라도 '진짜로 수익이 높은 것(당연히 사기 감별이 끝난 결과물)'과 '수익은 낮지만 안전한 것', 이 두 개 중에서 무엇을 기준으로, 어떻게 효율적으로 균형을 잡는가 하는 점입니다.

이것에 대한 해답은 이미 큰 부를 성공적으로 이룬 사람들에게 있습니다. 무슨 분야든 당신이 처음 하는 게 아니라면, 성공한 사례를 벤치마킹하는 것이 확률이 높을 것 아닙니까? 하물며 부자가 된 사례는 주위를 봐도 수없이 많습니다. 어떤 경우가 당신에게 더 적합할지 기준점만 잡으시면 됩니다.

자산을 늘리는 방법은 아래가 일반적입니다.

> 저축과 적금 > 부동산 > 주식 > 사채 혹은 사업 투자

평균적으로 원금 손실의 리스크가 적은 순서대로 나열한 겁니다.

저축이나 적금은 워낙 잘 아시는 것이니 설명할 것이 없습니다. 부동산은 때를 잘못 타면 원금 손실이 대단하긴 하지만, 장기간으로 보면 원금 손실이 별로 없는 편입니다. 주식도 장기간으로 보면 원금 손실 없이 잘 증가하긴 하지만 현실에서

는 많은 이들이 원금을 까먹습니다.

사채나 사업 투자는 워낙 사례마다 극과 극의 결과물을 보여줍니다. 다만 사업 투자는 정말 많이 하시는 분들의 이야기를 참고해보면 '열 개 중에 한두 개만 성공해도 좋은 편'이라고 합니다.

사채 역시 전문적으로 업으로 삼은 분을 제외하면, 평소에 어떤 지인을 뒀느냐에 따라서 극과 극으로 결과가 달라집니다. 하여간 돈 빌려주고 사람 잃었다는 사례가 워낙 많은 것으로 봐서 이것 역시 원금 손실의 확률이 꽤 있는 편입니다.

그렇다면 당신의 투자 밸런스의 기준은 무엇으로 잡아야 할까요?

이 책은 주식 기술 서적도 아니고 부동산 투자 입문서도 아닙니다. 가장 근본적인 원리에 대해 말씀드릴 뿐입니다.

그 근본 원리가 사실은, 성공한 사람들의 중요한 비결임을 아신다면 충분히 당신도 도전해볼 만한 도구를 손에 쥐는 겁니다.

먼저 당신의 패턴부터 파악하라

주식이나 부동산을 시작하려는 사람들은 대부분 그 분야의 기술 서적을 공부합니다.

어떤 기법이나 성공 경험담을 배우려는 겁니다. 하지만 어떤 기술 하나, 지식 하나에 빠져들다보면, 더 중요한 것을 망각하곤 합니다. '그 사람은 그 방법으로 성공했을지 모르지만 당신은 다른 걸로 망할 수 있다'는 사실 말입니다.

분명히 사람마다 운이나 자신의 능력, 성격의 차이가 있습니다.

적을 알고 나를 알면 백번 싸워도 위태롭지 않다고 했습니다. 나의 패턴을 먼저 정확히 파악하고 그것의 장단점을 염두에 둬야 합니다. 또한 그 패턴이 어디에 더 적합한지 고려해서 당신의 인생에 큰 그림을 그린다면 성공의 확률이 훨씬 올라갑니다.

성공의 룰은 전체 확률을 높여가는 작업입니다.

당신은 어쩌면, 너무나도 당연한 이야기를 한다고 생각할 겁니다. 그러나 이 책을 읽으실 다양한 계층 중에 이걸 간과하고, 지식 몇 가지나 지인에게 들은 정보 하나로 성공하려 하기 때문에 강조하는 겁니다.

앞서 제가 강조했던 것은 모두 하나의 연장선에 놓여 있습니다. 어떤 것도 자연의 섭리를 거스르지 못합니다. 자연의 섭리는 분명히 확률적으로 일어나며, 확률이 높은 것이 더 잘 일어나게 되어 있습니다. 비록 보이지 않는 손길이 도와주더라도 성공의 확률을 높이는 본인의 노력이 없어도 상관없다는 게 결코 아닙니다. '진인사대천명'. 자신의 노력을 다하고 하늘의 선택을 기다린다고 했지 않습니까?

부자가 되고, 재물을 불려가는 것도 그 연장선 안에서 나아가야 합니다. 주식도, 부동산도, 사업 투자도 모두 확률입니다. 당신에게 확률 높은 것을 알아내는 요령을 익히고 그것을 좋은 시기에 실행하는 것이 성공 룰입니다.

주식 투자에도 '장기 투자', '단기 투자'가 있고 '가치 투자', '추세 투자'가 있으며 상세한 기법이 너무나 많습니다. 이런 것 중 어느 하나가 끌린다고 하더라도 그것이 당신에게 맞는 방법이 아닐 수도 있습니다.

그 기술을 공부하는 열정으로 먼저 당신의 패턴부터 분석해야 합니다.

그 패턴 안에 성공의 요인, 실패의 요인이 다 숨어 있기 때문입니다.

당신의 패턴은 어떤 걸 기준으로 봐야 할까요?

운과 에너지 파장, 성격, 능력, 환경 등등. 아마 여러 가지가 있습니다.

예를 들어 부동산을 사고팔든, 주식을 사고팔든 어떤 투자 형태든 그 사람의 성향은 늘 투자에 영향을 미칩니다. 제 버릇 개 못 준다는 속담처럼, 그것은 하나의 패턴이 되어 한두 번은 성공하다가 결국 실패하는 경우도 알고 보면 자신의 성향이 늘 따라다니기 때문입니다.

그중 주식 투자를 예를 들겠습니다.

성격이 조급한 사람과 느긋한 사람의 패턴은 다릅니다.

조급한 사람은 리스크가 있더라도 단기적으로 큰 수익을 기대할 수 있는 것을 선호합니다. 주식에서는 급등주, 테마주로 불리는 단기간에 주가가 확 올라가는 것을 주로 매매합니다. 이것이 그 사람의 선호 패턴이지만 실제로 그의 성공 확률이 선호 패턴과 일치한다고는 볼 수 없습니다. 성격만 단기 매매를 선호하는 것이지 실제로 단기 매매에서 성공하는 사람들의 패턴을 분석하지 않았기 때문입니다.

정작 단기 매매에서 크게 성공한 사람들의 공통점은 '단단한 멘탈'이 필수입니다.

정해진 방식대로 기계처럼 매매하며 그에 따라 자신의 마음이

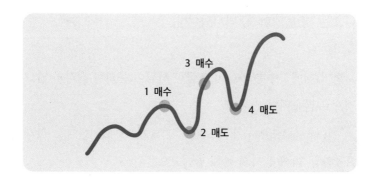

흔들리지 않은 것을 말합니다. 이것은 어찌 보면 조급함과 정반대의 성향이기도 합니다.

단기간에 주가가 확 올라간다는 것은 가격의 변동이 아주 심하다는 뜻입니다. 그런데 이런 형태는 바로 일직선으로 상승하는 경우는 매우 드뭅니다. 대부분 아래의 그래프처럼 위아래로 마구 흔들리면서 상승합니다. 그런데 조급한 사람은 막상 사서는 (지점1) 조금만 떨어져도 손해를 보고 팝니다(지점2). 그러다가 또 올라가면 '아까 팔지 말걸' 하고 후회하면서 또 더 비싼 값에 삽니다(지점3). 그러다가 또 떨어지면 '내가 미쳤구나' 하면서 또 손해를 보고 팝니다(지점4).

그래서 결과적으로 기간이 지났을 때, 주가는 상당히 올랐지만 정작 자신은 이익이 조금 나거나 오히려 위의 그림처럼 크게 손실이 생기는 경우도 생깁니다. 꼭 상승하는 모양이 위의 그래프처럼 나오지는 않습니다만 위의 그래프는 정말 자주 나오는 '상승 패턴' 중 하나입니다.

단기 매매일수록 마음이 조급한 사람이 불리한 결과가 압도
적으로 많습니다.

"에이~ 선생님. 누가 바보같이 저렇게 매매를 한다고 그래
요? 하하. 비싸게 사서 싸게 판다고요?"

그래프를 보고서는 이해가 안 되어서 웃으실 분들이 정말
많을 겁니다. 그러나 실제로 주식 투자를 하는 개인들일수록
이런 형태의 매매가 정말로 많습니다.

"그래도, 그럴 리가…… 저는 그래도 안 믿겨요."

아마 주식 거래를 안 해보신 분은 정말로 믿어지지 않을 겁
니다. 그러나 주식을 해보신 분들은 상당히 공감하고 계실 겁
니다. 왜 이런 현상이 일어날까요? 불안하기 때문입니다.

왜냐하면 이렇게 가격의 파도가 '계속 올라가는 중'인지, 아
니면 '꼭지점' 찍고 내려갈 일만 남은 것인지, 그 순간에는 장담
할 수 없기 때문입니다. 이건 조금 더 지나봐야 아는 것인데, 조
급한 사람은 손해를 줄이기 위해 얼른 파는 경향이 있습니다.

그렇다면 정말로 이 분야에서 성공한 사람들은 어떻게 할까
요?

저마다 자신이 선호하는 방법들은 다 다릅니다. 그중 한 가
지 룰을 예로 들면, 앞의 그림에서 저점인 4가 앞의 저점인

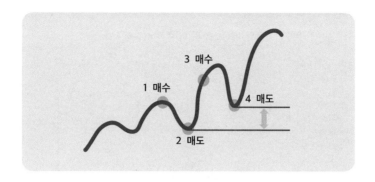

2보다 낮아지지 않았습니다(화살표 사이만큼 간격이 있음).

만약 지점 3에서 매수를 했으면 하강하더라도 얼른 팔지 않고 더 지켜보는 겁니다. 하강하다가 앞의 '저점 2'보다 높은 지점인 '저점 4'에서 하강을 멈추고 다시 상승하면 계속 보유하고 있는 겁니다. 이게 만약 계속 상승 중인 패턴이라면, 앞의 '저점 2'를 깨지 않고 계속 위로 올라가기 때문에 이익이 기하급수적으로 늘어납니다. 지점 3보다 아주 높아져서 단기간에 몇 배의 이익이 나기도 합니다.

실전에선 어떻게 될까요?

다음 페이지의 그림은 아침에 매매가 시작되자마자 '에이스토리' 주식을 산 사람의 예입니다.

9시에 '1번 원 지점'에서 5,250원에 샀습니다. 계속 상승하다가 다시 내려오는 것이 '2번 원'입니다. 그런데 5,800원까지 안 내려오고 다시 반등합니다. 오후 3시에 '3번 원', 상한가 30퍼센

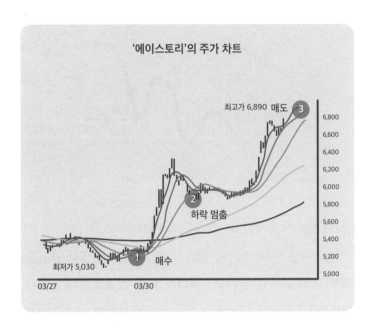

'에이스토리'의 주가 차트

최고가 6,890 매도 ③

하락 멈춤 ②

매수 ①

최저가 5,030

03/27   03/30

6,800
6,600
6,400
6,200
6,000
5,800
5,600
5,400
5,200
5,000

트까지 가서 6,890원에 팝니다.

단타로 하루에 무려 30퍼센트의 수익을 낸 예입니다.

만약 조급하게 2번에서 팔았다면 절반의 이익밖에 못 거뒀을 겁니다. 고수들은 이 지점이 '상승의 3분의 2 지점'을 지키는가 하는 것을 봅니다. 어떤 사람은 '상승의 절반'이 깨지면 팝니다. 그러니 대략 '상승의 절반~3분의 2' 사이가 당신의 기준이 될 수 있습니다.

그런데 고수가 아닌 사람은 조급한 나머지 아침에 조금 오를 때 3퍼센트 정도 수익에 얼른 팔기도 합니다. 그러고는 나

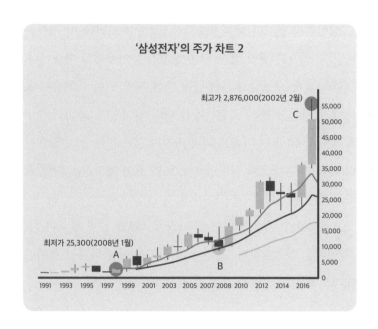

'삼성전자'의 주가 차트 2

최고가 2,876,000(2002년 2월)

최저가 25,300(2008년 1월)

중에 엄청 오르는 것을 보고 가슴 아프게 후회합니다.

전형적으로 개인투자가가 손실을 보는 대표적인 패턴이 이
익은 적게, 손실은 크게 보는 경우입니다. 하수가 손실이 커지
는 이유는 뒤에서 따로 말씀드리겠습니다.

당연한 이야기 같지만, 고수들은 이익이 날 때는 최대한 많
이 챙기고, 손실은 적게 챙기는 요령을 몸에 익히고 있기 때문
에 고수라고 불리는 겁니다.

이건 단기 매매에만 적용되는 것이 아닙니다. 장기 투자를
보시죠.

'삼성전자'입니다(앞 페이지 그림 참조). 1998년에 이 주식을 'A 지점'인 4만 원에 산 사람은 장기간 묻어두기로 했습니다. 그런데 계속 오르다가 2006년에 무려 74만 원이 되었습니다. 18배가 되어서 팔까 고민하다가 다시 떨어지는 2008년에 'B 지점'에서 40만 원 아래로 더 떨어지지 않는 것을 보고 뒀습니다. 18배가 올랐으니 절반인 8배, 36만 원이 깨지려고 하면 팔려고 했던 겁니다.

그리고 9년 뒤에 2017년 C 지점에 280만 원에 팝니다. 무려 70배를 벌었습니다. 그 뒤 2020년까지 더 올라가긴 했지만 70배의 충분한 수익을 거둔 겁니다.

이처럼 주식에서는 조급한 사람보다 냉정한 사람들이 훨씬 돈을 잘 불립니다.

왜냐하면 조급한 사람은 수익을 3퍼센트에도 팔아버리고 마찬가지로 2~3퍼센트 손실만 나도 팔아버립니다. 계산상으로는 그 사람이 사는 주식의 성공률이 반반이라면 수익도 반반이 되어 본전일 것 같습니다.

하지만 그렇지 않고 수익보다 손실이 계속 누적됩니다. 이게 왜 이렇게 되는지, 가장 중요한 성공 룰을 말씀드리겠습니다.

위의 예처럼 하루에 15퍼센트도, 30퍼센트도 오르는 것이 주식 종목의 절반이라면 돈 벌기 얼마나 쉬울까요?

하지만 소위 말하는 대박 나는 케이스는 주식시장에 늘 있지 않습니다.

그런데 주식을 매매하는 개인들은 이걸 잊고 너무 쉽게, 너무 자주 주식을 삽니다.

자신이 산 주식 중에 대박이 될 만한 확률은 10분의 1도 안 되고, 심지어 1퍼센트도 안 되는 것이란 걸 알면 그렇게 쉽게 사진 못할 겁니다. 그러나 정작 그걸 모르고 주식을 사면서, 심지어 자신이 사는 주식 중 상당수가 대박이 나길 꿈꾸는 '기대심리'까지 지닙니다. 그 심리가 앞으로 벌어질 주가 변화에 대응하는 과정에서 큰 영향을 준다는 것 또한 간과하고 있습니다. 이게 하나의 거래 패턴을 형성합니다.

여기에 당신이 왜 돈을 벌지 못하는가에 대한 비밀이 숨어 있습니다. 당신이 귀신같이 대박만 집어내서 살 수 있는 능력이 있지 않는 한, '당신의 패턴이 필패必敗로 연결'되기 때문입니다.

즉, '고수'나 '당신'이나 주식 가격의 미래를 알지 못하는 것은 큰 차이가 없습니다. 어떤 이들은 주식의 고수라고 하면 마치 어떤 주식이 어떻게 움직일지 일반인보다 훨씬 잘 알기 때문에 돈을 잘 버는 것이라고 착각을 합니다.

그러나 주식에서 정말로 한국 최고의 고수라고 불리는 사람들을 가까이에서 관찰해본 결과 당신보다 월등히 뛰어나게 주가를 예측하는 것이 절대로 아니었습니다.

물론 고수들은 일반인보다 주식의 움직임에 대해서 조금 더 잘 알긴 했습니다. 그러나 그들의 성공의 비결은 그런 종류의 지식이 아니었습니다. 성공의 비결은 '일반인보다 남다른 거래 패턴'에 있었습니다.

일반인과 성공한 고수와의 가장 큰 차이점은 '거래 패턴'입니다.

고르고 골라, 기다리고 기다려, 승부를 걸 때만 걸어야 한다

지금 말할 원칙을 주식을 전혀 모르는 초보자에게 말했더니, 그건 너무 당연한 것 아니냐고 되물었습니다.

초보자도 당연히 여길 원칙들이 사실 가장 중요한 룰을 형성하고 있습니다. 그러나 의외로 룰을 정확하게 몰라, 제대로 적용하지 않기 때문에 고수와 하수가 나뉘는 겁니다.

고르고 골라서, 기다리고 기다려서, 승부를 걸 때만 걸어야 한다.

이게 당신의 철저한 거래 패턴이 되어야 부자가 됩니다.

이 말은 주식을 사고 싶을 때, 그 이유가 뭐든 간에 '열 번을 참고 한 번 사는 마음'을 가진 사람이 주로 성공한다는 말입니다.

당신이 지금까지 주식을 해서 성공을 하지 못했다면, 더 열심히 참아야 합니다.

주식을 안 해본 초보자는 안 해봤기 때문에 잘 모릅니다. 막상 주식에 빠진 사람들은 어느새 이 룰을 잊고 매매하게 됩니다. 이건 주식뿐만 아니라 부동산도, 사업도 심지어 도박에서도 마찬가지로 자주 빈번하게 일어나는 현상입니다.

기회가 아닌데도 욕심이 매번 기대를 하게 만들고, '기대 심리를 갖고 거래'하기 때문에 실패하는 겁니다.

혹시 친구들과 카드놀이를 해본 적 있습니까? 그중 흔히 포커라고 불리는 놀이는 돈을 거는 순간, 대표적인 도박이 됩니다. 패가 잘 들어오면 상대들에게 아주 보란 듯이 내밀며 기분 좋게 돈을 싹쓸이할 수 있습니다.

주로 일곱 장의 카드를 조합해 강력한 순위를 지닌 패를 얻으면 이기는 게임입니다. 그래서 게임에 참가하는 사람마다 카드를 한 장씩 받을 때마다 횡재의 카드를 기대하면서 돈을 겁니다. 어떤 사람은 여섯 장까지는 별 볼 일 없는 카드였는데, 마지막 한 장이 기가 막히게 들어와 대역전극을 만들기도 합니다.

보통 일반인들은 그 운을 기다리면서 대부분의 모든 게임에 돈을 걸고 참여합니다. 참여 횟수가 많을수록 높은 순위의 카드 패를 얻을 행운도 온다고 기대하기 때문입니다.

그러나 막상 돈을 따는 고수들은 패턴이 다릅니다. 처음에 카드를 받고 다음 차례에 카드 한 장 정도만 더 받아보면 쉽게 기권해버립니다.

하수 같은 평범한 일반인이 보면 정말 새가슴처럼 겁이 많아 쉽게 게임을 포기하는 사람처럼 보입니다. 그러나 나중에 게임이 다 끝났을 때 정산해보면 이렇게 매번 기권했던 사람이 평균적으로 돈의 수익률은 훨씬 높습니다.

사실 원리는 단순합니다. 게임의 룰에 따라 다르지만, 보통 처음에 세 장의 카드를 받습니다. 이때 그 판에서 승리할 기대 확률은 이미 이 세 장에서 범위가 정해집니다. 별 볼 일 없는 카드 세 장이라면 나중에 좋은 카드를 얻어 승리할 확률이 10퍼센트도 안 될 겁니다. 이때 승률 10퍼센트에서 고수는 바로 그 게임을 포기하거나 다음 한 장의 카드를 더 받았는데도 별 변화가 없으면 그 게임을 포기합니다. 이렇게 해서 손실이 커지는 것을 막아 손해를 적게 보는 겁니다. 그러나 하수나 평범한 이는 처음의 승률과 상관없이 끝까지 카드를 받으며 판돈에 돈을 크게 투자하다가 마지막까지 가서도 좋지 않으면 그제야 판을 포기합니다.

물론 처음에는 좋지 않아도 중간중간에 좋은 카드가 들어와서 그 판을 이길 경우도 제법 일어납니다. 하지만 냉정하게 말하면 처음에 카드를 받았을 때 '승률 10퍼센트'라면 '열에 아홉은 질 수 있는 시작'이라는 겁니다. 그걸 나머지 행운에 기대어 계속 진행한다는 것은 어리석은 일입니다.

때로는 상대들도 모두 승률이 높지 않은 카드로 계속 진행해서, 당신의 카드 승률이 높지 않아 별 볼 일 없는 조합이 나왔는데도 그 판을 이길 수도 있습니다. 그러나 이것은 정말로 운에 기대어 게임을 운영하는 것입니다. 한마디로 '불확실성에 자신의 수익 모두를 건다'는 말입니다.

모든 사람이 매번 운에 건다면 세상에 고수가 어디에 있고, 어떤 지식 노하우가 무슨 필요가 있겠습니까? 그러나 앞서 말했지만 우주의 법칙은 확률 높은 것이 더 자주 일어난다는 단순한 법칙을 기반으로 하고 있습니다.

앞서 몇 번 강조했지만 하늘은 스스로 돕는 자를 돕는다고 했습니다. 보이지 않는 손길의 운도 자신이 현명하게 최선을 다하는 사람에게 더 효력이 있는 겁니다.

> 승리, 성공 = 현실의 확률 + 운이라는 알파

이 간단한 원칙은 예외 없이 철저히 적용되는 데도 수많은 사람들이 너무나 간과하고 있다는 말입니다.

어리석은 질문 하나 하겠습니다. 실력이 비슷한 선수들로 구성된 두 프로야구단이 있다고 합시다. A 팀은 어차피 승리는 그날의 운이라며 훈련을 안 하고 놀게 합니다. B 팀은 승리는 노력이라고 철저히 훈련을 합니다. 그러면 어떻게 될까요?

답이야 불을 보듯 뻔합니다.

한두 게임은 운이 좋아 A 팀이 이길 수도 있습니다. 하지만 시간이 누적되면 누적될수록 B 팀의 승리가 늘어나는 것은 누구나 다 아는 세상의 이치입니다. 실력이 점점 향상되고 노력을 많이 하는 선수들로 구성된 팀이 더 많이 승리할 것 아닙니까?

당신이 이기는 원리도 이와 같습니다. 승리에 대한 확률, 성공에 대한 확률은 방치하고 오직 끌어당김의 법칙에만 매진하면 결코 성공의 열매를 얻기 힘듭니다.

그래서 포커 게임의 고수들은 고르고 골라서 승부를 걸어볼 수 있는 판에만 베팅을 합니다. 승률이 높지 않은 판에서는 손실을 최소화하고 승률이 높은 판에만 집중하는 겁니다. 물론 승률이 높은 판에서도 상대방의 패가 더 좋아서 큰 손실을 보기도 합니다. 하지만 이러한 일이 일어날 확률보다 그렇지 않을 확률이 더 높기 때문에, 게임이 누적되면 누적될수록 운에 의지하는 상대방들보다 수익이 월등히 높습니다.

그래서 그들을 포커 게임에서는 고수라고 부릅니다.

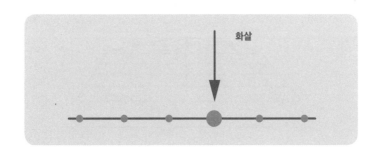

화살

이것은 주식 투자를 비롯한 모든 투자에서도 동일합니다. 매번 판마다 베팅하는 것은 초보이거나 하수입니다.

위의 그림에서처럼 화살 쏘듯, 여러 종목 중에 자기가 정한 조건에 부합하는 종목 하나를 딱 선택해 공략해야 합니다.

다음 페이지 그림의 그물처럼, 비슷하면 이것저것 다 사는 형태의 투자는 좋지 않습니다. 초보자나 하수가 주식을 하면 주로 이런 형태로 많이 하게 됩니다.

"누가 이 종목 오를 거라고 하더라." 이런 지인 추천부터 시작해서, 어떤 것은 요즘 대세여서, 어떤 것은 좋아 보이는데 너무 가격이 내려서, 어떤 것은 호재가 있을 것만 같아서, 어떤 것은 잘 오르기 시작해서, 어떤 것은 인기 테마주로 엮여서…… 등 자기만의 원칙 없이 하나만 걸려라 하는 심정으로 이것저것 나눠서 투자하는 유형이 제일 많습니다.

이것이 아까 말씀드린 포커 게임에서 매번 판마다 베팅하는 것과 무엇이 다릅니까?

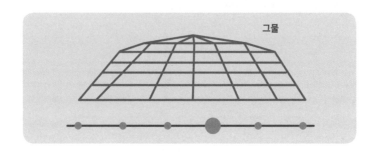

그물

또 어떤 이는 잘 모르기 때문에 그냥 대형주 위주로 사기도 하고, 우량주 위주로 아예 수십 종목을 사는 분도 있습니다.

잘 모르기 때문에!

'잘 모르기 때문에'가 실패의 면죄부가 될 수는 없습니다. 잘 모르면 안 사야 합니다. 주식 투자를 비롯한 모든 투자의 제일 중요한 원칙은 애매하면 하지 말라는 겁니다.

애매하니까 '대충 이렇게 하면 되겠지' 하면서 '요행'을 바라는 마음에서부터 실패율이 높은 투자가 시작되는 겁니다.

왜냐하면 요행을 바라는 마음에서는 확신이나 냉정한 매매가 동반되기 힘듭니다. 차라리 아무것도 모르고 기계적으로 매매를 하면 그보다 훨씬 높은 수익률을 거두기가 쉬워집니다.

그렇다면 주식에서 돈을 쓸어 담고 있는 고수들은 어떻게 매매할까요? 주식에서 단기 투자든, 장기 투자든 고수들은 주로 소수의 종목만 매매합니다. 물론 예외도 있지만 대다수의 고수들이 이렇게 합니다.

우선 단타(단기 투자)를 예로 들어보겠습니다.

주식을 모르는 일반인들은 거의 단타를 하지 않는 편입니다. 그러나 단기간에 돈을 불리기에는 단타가 최고 좋은 수단이기 때문에 주식을 조금 아는 사람들이 단타에 많이 도전합니다.

그런데 단타라는 것은 주식을 산 지 얼마 되지 않아서 금방 파는 것을 목표로 삼는 겁니다.

즉, 대형주에 비해 변화가 엄청난 종목에 뛰어드는 겁니다.

어떤 종목은 위로 15~30퍼센트는 물론이고 단기간에 두 배, 세 배, 심지어 열 배가 되기도 합니다.

이렇게 위로 순식간에 오를 수 있다는 말은 아래로도 순식 간에 떨어질 수도 있습니다.

그러니 이런 종목들에는 초보들은 겁이 나서 들어가질 않습 니다. 조금 주식을 안다는 사람들이 들어가기 마련입니다.

그런데 조금 주식을 아는 사람들이라 해도 주가가 오를지 내릴지 어떻게 다 알겠습니까? 그러니 조금만 올라도 떨어지 기 전에 얼른 파는 단타 매매자도 상당히 많습니다. 심지어 하 루에도 수십 번, 수백 번 매매하는 사람들도 있습니다.

'사고팔고, 사고팔고……' 하루 종일 끊임없이 매매하지만 이런 분들 중에서 큰 부를 이루는 사람들은 극히 드뭅니다.

이게 바로 모든 판에 베팅하는 유형이기 때문입니다.

진짜 단타의 최고수는 어떻게 할까요? 단타의 달인들은 그렇게 자주 매매하지 않습니다.

앞서 말씀드렸던 단타의 최고수 대열에 있는 '주식 시인'은 평균적으로 1주일에 몇 번 정도 크게 매매합니다. 어떤 때는 하루에도 몇 번 매매하기도 하지만 어떤 때에는 한 달 내내 미동도 하지 않습니다.

한 달 내내 미동도 하지 않는 것은 주식을 안 하기 때문일까요? 아닙니다. 철저히 주식시장의 움직임을 다 살핍니다. 그러나 본인이 원하는 패턴이 없으면 절대로 움직이지 않습니다.

고르고 골라 한 달 만에 움직이더라도 본인의 패턴과 다르다 싶으면 얼른 손해를 보고 팝니다. 절대로 본인의 패턴이 아니면 투자하지 않는 원칙을 지키는 겁니다.

왜 이게 현명한지 조금 더 자세히 살펴볼까요?

한국의 주식시장은 크게 코스피, 코스닥 두 가지로 구성되어 있는데 이걸 합한 종목 수가 무려 2천2백 개 정도입니다. 이 많은 종목들 중에는 '삼성전자' 같은 우량주도 있고 내일 당장 망해도 이상하지 않을 종목도 있습니다.

평균적으로 '하루에 15~20퍼센트 이상 상승하는 종목'은 많아야 '20, 30개 정도'입니다.

전체 종목에서 1퍼센트 남짓한 셈입니다. '100개당 1개'가 잘 가는 겁니다.

30퍼센트까지 가는 대박 종목은 하루에 몇 개 안 됩니다. 어떤 때는 아예 없는 날도 있습니다. 확률로 보면 0.1~0.3퍼센트 정도입니다.

제법 강하게 위로 치솟는 것은 1주일에 몇 개 정도입니다. (때에 따라서 없을 때도 있고, 수십 개가 넘을 때도 있습니다.)

30퍼센트 상한가를 가고도 계속 급등하는 대박 상승 종목은 한 달에 몇 개 나오지 않습니다.

'주식 시인' 고수가 매매하는 빈도는 실제 시장의 출현 빈도 확률과 거의 일치하게 맞춰져 있는 겁니다. 실제 시장은 이렇게 움직이는데 정작 본인은 하루에도 수없이 종목을 고르고 산다면 전혀 통계와 맞지 않는 허황된 꿈을 꾸는 겁니다.

그렇다면 장기 투자는 어떨까요?

장기 투자는 주식을 모르는 초보들도 많이 합니다. 주식은 어렵다는 선입견 때문에 주식을 사는 법도 배우지 않고, 무작정 은행에 가서 주식부터 사달라는 분도 계십니다.

그러나 몇백, 몇천만 원을 투자한다면 주식에 대해 최소한의 공부는 하는 게 좋습니다. 집이나 자동차를 살 때 그냥 덜렁 사지는 않지 않습니까? 냉장고나 세탁기를 살 때도 경쟁 모델과 가성비까지 따져보고 삽니다. 하물며 몇억을 투자하는 사람이 '권유하는 직원의 말'을 믿고, 또는 '지인의 추천' 한 마디에 단순하게 결정하는 것은 현명하지 못합니다.

아무튼 주식을 모르는 초보자는 몰라서 몇 종목만 갖고 계시기도 하고, 이것저것 추천대로 사다 보니 수십 종목이 되기도 합니다. 문제는 몇 종목만 갖고 계시는 경우도 자신이 없다 보니 제법 떨어지면 곧 다른 것으로 갈아타는 악순환도 빈번합니다.

반면에 고수는 고르고 골라 딱 압축해서 소수의 종목만 장기 투자합니다.

"선생님. 10억 정도의 돈을 굴리는 사람이야 몇 종목만 사겠지만, 3천억, 5천억 원 정도 되면 종목이 백 개 정도 되어야 하지 않을까요? 한 종목당 10억씩 넣어도 5천 억이면 5백 개 종목은 필요하니까요."

천만의 말씀입니다. 이렇게 큰돈을 굴리는 한국 최고의 고수도 절대! 절대로 그렇게 많은 종목을 보유하지 않습니다. 아무리 많아도 50여 개 종목이고 평균적으로 20~30개 종목을 넘어가지 않습니다.

심지어 천문학적인 재산을 주식으로 굴리는 워런 버핏조차 그 많은 돈을 투자하는 투자처가 20개 종목 정도에 불과하다고 합니다. 1백 조의 돈으로 1천억씩 투자해도 무려 1천 개의 종목을 지닐 수 있는데도 겨우 20개 종목이라니 실로 대단하지 않습니까?

그들은 모든 판에 베팅하지 않는다는 룰을 철저히 지키고 있습니다.

"선생님. 고르고 골라서 선택하라는데 주식 전문가도 아닌 일반인이 뭐 어떻게 고르라는 말입니까?"

맞습니다. 최소한의 공부를 하라는 것은 고르는 안목이 저절로 생기는 것이 아니기 때문입니다. 그래도 어렵게 생각하실 분들을 위해, 책의 부록에서 핵심 요령을 가르쳐드리겠습니다.

가장 강력한 변수, 수익률의 가장 중요한 열쇠

이제 수익률의 가장 중요한 열쇠에 대해 말씀드리겠습니다. 당신이 초보자든 고수든 사실 주식 매매의 수익률은 이것으로 인해 크게 달라집니다. 수익률의 가장 중요한 열쇠? 그건 뭘까요? 바로 당신의 마음입니다.

이 책이 주식 전문 서적이 아닌데도 이렇게 주식에 대해 자세히 설명드리는 것은 결국 '부자가 되는 성공 법칙'이 '현실 투자 비법'과 동떨어져 존재하는 것이 아니기 때문입니다.

일체유심조一切唯心造. 흔히 모든 것이 마음에서부터 비롯된다고 말들 하지만, 실제로 당신이 돈을 불리는 과정에서 마음이 가장 결정적인 열쇠로 작용합니다.

고수와 하수가 나뉘는 것도 다른 여러 가지 요소도 있지만, 마음의 패턴이 제일 크게 작용합니다.

"마음이라고 하면, 앞에 말한 것처럼 모든 것은 마음이 상상하는 대로 창조된다는 원리인가요? 내가 부자가 된다고 생각하고 주식을 사면 주식에서 수익률이 높아지고 그런 겁니까?"

아닙니다. 오히려 반대입니다.

돈을 벌려는 마음이 강하면 강할수록, 그 마음은 부자가 되는 것의 가장 큰 장애물이 됩니다.

그렇다고 부자가 되려는 마음을 갖지 말라는 것은 결코 아닙니다. 당신이 부자가 되는 즐거운 상상을 하고 끌어당기는 힘을 발휘하면 당연히 좋습니다.

그러나 당신이 가지는 '좋은 상상'과 매매에서 생기는 '마음의 그림자'를 구분해야 합니다.

마음의 그림자는 당신이 부자가 되려는 욕망에서 나오는 하나의 감정의 그물입니다. 이 감정의 그물은 당신의 손과 발을 묶고 눈을 가립니다. 돈을 벌고 싶은 욕심이 강하면 강할수록 그 감정의 그물이 중요한 순간에 당신의 판단을 어긋나게 만

뉴턴의 주식 투자 이야기

뉴턴은 나무에서 사과가 떨어지는 것을 보고, '만유인력의 법칙'을 발견했습니다. 그 뒤 유명한 과학자가 되어 영국의 조폐공사에서 고위직을 맡으며 부유한 생활을 했습니다. 그는 학창시절부터 과학 공부만큼 재테크에도 관심이 많았습니다. 그 시절에도 주식이 있어서 부의 수단으로 각광받았습니다.

뉴턴도 통찰력과 분석으로 주식 투자를 하다가 어느 날 정치 테마주에 빠졌습니다. 영국 정책에 따라 남아메리카 지역 무역 독점권을 쥐는 회사에 투자하여 7천 파운드라는 큰 수익을 냈습니다. 그런데 문제는 자신이 팔고 나서도 주가가 계속 폭등을 하자 뉴턴은 너무 일찍 팔았다는 자책감에 이번엔 전 재산을 걸고 그 주식을 다시 샀습니다. 그러나 그게 고점이었습니다. 그 주식은 폭락하였고 곧 휴지 조각이 되었습니다. 뉴턴은 자신의 재산 중 90퍼센트에 달하는 2만 파운드의 손실을 입었습니다. 지금 자산 가치로 20억에 달하는 금액이라고 합니다. 그리고 그는 이런 유명한 말을 남겼습니다.

"나는 천체의 움직임은 센티미터 단위까지 계산이 가능하지만 사람들의 광기는 계산할 수 없었다."

뉴턴은 대체 왜 그랬을까요? 이건 뉴턴뿐만 아니라 주식을 해본 사람들은 다 공감하는 심리입니다. 이때 아마 뉴턴이 들었던 것은 진정한 내면의 소리가 아니라, 안전 박스 내의 탐욕의 소리였을 겁니다.

듭니다.

예를 들어보겠습니다. 앞에서 주식 투자를 하기에 앞서, 고르고 고르라는 말을 했습니다. 당신이 선택을 잘 해서, 종목 세 개 중에 두 개는 오르고 한 개는 내린다고 합시다.

'오를 때 5퍼센트', '내릴 때 -5퍼센트'에 팔 기회가 동등하게 온다고 가정합시다. 당신은 세 개 종목의 매매를 끝내고 나면 5퍼센트의 수익으로 재산을 불릴 수가 있습니다. 만약 투자 규모가 1백억이라면 한번에 5억을 벌 수 있는 겁니다. 그러나 막상 그 순간이 닥치면, 마음의 그림자가 당신을 다르게 행동하게 만듭니다.

첫 번째 종목을 샀는데 오릅니다. 당신이 목표한 이익은 5퍼센트입니다. 그러나 주가가 바로 5퍼센트까지 수직 상승하지는 않습니다. 이게 조금 오르다가 내리다가를 반복하다가 2.5퍼센트 정도까지 갑니다.

이때 당신은 고민합니다. 애초에 목표는 5퍼센트였지만, 이게 다시 내려가서 한 푼도 못 벌 수도 있다고 생각합니다. 그래서 2.5퍼센트에서 멈추고 팝니다.

그렇게 두 번째 종목에서도 똑같은 선택을 해, '2.5퍼센트'의 수익을 내서 총 5퍼센트의 이익을 봤습니다. 5억을 벌었습니다.

그런데 문제는 세 번째 종목입니다. 사자마자 내려서 -5퍼센트에서 손해 보고 팔아야 하는 상황에 직면합니다.

앞에서 힘들게 두 번 이익 낸 것을 한방에 날리는 것은 너무너무 아깝습니다. 돈을 날리기 싫은 마음이 무척 강해 망설입니다.

냉정한 이성의 판단보다 욕심이 발을 묶는 순간 그때는 지나갑니다. 어쩌면 다시 오를지도 모른다는 막연한 기대감으로 스스로를 합리화합니다. 그러나 팔 때를 놓치고 '-10퍼센트'로 가격이 더 떨어지게 되면 더 큰 손해를 볼지도 모른다는 두려움 때문에 결국 후회하며 팝니다.

이 3회의 매매에서 사실 5퍼센트의 이익을 나야 할 것을 오히려 -5퍼센트의 손해로 결과물을 받게 된 셈입니다.

손해 보고 싶지 않은 마음이 더 간절한 유형은 이 시뮬레이션처럼 이익은 짧게 손해는 길게 나타나는 경우가 무척 많습니다.

돈을 벌고 싶은 만큼 손해도 인정할 수 있어야 마음의 그림자를 줄일 수 있습니다.

세상의 어떠한 고수도 거래에서 수익만 내는 경우는 절대로 존재하지 않습니다. 한국의 주식 천재는 물론이고 심지어 세계 최고 고수인 워런 버핏조차 참담한 투자 성적이 나올 때도 있습니다. 그러나 이러한 손실을 겪고서도 결국 총합이 점차 플러스로 나아가는 그래프를 그리는 것이 그들이 최고 고수라는 것을 말합니다.

결국 부자가 되는 룰은 손해를 적절한 선에서 통제하고, 그로 인하여 마음의 흔들림 없이 평정심을 키워가는 과정에 있다고 하겠습니다.

주식에서조차 손실을 봐야만 그 과정을 통해 결국 부자로 거듭날 수 있다는 것이 우주의 이치입니다.

돈을 벌고 싶은 욕심이 더 간절한 유형은 고점에서 팔아야 할 때 망설입니다. 그 고점을 넘기고 이익이 줄거나 심지어 아예 손실로 바뀌는 경우에 처하곤 합니다. 이때부터는 평정심을 잃고 이상한 형태로 매매해서 아예 파산하기도 합니다.

이처럼 욕심을 적절히 통제할 줄 알아야 합니다. 그러나 수익이 날 땐 제대로 나야 합니다.

초보나 하수는 일반적으로 적게라도 이익을 내는 것을 목표로 합니다. 이 목표부터가 잘못된 패턴을 만듭니다.

처음에는 신중을 기울여 사기 때문에 수익을 내기도 합니다. 그러나 적은 수익으로는 부자가 되지 않기 때문에, 적은 수익을 많이 누적시켜야 할 필요를 느낍니다.

그러한 심리가 큰 단점입니다. 적게 수익을 내면 매매를 많이 해야만 돈을 크게 불릴 수 있습니다. 그래서 매매를 늘리면 늘릴수록 하수가 감당하기 힘든 상황들이 늘어나게 됩니다.

아까 말씀드린 모든 판에 베팅하지 말라는 룰에도 어긋나

> 당신의 패턴을, 성공하는 사람의 패턴을 모방해서 바꿔야 합니다.
>
> 초보자나 하수는 적게 먹고 한 번에 크게 잃는 패턴으로 나타납니다.
>
> 진정한 고수는 적게 잃고 한 번에 크게 버는 패턴으로 매매합니다.

며, 매매가 많아질수록 마음의 그림자로 인한 실수가 늘어날 확률도 그만큼 많아지는 겁니다.

　아까 말하길, 대박이 나는 케이스는 주식시장에 늘 있지 않다고 했습니다. 예를 들어 1백 개 중에 1개가 아주 큰 수익을 주는 상승 종목이라 했습니다. 그러니 일반인이나 하수는 이런 대박 수익을 만나기가 쉽지 않습니다. 아무리 잘 골라도 '열 개 종목을 사면 그중 하나' 정도가 잘 가면 성공하는 겁니다.

　그런데 일반인은 대박 수익을 낼 종목을 만나도 새가슴처럼 겁나서 조금의 수익으로 파는 경우가 빈번합니다. 반면에 대박 손실을 피해야 할 때에는 미련 때문에 팔지 않고 소위 '물 타기'라는 것을 합니다.

　'물 타기'는 '1천 원'에 한 개 산 것이 5백 원이 되면, '5백 원'

에 또 한 개 사서 두 개의 평균 가격을 750원으로 떨어트리는 것을 말합니다. 이게 5백 원이 되었다가 다시 '750원'이 되면 성공적으로 손실이 없이 본전에 팔 수 있는데, 대박 손실의 패턴은 이것보다 계속 더 떨어지기 때문에 결국 공포심에 '3백 원'에 큰 손해를 안고 다 정리하는 경우도 생깁니다.

결국 크게 이익을 봐야 할 경우는 조금의 수익만 내고 크게 손해를 보는 경우는 고스란히 당하고 마니 돈이 점점 줄어들 수밖에 없습니다.

물론 항상 이렇지는 않습니다. 어떤 기간에는 수익이 더 많을 경우도 있습니다. 그래서 이 사람은 도박처럼 돈을 다 잃을 때까지 주식을 떠날 수가 없습니다. 자신의 거래 패턴이 결과가 이미 실패로 정해져 있다는 것을 모르고 눈앞의 주식 정보만 열심히 쫓아다닙니다. 좋은 정보만 있다면 곧 만회하거나 부자가 될 수 있다고 여기는 겁니다. 그러나 좋지 않은 패턴은 어김없이 언젠가는 빈털터리가 되고 맙니다.

그러나 고수의 패턴은 다릅니다.

고수들의 목표는 열 번에 한두 번 크게 버는 것을 목표로 합니다. 이 목표가 하수와는 다른 패턴을 만듭니다.

목표가 들어맞았다고 느끼는 경우에 최대한 참으며 크게 수익을 만듭니다. 중간에 내려와서 수익을 못 내는 한이 있어도 한 번만 적중하면 크게 이익이 나는 겁니다.

중간에 내려와서 수익을 못 내는 경우가 되더라도 어차피 열 번 중에 나타난 나머지 경우였을 뿐입니다.

단타의 최고수 '주식 시인'은 거래 한 번으로 수익을 낼 때 '20~30퍼센트 수익'을 거둡니다. 그리고 이건 아니다 싶어서 끊을 때는 한번에 '-2~3퍼센트 손실'을 봅니다.

이론상 실패가 열 번 누적되면 성공 한 번과 동등해집니다. 그런데 그의 성공 확률은 '10에 6~7개' 정도였습니다. 그러니 매매가 누적이 될수록 점점 돈이 불어날 수밖에 없었습니다.

만약 오르느냐 내리느냐를 확률이 반반만 되어도 위의 방식이라면 점점 이득이 누적될 겁니다. 하물며 적중 확률이 60~70퍼센트라면 당연히 이득이 계속 누적될 겁니다. 그래서 그는 거의 빈손으로 시작해 현재는 큰 재력가가 되어 살고 있습니다.

당신이 금에 투자하든 환율에 투자하든 부동산에 투자하든, 어떤 것이라도 가격의 등락이 있는 것이라면 같은 원리로 투자를 해야 합니다.

눈앞에서 손해를 보더라도 점점 누적이 되면 승점이 조금이라도 앞서는 방식의 투자가 된다는 계산이 서질 않으면 아예 투자하지 말아야 합니다.

> 확률적으로 계산이 서는 투자 방식으로,
> 총합을 내었을 때 점점 이겨나가는 방식이어야 합니다.

부든 가난이든 그 변화는 큰 충격이 와야 일어난다

'티끌 모아 태산'이라는 말이 있습니다.

주위에도 이런 식으로 본인의 소중한 자산을 조금씩, 조금씩 불려가는 경우가 가장 흔합니다. 그러나 이런 방식으로는 부자 되기가 쉽지 않습니다. 티끌은 모아도 티끌입니다.

월급쟁이가 아끼고 아껴서 한 달에 50만 원, 1백만 원을 저축한다고 해도 꼭 중간에 목돈 나갈 일이 생겨서 다시 원래 수준의 자산으로 되돌아가는 경우가 허다하지 않습니까?

싱글로 살 때에는 그나마 여윳돈을 저축하기 용이하지만, 결혼 자금이 들어가고 결혼 뒤에는 아이 출산, 양육비가 많이 들어가 저축할 여유가 부족해집니다. 그 뒤, 아이 교육비는 그동안 모았던 돈을 퍼부어도 모자라는 경우가 있습니다. 또 이어지는 자녀 대학교 등록금, 그리고 자녀 결혼 자금까지…….

인생은 한마디로 돈 나가는 이벤트로 넘쳐납니다.

게다가 물가는 계속 오르고 중간에 이직이나 사업이 망한다거나 큰 병이 들어 쉬어야 한다든지 여러 이유로 들어오는 돈이 줄어드는 경우도 있습니다.

티끌 모아 태산이라는 것은 오랜 기간 동안 돈을 누적시켜 가는 패턴입니다.

물론 일반인이 제일 많이 시도하는 패턴이며, 노년에 그럭저럭 괜찮은 결과에 도달하는 경우도 제법 있습니다. 그러나 이런 평범한 방법으로 일반인이 월급을 모아 큰 부자가 되지는 못합니다. 평범한 방법은 평범한 결과를 주기 마련입니다.

당신도 남부럽지 않게 경제적 여유를 누리며 살고 싶을 겁니다. 이 책을 읽는 이유가 바로 그러합니다.

부자가 되는 법칙을 이용해서, 단 한 번뿐인 인생에서 부를 누리는 것.

그것이 당신이 원하는 목표입니다. 그렇다면 패턴은 달라져야 합니다.

자연을 잘 살펴봅시다. 현대 과학의 원자 그림을 많이 보셨을 겁니다. 원자의 주위를 도는 전자층이 마치 껍질처럼 층이 떨어져서 레벨로 나누어져 있습니다.

전자의 에너지가 높아져 레벨 1에서 레벨 2로 상승하면 다음 껍질 층으로 올라간다고 봅니다.

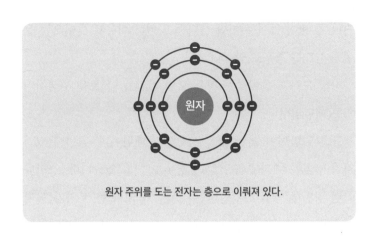

원자 주위를 도는 전자는 층으로 이뤄져 있다.

이 움직임은 레벨 1에서 '1.1, 1.2, 1.3……' 이런 식으로 레벨 사이를 조금씩, 조금씩 계단 오르듯 상승하지 않습니다.

마치 엘리베이터를 타고 다음 층으로 올라가듯 단숨에 수직 점프로 신분 상승을 이룹니다.

부의 원리도 마찬가지입니다.

큰 사건으로 인한 수익으로 당신이 다음 층으로 점프를 하는 것이 일반적이지, 돈을 모아서 조금씩 올라가는 형태는 쉽지 않습니다. 이는 위의 그림과 같은 형태로 상승됩니다.

자산 규모가 모든 매매에서 꾸준히 누적되어서 큰 부를 이루는 것보다 한순간에 점프해서 오르고, 또 그 위를 점프해서 오르고 이런 식으로 나타납니다.

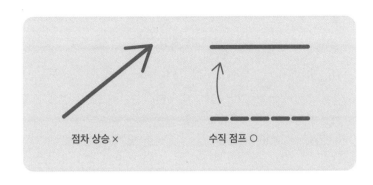

점차 상승 ×   수직 점프 ○

이렇게 점프를 하려면, 부든 가난이든 사건처럼 큰 충격이 와야 일어납니다.

진흙탕을 빠져나가는 바퀴를 생각해보세요. 조금씩, 조금씩 힘을 줘서 서서히 빠져나오기는 쉽지 않습니다. 단숨에 팡 하고 힘을 줘서 탈출해야 합니다. 그걸 '힘의 임계점을 뛰어넘는 순간, 변화가 온다'고 표현합니다.

마찬가지입니다. 사회적 신분 상승이나 하락은 이처럼 인생에서 사건처럼 옵니다. 자산 규모의 큰 변화 역시 사건처럼 옵니다. 큰 힘이 집중되어서 그동안 갇혀 있던 고만고만한 규모의 자본 박스권에서 탈출구를 뚫고 솟아올라야 상위 세계로 오릅니다.

대부분의 주식 부자들도 보통 큰 수익(큰 사건)을 한번 잘 잡아서 한 단계 위로 상승하고, 또 기회를 노리다가 큰 수익을 잘 잡아 그 위의 단계로 자산을 늘리고 이런 식으로 성장합니다.

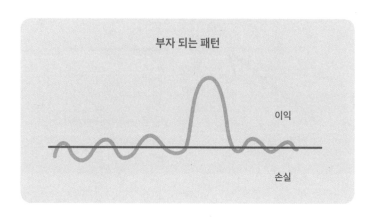

위의 그림처럼 한 번의 큰 수익이 나야 당신의 자산을 위의 레벨로 이끕니다.

주식에서 몇천만 원대 투자를 하다가, 한 번 세 배 이상의 수익을 내서 위의 레벨로 올라가는 데 성공하면 억대 규모에서 기회를 엿봅니다. 그다음은 계속 본전 수준의 거래를 하다가 기회가 오면 또 몇 배의 수익으로 다시 더 위의 레벨(10억대 규모의 자산)로 올라가야 합니다. 쉽게 말해 위의 그래프 형태가 계속 반복되는 겁니다.

당연하지만, 실패 역시 마찬가지로 중간에 큰 손실을 막지 못해서 일어납니다. 한 번의 실패가 자신이 그동안 소소하게 쌓은 수익마저 싹 다 날리고 자본금을 아래 레벨로 내려 회복하기 힘들게 만듭니다. 몇십억대 자본이 순식간에 몇억에서 몇천만 원대까지 하강합니다.

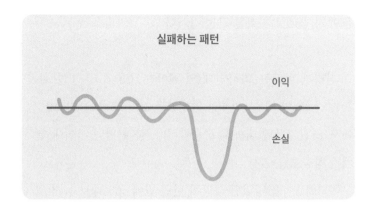

실패하는 패턴

이익

손실

　우리 주위를 살펴보면 뭔가 하나가 잘 되어서 큰 부자가 된 경우가 참 많습니다. 작은 돈을 모아, 모아서 부자 되기는 정말 쉽지 않습니다.

　어떤 사람은 식당이 잘 되어서 프랜차이즈 사업을 벌여 큰 부를 이루고, 어떤 사람은 땅을 샀는데 나라 정책이 바뀌는 바람에 대박이 나고 이렇게 큰 변화로 부자가 됩니다.

　비슷한 형태로 오르락내리락 하는 움직임은 항상 그 레벨에서 머물게 만듭니다.

　적은 수익을 꾸준히 모으는 것이 1층에서 계속 '앞으로만 전진' 하는 패턴이라면 부자가 되는 것은 '한순간에 위로' 2층, 3층 레벨 업 하는 패턴입니다.

　자산으로 예를 들면 천만 원대에서 왔다 갔다 하는 투자자산을 어느 순간, 한 번에 치고 나가 억대 위로 올려놓아야 다음 부자 레벨로 진화를 하는 겁니다.

 '신라젠'이라는 회사인데(옆 페이지 그림 참조) '1번 원'인 2017년 4월만 해도 1만 1천 원대였던 것이 그해 11월, '2번 원'에서 15만 2천 원대까지 상승합니다. 불과 반년 사이에 열두 배가 상승했습니다.

 여기에 3억을 넣었던 사람이 반년 만에 30억대로 불어 그의 자산 규모가 위의 단위로 레벨 업이 되었습니다. (이 열 배 정도의 수익에 만족하지 못하고 보유하던 사람은 2019년, '3번 원'에 오히려 7천 원대까지 떨어져 손실을 보았습니다.)

 이번엔 장기 투자를 볼까요?

 '삼성전자'가 30년이 채 안 되어서 무려 162배가 났습니다. 만약 예전에 3천만 원 정도를 '삼성전자'를 사서 묻어둔 사람은 50억 정도의 제법 큰돈이 되는 셈입니다.

 그런데 그 사람이 3천만 원으로 이것저것 다 매수했다고 합시다. 열 개 종목을 지니고 있는데 그중 하나가 '삼성전자' 3백만 원어치에 불과했는데 이것조차도 열 배가 올랐을 때 얼른 팔아서 다른 것으로 샀다고 칩시다. 결국 30년이 지난 지금도 원금 3천만 원을 밑돌고 있는 경우가 가장 흔한 일반인의 매매 유형입니다.

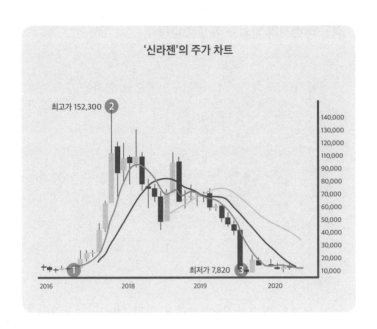

'신라젠'의 주가 차트

최고가 152,300

최저가 7,820

2016   2018   2019   2020

140,000
130,000
120,000
110,000
90,000
80,000
70,000
60,000
50,000
40,000
30,000
20,000
10,000

단기 투자든 장기 투자이든 '선택과 집중'이 되어야만 임계점을 뛰어넘어 큰 부를 이룰 수가 있다는 겁니다.

다들 부자가 된 패턴들이 이러한데 당신만은 예외로 티끌 모아 태산 형태로 부자가 되겠다고 하면 정말로 확률이 낮은 목표를 향해 달려가고 있는 겁니다.

성공의 마지막 열쇠 — 때를 기다려라

주식에서 최고의 고수들이 이구동성으로 말하는 주식 부자의 비결은 다음과 같습니다.

> 통찰력 + 마음의 변수 + 운

통찰력.

장기 투자의 고수인 '주식 천재'도 정말 뛰어난 통찰력을 지니고 있습니다. 이 통찰력이 저절로 생긴 것은 절대로 아닙니다. 그는 혼자 지내는 것을 즐기며 그 시간 내내 주로 책과 뉴스를 봅니다. 밤새워 책을 읽고 잠도 안 자고 아침에 바로 매매를 하는 때도 있을 정도로 독서광입니다. 그가 보는 책은 웬만한 역사서는 줄줄 꿰고 있으며, 철학, 과학, 건강, 소설, 에세이 등등 거의 모든 장르의 책을 다 섭렵합니다. 이는 지식뿐만 아니라 그 시대의 흐름과 대중들의 심리까지 모두 아우르는 행위입니다. 이런 폭넓은 지식이 그가 좋은 종목을 선택할 지혜를 지니게 도움을 줍니다.

그리고 산책이나 자전거, 등산 등을 통해서 걸으며 명상을 합니다. 그의 이론은 뇌에 산소 공급이 잘 될 때 더 좋은 아이디어나 더 옳은 판단을 내린다고 합니다.

그의 타고난 재능도 대단하지만 이러한 노력들이 그가 큰 부자의 대열에 설 수 있게 일조한 것은 사실입니다. 주식에 관한 책은 사실 기본적인 수준만 봐도 충분합니다. 더 중요한 것은 세상을 바라보는 눈입니다.

"선생님. 그래도 주식 전문가나 펀드매니저들은 주식에 대해서 우리 일반인보다 엄청 많은 지식을 지니고 있잖아요? 그런데 저희가 그런 사람들과 경쟁해서 수익을 챙길 수 있겠습니까?"

만약 주식을 공부해서 되는 것이라고 하면 수능 성적 좋았던 사람들이 모두 주식 부자가 되어 있을 겁니다. 예를 들어 서울대나 상위권 대학을 가는 성적이라면 머리도 똑똑하고 공부에는 나름 일가견이 있는 사람들입니다. 만약 주식 지식과 기술을 공부해 10억대 1백억대 부자가 된다면 서울대 인재들이 뭐 하러 다른 곳에 어렵게 취업하느라 난리겠습니까?

심지어 펀드매니저들은 주식 매매를 업으로 삼고 있는 사람들입니다. 이런 사람들은 평소에 주식 공부를 열심히 합니다. 그런 사람들에 대한 실험을 했습니다. 다음 페이지의 예를 보시죠.

실험을 보시면 알겠지만 주식 공부를 통해 얻은 지식들이 미국의 <월 스트리트 저널>에서 재미있는 실험을 했습니다. 원숭이와 펀드매니저, 아마추어 투자자가 10개월 동안 주식 투자수익률 실험을 벌였습니다. 펀드매니저나 아마추어 투자가는 이해가 가는데 난데없이 원숭이는 왜 나왔을까요?

어쨌든 이 실험에서 펀드매니저와 아마추어 투자자는 기술적 분석과 경험을 총동원해 투자 대상을 선정했습니다. '주식'의 '주' 자도 모르는 원숭이는 신문 기사에 실린 주식시세표에 무작정 다트를 던져 종목을 찍었습니다.

결과는 어떻게 되었을까요?

우습게도 실험의 승리자는 원숭이였습니다. 이때는 주식시장이 안 좋아, 모두 마이너스 수익률을 기록했는데 펀드매니저와 아마추어 투자자들의 손실률이 원숭이보다 약 여섯 배나 높게 나온 것입니다.

주식 공부를 해서 쌓은 지식이나 그간의 경험들이, 주식을 전혀 모르는 원숭이보다 훨씬 못한 결과가 나온 겁니다.

한국에서도 2009년에 이와 비슷한 실험을 한 적이 있습니다. 앵무새와 사람이 주식투자수익률 실험을 한 겁니다. 6주 동안 앵무새와 개인투자가 10명이 6천만 원을 가지고 투자했습니다.

물론 주식이 뭔지도 모르는 앵무새는 회사 이름이 적힌 공 가운데 하나를 무는 방식으로 종목을 택했습니다.

앵무새는 6주 동안 수익률 13.7퍼센트로 평균 수익률 -4.6퍼

주식 부자가 되는 데 그리 중요하지 않습니다. 오히려 주식을 전혀 모르고 무작위로 선택하는 경우가 더 나은 수익률을 올릴 때도 있는 만큼 주식은 기초 정도만 알고 있으면 됩니다.

제가 통찰력을 '세상을 바라보는 눈'이라고 한 것은 그러한 이유입니다. 그러니 위의 주식 천재도 주식 전문 서적이 아닌 온갖 다양한 책들을 열심히 읽는 겁니다. 세상을 알아야 주식이 보인다고 합니다. 때로는 소설만 보아도 보이는 주식 종목이 있고, 때로는 요리책만 봐도 보이는 주식 종목이 있다고 합니다. 심지어 친구와 수다를 떨다가도 좋은 힌트를 얻습니다.

어떤 경우에 당신이 일하는 분야에서 앞으로 어떤 회사가 잘될 것 같다고 느끼면 그것이 곧 당신의 눈입니다.

이렇게 많은 책을 읽거나 많은 인터넷 탐험들이, 또는 친구들과의 잡담이 당신의 눈이 되어 주식을 고르게 만들어주니, 굳이 당신이 주식 전문가가 아니라는 것을 두려워할 필요가 없는 법입니다.

왜 이게 가능한가 하면, 주식은 결국 일상생활에 사용하는 물건, 우리 주변의 뭔가를 개발하는 회사들로 이뤄졌기 때문에 당신의 생활을 지켜보다 보면 얼마든지 좋은 힌트를 발견할 수 있는 겁니다.

어떤 경우에는 자녀가 좋아하는 과자를 보고 그 회사의 종목을 사서 큰 수익을 거두는 경우도 있습니다.

그러니 공부해서 아는 것보다 세상을 열심히 관찰하다 보면 알 수 있는 것이 주식입니다.

고수가 아닌 당신에게 차라리 통찰력보다 더 중요한 것은 앞에서도 강조한 '마음의 변수'입니다. 초보나 하수에게 통찰력은 비슷하지만 마음의 변수는 사람마다 꽤 차이가 나서 수익률에 막대한 영향을 끼치니까요.

마음의 변수의 열쇠는 '평정심'입니다.

단타의 고수 '주식 시인'은 크게 수익이 나도 크게 손실이 생겨도, 늘 별로 변화가 없습니다. 그의 오랜 친구가 말하길 예전에 갑자기 사람이 변해서 주식의 승패에 초연하게 된 것을 보고 '저 친구가 드디어 고수가 되었구나' 하는 생각이 들었다고 합니다.

평정심으로 주식에서 생기는 '욕심'과 '공포', '방심' 이 세 가지 마음의 그림자를 잘 피해서 냉정하게 매매를 해야 합니다.

사실 이 두 가지만으로도 주식으로 제법 수익을 낼 수도 있습니다. 그럼에도 불구하고 당신이 큰 부자가 되려면 운이 따라야 합니다. 임계점을 넘어서 투자자산이 위로 점프하는 것은 큰 사건을 만나야 한다고 했습니다. 큰 사건을 만나는 것은 실력도 중요하지만, 운과 매우 밀접합니다.

여기에서 주식의 큰 수익의 운이라는 것은 두 가지 의미가 있습니다.

'적절한 타이밍', '당신이 갖는 파장'.

적절한 타이밍

흔히 주식에서 말하는 격언 중에 "당신의 실력이 돈을 번 것이 아니라 시장이 돈을 벌어줬다"고 하는 말이 있습니다. 이는 시장의 흐름이 좋아서, 당신이 수익을 냈다는 이야기입니다. 또한 당신이 잘나서가 아니라 시장의 상황이 당신과 맞아떨어져서 수익이 난 것에 불과하다는 말이기도 합니다. 이처럼 실력이 돈을 버는 것이 아니라 적절한 때가 돈을 벌어주는 경우가 정말 많습니다.

> 때는 찾으려 하지 말고 기다려야 하는 겁니다.

그런데 많은 사람들이 주식을 찾으려고 합니다.

당신이 주식을 사고자 결심한 때에 여러 정보도 들어보고 주위 사람의 추천도 들어보고 열심히 찾습니다.

'내가 원하는 조건의 주식이 없나?' '잘 가는 주식이 없나?'

이렇게 열심히 찾는 것과 관심을 지니고 관조하는 것은 뉘앙스가 많이 다릅니다.

목표를 찾으려고 혈안이 되면, 없는 것도 있는 것처럼 행세하며 다가옵니다. 가짜 기회를 진짜 기회처럼 생각하게 되는 셈입니다. 진짜 기회는 그냥 담담히 관찰하다 보면 문득 눈에 띌 때가 있습니다. 이것이 진짜 당신에게 운이 온 것입니다.

이는 마치 길을 가다가 5백 원 동전을 줍는 것과 같습니다. 당신이 동전이 떨어져 있길 바란다고 그게 일어납니까? 그냥 길바닥을 쳐다보면서 가다 보면 동전도 줍고 그러는 겁니다.

공중에 떠다니는 주식의 행운은 줍는 사람이 임자입니다.

그런데 동전을 줍고자 혈안이 되어서 두리번거리면 멀리서 길에 반짝이는 금속은 다 동전으로 보입니다. 그래서 저 멀리 얼른 달려가서 보면 그냥 병뚜껑일 뿐입니다.

이처럼 당신이 혈안이 되어서 종목을 찾아다니면, 아닌 것도 참 괜찮게 보입니다. 그러니 찾아다니지 말고 관찰만 하세요.

그래서 고수들은 주식을 낚시에 비유합니다. 낚싯대에 고기가 걸려들 때까지 기다려야 하지, 움직이지 않는 낚싯대를 열심히 낚아채어 올린다고 해서 없던 고기가 걸려 올라오지는 않습니다. 이처럼 물고기가 저절로 걸려드는, 좋은 시기가 올 때까지 기다리셔야 합니다.

그렇지 않고 혈안이 되어서 이익을 내고자 찾다 보면, 정말 나쁜 운에 걸리기도 쉽습니다. 앞서 예를 든 '신라젠'(본문 337면)을 다시 한번 봅시다.

누군가에게는 큰 수익의 기회였던 종목이지만 누군가에게는 패가망신의 악몽이기도 했습니다.

'첫 번째 원'인 2017년에 산 사람은 2017년 11월, '두 번째 원'에 15만 원대에 팔 수 있었습니다. 그가 팔았다는 것은 그 가격에 누군가가 샀다는 말입니다.

단기간에 열두 배가 오른 지점에서 무슨 생각으로 들어왔는지 몰라도 그 이후 본전이 오기만 기다렸다면 2019년 '세 번째 원'에서 7천 원대를 봅니다. 불과 1년 반 만에 거의 20분의 1로 떨어졌습니다. 정말로 운이 나쁜 케이스입니다.

때를 기다리고 있지 않고, 당신이 주식을 사고자 하는 시기에 누군가가 "신라젠이 엄청 올랐는데 계속 잘 갈 것 같다"는 말을 들려줬다면 당신은 덥석 이 미끼를 물 수도 있습니다.

단기간에 열두 배가 올랐다면 도대체 다시 얼마가 더 오르기를 원하면서 산 걸까요? 확률로 말해보겠습니다. 6개월에 열두 배가 오르는 것은 2,200개 종목이 있는 주식시장에서도 굉장히 드문 사건입니다. 이미 그런 사건이 일어났는데, 그것이 다시 두 배가 더 간다면 무려 24배라는 것입니다. 만약 1년도 안 되어서 20배, 30배 오르는 것은 확률적으로 거의 일어나지 않는 사건입니다.

혹시 당신이 주식 전문가라면 당신의 지식을 믿고 적절한 타이밍에 관해서 너무 간과할 때도 있습니다.

사실 손실이 일어나는 것은 매매에서 언제나 발생할 수 있는 일입니다.

그러나 운이 나쁠 때는 양상이 약간 다르게 나타납니다.

아무리 뛰어난 고수들도 이상하게 매매가 꼬이는 시기가 있습니다. 사면 떨어지고, 망설이다 보면 폭등하고, 손절하면 반등하고…… 이때는 운이 그리 좋지 않은 시기이니 매매를 최대한 줄이는 게 좋습니다.

그래서 '운이 왔다고 느낄 때까지 기다려서 승부'를 보는 겁니다. 최고의 고수들이 하나같이 이런 방식으로 큰 부를 이뤘으니, 당신도 그렇게 하는 것이 훨씬 가능성이 올라갑니다.

그렇다면 운이 온 것을 무엇으로 판단할까요?

이성적인 지식과 육감을 병행해서 판단하십시오. 이성적인 지식으로도 얼마든지 뭔가 다른 움직임을 발견할 수 있습니다.

예를 들어서 주식은 인기투표와 같아서 주위 사람들의 관심이 집중되면 그 가치와 별도로 폭등합니다. 예전에 대선 때에 당선될 확률과 상관없이 특정 주자가 관련된 종목이 폭등을 많이 했습니다. 사람들이 관심을 갖는다는 이유만으로 폭등한 겁니다. 코로나19의 유행으로 다른 주식은 폭락했지만 마스크를 만드는 회사나 진단 키트를 만드는 회사나 몇 배나 오르기도 했습니다.

이때 이런 종목에 모든 사람의 관심이 집중되겠다는 것은 촉이 아니라, 이성으로도 얼마든지 감지할 수 있습니다.

그리고 통찰력이라고 일컫는 능력 또한 운을 충분히 감지할 수 있습니다. 당신이 집중을 한다면 말입니다.

육감 역시 초능력같이 현실과 동떨어진 것이 아니라 누구나 느끼는 촉을 말합니다.

특히 내면의 소리나 어떤 느낌을 잘 구분하세요.

쇼핑을 예를 들겠습니다. 당신이 이 옷을 살까 저 옷을 살까 비교를 한다면 그 두 옷은 안 사셔도 됩니다. 다음 가게에서 정말 마음에 드는 옷이 생겨 후회할 겁니다. 첫눈에 반한다는 말처럼, 고민 없이 강력한 느낌이 지배하는 것은 나중에 실패해도 후회가 별로 없습니다. 당신이 고민 없이 마음에 든다는 것 자체가 당신의 스타일인 겁니다.

주식을 살 때도 비슷하다고 생각하세요.

이상하게 끌린다. 또는 그것만 자꾸 떠오르는 것도 어쩌면 내면에서 보내는 신호일 수 있습니다. 흔히 말하는 촉이나 육감에 대해서는 앞에서도 말씀드렸습니다.

제가 아는 부동산의 달인이 있습니다. 그는 오래전 소액 경매로 시작해서 큰 부를 이뤘습니다. 그런데 특이한 점은 그가 경매에 낙찰되는 비율이 다른 사람보다 월등히 높다는 겁니다. 그의 비결은 '오링 테스트'였습니다.

경매를 하기에 앞서 적당한 숫자를 종이에 쓰고 그것보다 위를 적어야 하나, 아래를 적어야 하나를 매번 오링 테스트를 통해서 여러 차례 확인하고 경매 금액을 결정했습니다.

남들이 들으면 미신 같은 요행을 바란다고 생각하기 쉽지만, 어쨌든 그는 자신의 육감을 이렇게 활용해서 큰 부를 이뤘습니다. 그는 주위 사람들에게도 자신의 비결을 가르쳐주고 다닙니다.

그러니 육감을 활용할 수 있다면 본인만의 방법을 도전해보는 것도 가치 있는 노력입니다. 특히 명상을 많이 하면 육감이 발달하는 것은 동서고금의 현자들이 활용하는 성공 비결이기도 합니다. 그러나 명상을 하지 않더라도 누구에게나 있는 촉을 활용해도 효과가 있습니다.

당신이 갖는 파장

그리고 당신 본연의 파장이 만드는 운이 있습니다.

당신이 주식에서 큰 부를 이룰 파장이 아닌데, 열심히 주식을 매매하면 자꾸 결정적인 순간에 미끄러집니다. 이럴 때는 운을 좋게 하는 방법을 병행하는 것이 성공의 확률을 높여줍니다. 운을 좋게 하는 방법은 앞에서 굉장히 강조했습니다.

그동안 한국 주식의 최고 부자들을 살펴본 결과, 제가 봐도 '복 받을 사람이다'라는 생각이 저절로 들었습니다.

'주식 천재'는 늘 타인을 배려합니다. 자신이 많은 재물을 가졌다고 어떤 사람도 절대로 함부로 대하지 않습니다. 제가 같이 다녀보니 식당 종업원들에게도 극진히 예의를 갖춰 팁을 줍니다. 이게 다른 사람 보라고 그러는 것이 아니라 진심에서 우러나오는 행동이었습니다.

직업의 귀천이 없다지만, 가진 사람이 거들먹거리는 경우는 많습니다. 그러나 그에게서는 이러한 점을 결코 찾아볼 수 없었고, 늘 몰래 베풀어서 덕을 쌓습니다.

단타의 고수, '주식 시인'도 마찬가지입니다. 그는 후배들이 따르는 '인덕'을 갖고 있으며, 어려운 사람을 찾아 늘 베풀려고 노력합니다. 길 가다가 떡을 파는 장사꾼이 있으면 한 번에 다 사서 오기도 하고, 지나던 양말 가게에 들어가서 한 번에 백 켤레씩 팔아주기도 합니다. 이게 양말이 필요해서가 아니라, 그분이 느낌이 오는 집에 들어가서 '보시'를 해주는 겁니다.

이렇듯 제가 여태 겪은 주식 부자들은 모두 하나같이 복 받을 인물들이었습니다.

어떤 사람이 평범한 방법과 평범한 삶의 태도를 지니고 살면서 특별한 신분이나 자산가가 되기는 낙타가 바늘귀를 통과하는 만큼 힘듭니다.

어떤 이가 특별한 점이 있다고 특별한 사람이 되지도 않지만, 특별한 사람들은 반드시 특별한 점이 있었습니다.

당신이 삶의 태도와 살아가는 자세가 특별해도 특별한 사람이 될 기초 조건을 갖추는 것에 불과하며, 진짜로 특별해지는 것은 당신의 운이 따라야 합니다.

그렇게 되면 하늘의 보이지 않는 손길은 반드시 부자의 행운을 부여해줍니다. 당신이 그 운을 잡느냐 마느냐는 당신 내면의 소리에 늘 귀를 기울이느냐 마느냐에 따라 차이가 날 수 있습니다.

지금까지 부자가 되는 큰 원칙을 다 설명해드렸습니다. 부동산과 사업 투자에 적용되는 중요한 룰도 주식 편에서 이미 다 설명드렸습니다. 이제 당신이 방법을 알았으니 붙잡는 일만 남았습니다.

부디 행운이 함께해서 큰 소원을 이루시길 바랍니다.

주식 고수들의 부자 되는 핵심 룰

일반인이 실제로 실천할 수 있는 투자 방법은 저축, 주식, 부동산, 사업 투자 등에 불과합니다. 저축이야 간단하지만 주식과 부동산, 사업 투자는 나름 기초 지식이 있어야 합니다.

책의 본문에서는 근본 법칙을 설명드렸으니 부록에 실전 지식을 첨부할까 합니다.

주식은 돈 벌 수 있는 좋은 시장이지만 누군가의 호주머니에서 돈이 나와야 당신이 돈을 버는 겁니다. 즉, 그 말은 당신이 기초도 모르고 덤볐다간, 역으로 다른 사람의 호주머니를 채워줄 '호구'가 될 수 있다는 겁니다.

일반인이 주식을 선택하는 방법은 크게 세 가지가 있습니다.

'소문이나 정보', '가치 투자', '추세 투자'.

이 책은 주식 전문 서적이 아니니 간단한 핵심 요령만 소개하겠습니다.

소문이나 정보

"야. 내가 아는 사람에게 들었는데, 이건 비밀인데 곧 좋은 뉴스가 나올 거래."

"내가 아는 사람이 그쪽 회사 임원이랑 친한데 좀 있으면 그곳 주가가 많이 오를 거래."

일반인들은 전문 정보가 없다 보니 소위 '카더라'라는 소문이나 뉴스를 듣고 주식을 사는 경우가 매우 많습니다. 그러나 그런 방법은 한두 번은 성공할지 모르나 결국 돈을 점점 잃고 말 겁니다. 왜냐하면 당신은 뉴스의 먹이사슬 끝에 위치한 개미 투자가이기 때문입니다. 그 소문이나 뉴스를 당신이 알 때쯤이면 당신만 아는 소문이 아닙니다.

주식시장에서는 누군가 잃어야 다른 누군가가 땁니다. 정보로 돈을 벌려고 하면 일반 개인은 철저히 먹잇감이 될 수밖에 없는 상황에 노출되어 있습니다.

예를 들어, 회사 회장이 골프를 치면서 흘렸다는 소문 같은 것은 당신에게 치명적인 재앙이 될 수도 있습니다. 왜냐하면 진짜 중요한 정보를 그 회사 임원이 미리 발설하는 것은 법으로 금지되어 있기 때문입니다. 그러니 엉터리 정보일 가능성이 농후합니다.

작은 규모의 회사나 부실한 회사 입장에서는 주가가 올라야 이익이 되는 상황이 많습니다. 그러니 주가 부양을 위해서 거짓 정보를 흘리고 다니는 경우도 많다고 합니다.

회사의 임원이나 소유주가 왜 이런 행동을 할까요?

회사에서 다른 곳에 돈을 빌리는 '전환사채'라는 것이 있습니다. 만약 1백억을 빌렸는데 현금으로 1백억을 갚거나 주식을 1백억 원어치 발행해줄 수도 있는 빚입니다. 그런데 이 종목이 앞으로 많이 오를 것 같다는 소문이 돌면, 상대는 주식으로 받을 수도 있습니다. 회사 입장에서는 공짜로 1백억이 생기고 주식만 발행해서 주면 되는 겁니다. 그러니 잘 간다는 소문이 나면 회사 입장에서는 더없이 좋은 일이 됩니다.

또한 '유상 증자'라는 것도 있습니다. 회사에서 앞으로 회사를 성장시키려면 돈이 필요하니 1백억을 투자받겠다고 공개 모집하는 겁니다. 마찬가지로 회사가 앞으로 잘 갈 것 같다는 소문이 돌면 사람들이 서로 주식을 받겠다고 돈을 냅니다. 회사 입장에서는 빚도 아니고 공짜로 1백억이 굴러들어오는 셈입니다. 그러니 당연히 좋아하겠죠?

또는 소문이 돌아서 갑자기 주식이 폭등하면, 회사의 소유주(대주주)가 이때다 하면서 고점에서 갖고 있던 주식을 대량으로 처분하는 경우도 있습니다. 어차피 진짜 잘 갈 일도 없으니 소유주 입장에서는 많이 올랐을 때 팔아서 차익을 챙기는 것이 좋죠. 그 금액이 몇 배가 올라서 몇십억에 달하면 이것 한방으로 소유주는 큰돈이 현금화되는 겁니다. 그러니 좋은 소문이 돌기를 정말로 원합니다.

특히 그런 작은 회사의 주식들은 개미들을 끌어들여 먹잇감을 만들려고 하는 작전 세력들도 많으니 주의해야 합니다.

만약 '삼촌네 가게'라는 반찬을 만드는 회사가 있다고 합시다. 이런 작은 회사는 전 국민이 잘 알지 못하는 회사이기 때문에 주식시장에서 관심도 받지 못합니다. 그렇다면 누군가의 호주머니를 털려고 하는 작전은 그들이 아는 사람들이 1차 대상, 그 아는 사람들의 지인들이 2차 대상이 됩니다. 그들로부터 돈이 나와야 작전 세력들이 돈을 벌 수 있는 겁니다.

반찬을 만드는 회사에서, 이번에 뜬금없이 미국의 박사를 영입해 항암제를 개발할 것이며, 주가가 곧 10배 이상 오를 것이라는 소문이 돌기 시작합니다. 회사에 아는 사람이 있는 사람들이 이 소문을 듣고 잽싸게 주식을 사 모으기 시작합니다.

만약 회사에 아는 사람이 있는 그들조차도 몸이 달아서 돈을 투자할 만한 소문이 아니라면, 전혀 모르는 제3자의 누가 이름 없는 회사의 주식을 사겠습니까?

그러니 이런 식으로 뭔가 그럴듯한 소문이 돌게 되고 주위의 아는 사람들이 주식을 사서 주가가 오르면 작전 세력들은 고점에서 얼른 주식을 팔아서 수익을 냅니다. 소문을 듣고 들어온 사람들이 바로 피해자가 되는 겁니다. 당신이 아는 사람을 통해 어떤 회사의 소식을 들었다고 하더라도 반드시 의심부터 해야 합니다.

어쨌든 소문이나 정보는 참고만 하지, 절대로 곧이곧대로 믿지 마세요.

추세 투자

추세 투자는 회사의 주식이 신나게 오르고 있을 때, 즉 가격이 싸거나 혹시 비싸더라도, 주식을 사서 더 비싸게 파는 투자를 말합니다.

쉽게 비유하면 물건값이 1백 원은 되어야 하는데 50원이라고 하면 사는 것이 가치 투자, 물건값과 상관없이 가격이 막 오르면 사서 더 비싸게 파는 것이 추세 투자입니다.

추세 투자는 일반적으로 급등주에서 많이 참고를 합니다.

이런 유형의 투자를 하려면 '매수 속도'와 '거래량'이란 것을 알아야 합니다. 매수 속도라는 것은 급등의 필수 요소로, 사는 사람들이 얼마나 빨리 몰려들어 사는가를 관찰하는 겁니다.

쉬운 예를 들겠습니다. 당신이 대형 백화점에 갔는데 빅 세일을 합니다. 한 매장에 사람들이 구름같이 몰려서 서로 물건 몇 개를 움켜쥐고 먼저 계산하려고 난리를 칩니다. 어떤 사람들은 고성을 지르고, 어떤 사람들은 하나의 물건을 맞잡고 자기가 사겠다고 끌어당깁니다. 우연히 지나치던 당신도 이 기회를 놓치면 뭔가 손해 볼 것 같은 기분이 들어, 얼른 물건을 살피게 됩니다.

추세 투자는 이런 분위기가 형성되는 종목을 사서, 광분한 뒷사람에게 값을 얹혀서 팔아넘기는 겁니다.

여기에서 매수 속도는 사람들이 얼마나 흥분해서 서로 사려고 난리를 치는가 하는 겁니다.

이건 주식 매매할 때 차트에 나타납니다. 그래프의 각도가 수직에 가깝게 치솟을수록 사람들이 흥분해 매수 속도가 빠른

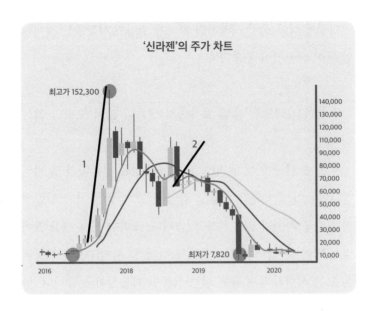

'신라젠'의 주가 차트

겁니다. 이 각도가 점점 수평에 가깝게 기울면 사람들의 흥분이 낮아지는 겁니다.

　앞에서 보여드렸던 '신라젠'입니다. 2017년에 폭등할 때 그래프의 각도(검은색 선으로 표시한 부분)가 수직에 가깝게 엄청 치솟습니다. 다들 흥분해서 미친 듯이 주식을 사들이는 겁니다. 1년이 지나서 한풀 꺾였다가 2018년 말에 상승할 때는 그래프의 각도(두 번째 검은색 선)가 이전보다 각이 많이 죽었습니다. 사람들이 사면서도 불안해하기 시작한 겁니다.

이렇게 각이 죽기 시작하면 추세가 꺾이기 시작하는 것이니 안 들어가는 것이 좋습니다.

주식의 거래량은 세일 행사에서 얼마나 많이 모였냐 하는 겁니다.

가령 한 매장 앞에 열 명이 모여서 고성을 지른다면 몇 명의 마니아들이 좋아하는 상품일 겁니다. 그 상품은 아마 당신에게는 아무 가치가 없을 수도 있습니다. 그러나 세일 매장 앞에 몇천 명이 못 들어가고 바깥까지 길게 줄 서 있다면, 그 상품은 모든 사람들의 주목을 받는 상품일 가능성이 높습니다. 당신도 관심을 기울일 만합니다.

이처럼 주가가 올라가는데 거래량이 많아지는가를 관찰해야 합니다. 반드시 그런 것은 아니지만 거래량이 평소보다 많으면서 폭등을 한다면 그건 가짜 상승이 아니라 진짜 상승일 가능성이 더 높아집니다.

소수의 마니아만 좋아하는 세일 상품은 서로 짜고 치는 쇼(가짜 상승)일 가능성도 있으니 주의하세요.

만약 당신이 추세 투자를 선택하려면 제일 중요한 원칙을 잊지 마셔야 합니다.

그건 '확률과 기댓값'입니다.

확률과 기댓값이라는 개념을 갖지 않았으면, 절대로 주식을 사지 않으셔야 합니다. 이것은 당신 마음의 그림자로부터 철저히 냉정하게 움직일 수 있는 기준이 되기 때문입니다.

여기, 두 개의 종목이 있다고 칩시다. A 종목은 당신이 사는 지점에서 더 오를 확률은 10퍼센트 정도. 그러나 기댓값은 세 배 상승입니다. B 종목은 당신이 사는 지점에서 더 오를 확률은 30퍼센트 정도. 그러나 기댓값은 5퍼센트 상승입니다.

이러한 두 종목이 있다면, 당신은 A 종목을 사셔야 합니다. 책 본문에서 강조했던 선택과 집중의 원리, 열 번 중에 한 번의 큰 수익으로 레벨 업 하려면 여기에 해당하는 것이 A 종목이기 때문입니다. 손해 볼 확률이 90퍼센트지만 베팅을 해서 성공하면 세 배로 큰 수익이 나는 겁니다. 물론 손해 본다 싶으면 -2~3퍼센트에서 정리해서 손실의 폭을 줄일 수 있다는 전제하에 베팅하는 겁니다. B 종목은 손해 볼 확률이 더 높은 데 비해 얻을 수 있는 수익이 많지 않으니, 당신에게 기회가 오지 않는 종목인 겁니다.

사실 오를 확률과 기댓값의 정확한 수치는 아무도 모릅니다. 다만 당신이 많은 종목을 관찰하면서 당신 스스로 계속 가늠하다 보면 경험이 쌓입니다. 그 경험을 통해 당신이 추측한 확률과 기댓값이 높은 종목을 선택하는 것이 가장 중요합니다.

가치 투자

　돈이 규모가 있을 때는 안전한 거래가 우선입니다. 이럴 때 선호하는 것이 장기 투자로 수익은 좀 낮더라도 위험성은 낮은 가치 투자를 합니다.

　돈이 규모가 적을 때는 위험성이 있더라도 돈을 얼른 불리는 게 목표입니다. 이럴 때는 단기 투자를 하는데 대부분 추세 투자를 선호합니다.

　가치 투자는 회사의 가치보다 주식 가격이 쌀 때 사는 겁니다. 말이 좀 어려운가요? 쉽게 말해 '앞으로 이런 상품이 인기 있을 만하다'라 생각되면 그 회사 주식을 사는 겁니다.

　예를 들어 새로 장난감이 나왔는데 우리 아이들이 너무 좋아한다, 앞으로 이 장난감이 대유행일 것 같다, 그러면 그 장난감을 만든 회사의 주식을 사는 겁니다. 또는 핸드폰이 새로 나왔는데 사람들이 많이 구입할 것 같다. 이렇게 생각하면 그 핸드폰을 만드는 회사나 핸드폰에 들어가는 부품을 만드는 회사의 주식을 삽니다. 미래에는 전기차가 더 많이 팔릴 것 같다고 생각하면 전기차 부품을 생산하는 회사의 주식을 사는 것도 같은 맥락입니다.

　그런데 이런 기준은 세상을 많이 관찰해야 생기는 겁니다.

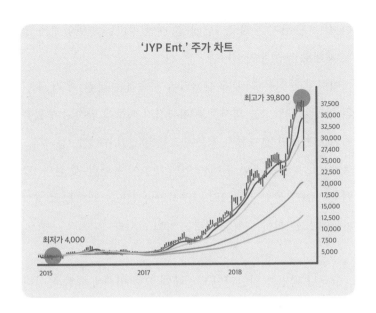

'JYP Ent.' 주가 차트

최고가 39,800

최저가 4,000

만약 폭넓게 세상을 모르면 자기 분야나 자기 취미로 잘 아는 분야를 예측해서, 관련 주식을 사는 것도 좋은 방법입니다.

어떤 사람은 걸 그룹 '트와이스'가 나왔을 때 보고 너무 마음에 들어서 그 걸 그룹을 만든 엔터테인먼트 회사인 JYP 주식을 사서 큰 수익을 거뒀습니다.

위의 차트에서 보듯 2016년 1월에 4천 원이던 것이 2018년 10월에 39,800원을 찍었습니다. 3년 내에 거의 열 배가 상승한 겁니다. 장기 투자로 3년에 열 배면 평범한 일반인에게 정말 제대로 건진 투자입니다.

이렇듯 주식은 결국 일상생활에 사용하는 물건, 우리 주변의 뭔가를 개발하는 회사들로 이뤄졌기 때문에 당신의 생활을 지켜보다 보면 얼마든지 좋은 힌트를 발견할 수 있는 겁니다.

앞으로 3년 뒤, 5년 뒤에는 어떤 것들이 유행할 것 같다. 그런 생각이 떠올랐다면 그걸 연구하거나 만드는 회사들 중에서 마음에 드는 회사 주식을 고르는 방법도 있습니다.

그러나 평범한 일반인인 당신에게 그런 미래에 대한 아이디어가 떠오르지 않는다고 해도, 좋은 투자 대상은 있습니다.

종류를 막론하고 인류가 살아오는 동안 제일 기반이 되는 것은 의식주입니다. 먹고 자고 입는 것은 늘 인류가 떼어낼 수 없는 지속적인 상품이 됩니다.

그중 입는 것은 패션에 따라 워낙 잘 변해서, 유행은 돌고 돈다고 합니다. 작년에 산 옷을 올해는 입지 않는 유행이 되어버리기도 하니, 이런 상품을 만드는 것은 지속적인 투자 선택을 하기에는 매우 전문적인 영역에 속합니다. 패션은 브랜드도 정말 많고 회사도 너무 다양해서 몇 년 전 인기 있던 브랜드가 지금은 망해서 없어지는 일도 허다합니다. 이렇게 변화가 큰 분야는 선택하기가 매우 어렵습니다.

그러나 먹는 것과 사는 곳은 그렇지 않습니다.

일단 먹는 것을 살펴보겠습니다. 먹는 것 하면 당신은 어디다 투자해야 할까요? 감자? 고구마? 쌀? 아니면 라면? 파스타?

아닙니다. 물론 세계 밀 시장에 투자하거나 쌀 시장에 투자하는 방법도 있긴 하지만, 일반인이 접근하는 보편적인 방법은 아닙니다. 주식시장에선 보통 어떤 회사의 주식에 투자를 하는 겁니다.

그런데 눈치 있는 분은 라면에서 어떤 회사를 떠올리기도 했을 겁니다. 라면 하면 떠오르는 것은 '농심'의 신라면, '오뚜기'의 진라면 같은 라면을 만드는 회사나 브랜드가 떠오를 겁니다.

사실 음식이 공장에서 만들어진 사업에서 여러분이 마트에 가서 선택을 할 때 많이 참고하는 것은 누가 만들었냐 하는 겁니다. 한 번도 이름을 들은 적 없는 회사가 만든 것하고 세상이 다 아는 회사가 만든 것하고 둘 중 어느 것이 신뢰가 갑니까?

당연히 후자지요. 그게 말 그대로 브랜드 파워라는 겁니다. 음식에서도 시기에 따라 유행은 달라집니다. 한때 '허니버터칩'이라는 과자를 없어서 못 팔던 시기가 있었습니다. 그러나 소비자들은 지금은 언제 그랬냐는 듯 잊어버렸습니다. 그러나 그걸 만드는 회사는 여전히 건재하며 다른 상품으로 계속 매출을 올리고 있습니다.

그러니 여러분은 브랜드 파워에 투자를 하는 겁니다.

아마 우리들이 먹고 마시는 것 중에 세계적으로 유명한 브랜드라고 하면 누구나 떠올릴 법한 것이 있습니다. 그건 '코카콜라'입니다.

코카콜라와 워런 버핏

워런 버핏은 현시대를 대표하는 최고 투자가입니다. 1930년생으로 나이가 91세이며 지금도 건강하게 장수 중입니다. 세계에 손꼽히는 부를 갖고 있으며 지혜로운 현자이니 얼마나 좋은 음식을 엄선해서 건강을 관리하겠습니까? 그런데 그가 제일 자주 섭취하는 음식은 건강식품도 유기농 식단도 아닌, '코카콜라'입니다. 매일 350밀리미터 코카콜라 캔을 다섯 개 이상 마신다고 합니다. 그래서 워런 버핏을 칼로 찌르면 몸에서 피 대신 콜라가 흘러나올 거란 농담이 있을 정도입니다.

투자의 신이라고 할 수 있는 워런 버핏은 여섯 살 때부터 투자를 시작했습니다. 그가 이때 투자 상품으로 손댄 것이 '코카콜라'입니다. 작은 식료품 가게를 운영하는 할아버지에게 '코카콜라'를 도매가로 넘겨주면 자신이 직접 동네 사람들에게 팔아보겠다고 제안했습니다. 그렇게 워런 버핏은 '코카콜라' 한 병을 25센트에 구입한 뒤, 호숫가 주변을 돌아다니며 벤치에 앉은 사람들에게 30센트에 팔았습니다. 여섯 살 꼬마가 20퍼센트의 이익을 남긴 겁니다.

어린 나이에 '코카콜라'를 판 이유는 단순합니다. 꼬마가 보기엔 '코카콜라'가 너무 좋고 맛있었기 때문입니다. 이렇게 어릴 때부터 시작된 '코카콜라'에 대한 사랑은 그가 큰 부를 축적한 이후에도 계속되었습니다. '코카콜라' 회사의 주가가 너무 올라서 관망만 하고 있던 그는 한 번의 기회를 잡았습니다.

1987년에 일어난 일입니다. 하루 만에 미국 증시가 22.6퍼센트 폭락한 대재앙이 있었습니다. 이때의 하락률은 미국 역사상 최대였고, 2008년 서브프라임 때도 깨지지 않았다고 합니다. 이렇게 주가가 폭락하자 '코카콜라' 주가도 폭락했습니다. 드디어 그는 얼른 1달러 근처에서 대량 매입했습니다.

"적당한 기업을 좋은 가격에 사는 것보다 좋은 기업을 적당한 가격에 사는 것이 훨씬 낫다."

워런 버핏이 남긴 유명한 명언입니다. 그 뒤로도 추가 매입을 계속한 후 30년간 단 한 주도 팔지 않았다고 합니다.

그럼 워런 버핏이 '코카콜라'를 통해 얼마의 큰 이익을 얻었나 살펴보겠습니다.

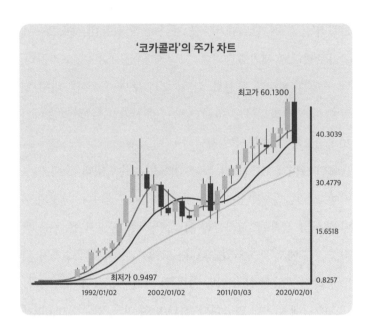

'코카콜라'의 주가 차트

최고가 60.1300

40.3039

30.4779

15.6518

최저가 0.9497

0.8257

1992/01/02   2002/01/02   2011/01/03   2020/02/01

　1983년 쯤에 1달러를 왔다 갔다 했습니다. 2020년 2월에 60달러를 찍었으니, 37년 사이 무려 60배가 오른 셈이니 큰 성공적인 투자임은 분명합니다.

　지금 바라보는 여러분의 입장에선 어떨까요?

　2020년 코로나19 사태로 주식시장이 급락하자 36달러를 찍었다가 반등했습니다. 불과 1개월 사이에 고점 대비 반 토막이 난 겁니다. 그러나 회사나 상품에 문제가 있어서 생긴 급락이 아니기 때문에, 주식을 새로 사는 사람에게는 정말 큰 기회를 제공한 셈입니다.

워런 버핏은 아직도 당분간 '코카콜라'를 팔 생각이 없다고 하니, 정말로 1백 달러를 찍는지 지켜볼 만합니다. 만약 언젠가 1백 달러를 찍는다면 4월 초인 지금 주가보다 두 배가 되는 수익을 거둘 수 있습니다.

음식이 그렇다면 이젠 주거 공간을 보겠습니다.

사실 서민들 입장에서는 집값이 떨어져야 집을 살 기회가 옵니다. 그래서 여러 정권마다 집값을 잡기 위해 특단의 노력을 기울였습니다. 그럼에도 불구하고 집값은 꾸준히 등락하면서 계속 올랐습니다. 이것은 한국 정부가 정책을 잘못 세워서 벌어진 일이 아니라 수요와 공급의 법칙에 따른 현상입니다.

누구나 다 돈만 허락한다면 자기 집을 가지고 싶은 욕구가 있습니다. 또한 이왕이면 예쁘고 쾌적한 집, 이왕이면 교통이나 문화, 교육의 중심지. 이러한 더 좋은 비교 우위에 있는 집을 가지고 싶은 욕구가 있습니다.

지금도 외진 섬이나 산골의 외진 곳을 선택하면 웬만한 서민도 자그마한 집을 쉽게 살 수 있을 겁니다. 그러나 아무도 없고 교통도 단절된 이러한 곳은 직장과도 너무 멀고 아이가 다닐 학교와도 멀기 때문에 선택에서 제외됩니다. 한마디로 주위 환경을 자기 기준에 매력적인 곳으로 한정하면, 그건 남들에게도 마찬가지인 기준이 됩니다.

시내 중심지는 공간이 딱 정해져 있습니다. 그리고 이미 그곳을 소유하고 있는 사람들이 있습니다. 서로 경쟁하여 그곳을 차지하고 싶지만 기존 소유주는 자신에게 큰 이익이 되지 않는 한 내놓지 않을 겁니다. 그러니 가격을 많이 불러야 소유주가 내놓습니다. 이렇게 공급은 제한적이고 수요가 꾸준하니 가격은 오를 수밖에 없습니다. 즉 외곽에 집을 지어 공급을 늘리더라도 중심지에 살고 싶은 사람들이 많기 때문에 여전히 중심지의 집값은 시간이 지날수록 꾸준히 상승합니다.

사람들은 계속 수도권으로 모여들고 수도권의 집값은 계속 상승합니다. 그러니 부동산으로 재테크하려는 사람들까지 가세해 이 현상은 가속화되어 갑니다.

1977년 당시 분양된 반포 주공2단지 16평 아파트의 가격은 579만 원 정도로 평당 36만 원 정도였습니다. 2019년 반포 래미안 퍼스트지가 평당 8천만 원 정도였습니다. 40년 정도에 아파트 가격이 무려 2백 배가 넘게 올랐습니다.

서울에 고급 아파트를 사려면 몇십억이 뚝딱 들어가는 시대가 된 겁니다.

10년을 주기로 한국의 부동산 가격이 급등했다는 것이 '10년 주기설'을 주장하는 학계 및 부동산 시장의 공통된 시각입니다. 경제가 호황이 되면 시중에 돈이 많아지고, 돈이 많아지면 집을 사려고 도전하는 사람들이 늘어나게 됩니다. 수요가 늘어나면 가격이 뛰는 원리 때문에 집을 사려는 사람이 늘수록 집값은 올라갑니다.

이런 현상은 언제까지 이어질까요?

인구수가 갑자기 팍 줄거나 교통 환경이 기적적으로 좋아지지 않는 한 아마 부동산은 쉽게 내리지 않을 것 같습니다.

공중비행 자동차가 나와서 수도권 외곽에서 직장까지 출퇴근하는 데 20~30분 걸린다면 중심지가 확장되는 효과가 나오니 그때는 중심지 가격이 내릴 수 있을 겁니다. 하지만 그럼에도 불구하고 브랜드 가치는 크게 희석되지 않을 겁니다.

건축에서도 고급 건물, 고급 아파트는 브랜드 가치가 있습니다. 예를 들어서 '대림산업'의 아크로, 'GS건설'의 자이, '현대'의 힐 스테이트 아파트 등 고급 아파트는 여러분이 더 잘 아실 겁니다.

앞에서 가치 투자로 종목을 고를 때, 전문 지식이 없는 일반인이 하기 제일 좋은 선택은 잘 팔리는 상품을 만드는 회사에 투자하라는 겁니다.

요즘 브랜드 파워가 있는 고급 새 아파트들은 아파트 가격

상승뿐만 아니라, 이건 사면 돈이 된다는 기대 심리까지 있어서, 청약 시장조차 하늘의 별 따기로 변했습니다.

2019년 3월에 과천시의 '과천 제이드 자이 아파트'는 132가구 모집에 2만 5천560명이 몰려 청약 경쟁률이 무려 193.6 대 1을 기록했습니다. 대구에서는 2018년 8월에 무려 239.89 대 1의 청약 경쟁률이 나온 아파트도 있었습니다.

이렇게 청약자가 엄청 몰리니, 앞에서 백화점 세일 행사에 몰려든 군중의 예가 생각나지 않습니까?

원칙적으로 주택은 거주 목적이 되어야지, 투자 목적이 되면 안 되겠습니다. 그러나 자본주의 사회에서는 수요가 늘어나면 가격이 상승하게 되어 있습니다. 게다가 수요가 조금씩 늘어나는 정도가 아니라 청약에 몰리는 대중은 흥분한 세일 구매자들과 비슷한 양상이기도 합니다.

이렇게 잘 팔리는 상품을 만드는 회사는 잘 안 되겠습니까? 건설사가 손해 보고 계속 건물을 지을 이유가 없습니다. 그래서 건설사의 이익 구조를 들여다보면 다른 업종에 비해서 이익 마진율도 높은 편입니다. 그러니 이런 히트 상품을 만들수록 그 회사의 주가는 급등합니다.

아크로 아파트를 만드는 '대림산업'을 보겠습니다.

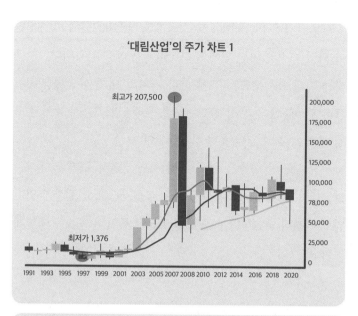

'대림산업'의 주가 차트 1

최고가 207,500

최저가 1,376

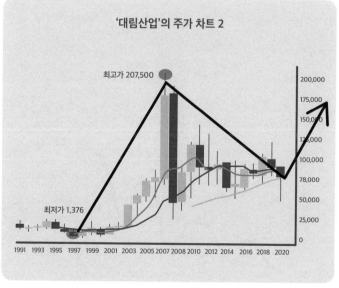

'대림산업'의 주가 차트 2

최고가 207,500

최저가 1,376

'대림산업'은 1997년에 1,376원짜리였는데 2007년에 207,500원이 되었습니다. 10년 만에 무려 150배가 상승한 겁니다. 잘 팔리는 아파트를 만드니 그에 따라 가치도 대폭 상승했습니다. 그러다 부동산 억제 정책으로 인해, 올해 5만 원까지 찍어서 고점 대비 4분의 1 토막이 난 상태입니다.

정작 부동산 상승은 잡히지 않는데, 건설사 주가만 내려앉았습니다. 그렇지만 부동산은 계속 꿈틀거리고, 건설사 영업이익도 여전히 좋습니다. 그렇다면 앞으로 주가의 흐름은 어떻게 될까요?

지금까지 몇십 년 동안 꾸준히 부동산 가격이 상승한 데 비춰보면 향후 주가는 다음 그림처럼 움직일 확률이 매우 높습니다.

향후 예상 주가 곡선

상승은 직선으로 가지 않고 이렇게 파도처럼 가니, 조만간 다시 상승 주기가 되면 앞의 고점 20만 원을 훌쩍 뛰어넘는다고 봅니다.

지금까지 주식 매수에 대한 요령을 말씀드렸으니, 이번엔 언제 팔아야 하는지 주식 매도에 대한 요령을 말씀드리겠습니다.

추세가 꺾이면 매도

당연한 이야기지만 당신이 목표한 금액에 도달하지 못 하더라도 상승 추세가 꺾이면 매도합니다.

다만 이때 전부 파는 방법이 있고, 일부만 팔아 이익을 실현하고 나머지는 혹시 밑에서 가격이 더 안 떨어지게 지지해주는지 살펴보다가 그래도 떨어지면 나머지를 전부 파는 방법이 있습니다.

추세는 매수 속도라고 말씀드렸습니다. 이건 그래프의 각도로 나타난다고 했습니다. 더 자세한 것은 유튜브나 주식 관련 책에 아주 잘 나와 있습니다.

당신이 사고 싶지 않으면 매도

당신이 팔고 싶을 때, 가장 쉬운 방법이 있습니다. 당신이 입장을 거꾸로 해서, 그 지점에서 주식을 사고 싶은 매력이 있다면 계속 보유합니다. 그러나 그 지점에서 주식을 사려니 부담스럽다고 생각하면 매도를 하는 겁니다.

자. 포커 게임의 고수 이야기를 계속해보겠습니다.

고수는 모든 판에 베팅하지 않는다고 했습니다. 그리고 크게 먹는 판으로 그날 게임을 정리합니다.

도박 영화에서는 마지막 판에 모든 걸 걸고 승부를 띄웠다가 진정한 고수가 승리합니다. 실전에서도 평범한 판은 조금씩 잃어주다가 승부가 왔다고 싶은 판에 상대를 이끌어내 크게 이깁니다.

포커 고수의 가장 중요한 비결은 마음입니다. 자신의 마음이 흔들리지 않아야 하며, 역으로 상대의 심리를 잘 읽어야 합니다.

이것은 주식에서도 마찬가지입니다.

주식은 사람과 사람이 거래하는 겁니다. 당신이 주식을 사거나 팔 때 느끼는 감정이 있듯이 상대방들도 마찬가지로 감정이 있습니다. 이것 모두가 주식의 가격에 영향을 끼칩니다.

당신이 주식 전문 지식이 없더라도 주식에 참여한 군중들의 심리를 상상하면 거래에 큰 도움이 됩니다. 강하게 상승하는 것은 참여한 사람들이 너무 흥분이 되어 무조건 사는 분위기여야 합니다. 매수 속도가 떨어지고 위에서 매물이 나오기 시작하면 이미 흥분이 식어 조정이 옵니다. 이건 단타에서 무척 많이 보는 조짐인데, 장기 투자 역시 크게 보면 동일합니다.

주가는 일종의 다수결이라고 생각하시면 됩니다. 당신이 매수에 부담을 느끼면 진짜 매수를 해야 할 상대도 그렇게 느낄 수 있습니다. 그런 사람들이 많아지면 매수는 줄고, 매도는 늘기 때문에 가격이 떨어지게 됩니다.

다시 말해, 당신이 매수를 하고 싶은 종목이 있으면, 그 종목을 갖고 있는 사람들은 얼른 팔고 싶을까, 아니면 오를 기대감이 커서 절대 팔지 않으려고 할까 생각해보세요. 마찬가지로 매도하고 싶은 종목은 역으로 매수할 사람들이 욕심이 나서 달려들 지점인지, 아니면 부담스러워서 관망할 지점인지 생각해보면 많은 도움이 됩니다.

사실 주가가 오를지 내릴지는 아무도 모릅니다. 그러나 주변 상황과 그 종목에 관여된 사람들의 심리가 그 주가의 향방을 결정하게 됩니다.

마지막으로 주의 사항. 아무리 좋은 기회가 온 듯 보여도 급한 돈으로 투자를 하게 되면, 마음의 여유가 없어서 평정심을 지니기 힘들어서 쉽게 흔들리게 됩니다. 이런 매매는 승률이 급격히 떨어지니 절대 삼가야 합니다.

마찬가지로 전 재산을 주식에 다 걸지 마세요. 절대로 평정심을 이룰 수 없습니다. 이런 경우 승률은 급격히 떨어지니, 당신이 주식에서 손실을 봐도 다시 일어날 자금은 안전 자산에 둬야 합니다. 그래야 평정심이 가능합니다.

당신이 부디 좋은 기회를 잡으셔서 부의 꿈을 이루시길 기원합니다.

아래 표는 주식 고수가 아닌 일반인인 필자가 직접 이 책의 룰대로 주식 매매를 한 결과입니다. 올해 7월 7일 잔고가 17만 원인 주식 계좌에 1백만 원을 넣어 그날 10만 원 정도 수익을 거둔 것을 시작으로, 7월 17일인 원고 마감일까지 9일의 거래 기간에 약 1백만 원 정도의 수익을 거뒀습니다.

대단한 결과는 아니지만, 일반인도 1백만 원의 소액으로 열흘 정도면 1백 퍼센트 수익을 내어 두 배로 만드는 것이 얼마든지 가능하다는 것을 보여드리기 위한 것입니다. 그러니 부록의 내용대로만 하면 주식에서 1년에 10퍼센트, 20퍼센트로 수익을 내는 것은 결코 어려운 일이 아닙니다. 여러분도 잘 응용해보세요.

일자	예탁자산	수익률 (%)	누적손익 (손익합계)
2020-07-06	176,620	0	-8,977
2020-07-07	1,274,799	8.34	89,202
2020-07-08	1,375,241	7.88	189,644
2020-07-09	1,373,648	-0.12	188,051
2020-07-10	1,566,223	14.01	380,546
2020-07-13	1,807,183	15.38	621,506
2020-07-14	1,453,193	-19.59	267,516
2020-07-15	1,464,887	0.80	279,210
2020-07-16	1,839,049	25.54	653,372
2020-07-17	2,152,876	17.06	967,199

더 룰
리치 편

1판 1쇄 발행 2020년 8월 4일
1판 3쇄 발행 2022년 2월 14일

지은이 · 이도형
펴낸이 · 주연선

(주)은행나무
04035 서울특별시 마포구 양화로11길 54
전화·02)3143-0651~3 | 팩스·02)3143-0654
신고번호·제 1997—000168호(1997. 12. 12)
www.ehbook.co.kr
ehbook@ehbook.co.kr

ISBN 979-11-90492-86-7 03320